全国交通技工院校汽车运输类专业规划教材

汽车结构与拆装

(汽车钣金与涂装、汽车装饰与美容专业用)

主　编　邢春霞
副主编　邵定文
主　审　占百春

人民交通出版社

内 容 提 要

本书是全国交通技工院校汽车运输类专业规划教材之一,主要介绍了整车部分、发动机、底盘、电气设备及车身附件的结构组成、功用、基本工作原理及相关部件的拆装方法等内容。

本书是交通技工院校、中等职业学校的汽车钣金与涂装、汽车装饰与美容等专业的基础课教材,也可作为汽车维修专业基础课程的入门教材、汽车驾驶与维修人员的培训教材。

图书在版编目(CIP)数据

汽车结构与拆装/邢春霞主编. --北京:人民交通出版社,2013.6
全国交通技工院校汽车运输类专业规划教材
ISBN 978-7-114-10536-4

Ⅰ.①汽… Ⅱ.①邢… Ⅲ.①汽车-结构-技工学校-教材②汽车-装配-技工学校-教材 Ⅳ.①U463②U472

中国版本图书馆 CIP 数据核字(2013)第 069778 号

书　　名:	汽车结构与拆装
著 作 者:	邢春霞
责任编辑:	李　斌
出版发行:	人民交通出版社
地　　址:	(100011) 北京市朝阳区安定门外外馆斜街 3 号
网　　址:	http://www.ccpress.com.cn
销售电话:	(010) 59757973
总 经 销:	人民交通出版社发行部
经　　销:	各地新华书店
印　　刷:	北京鑫正大印刷有限公司
开　　本:	787×1092　1/16
印　　张:	19.25
字　　数:	460 千
版　　次:	2013 年 6 月　第 1 版
印　　次:	2020 年 6 月　第 4 次印刷
书　　号:	ISBN 978-7-114-10536-4
定　　价:	40.00 元

(有印刷、装订质量问题的图书由本社负责调换)

交通职业教育教学指导委员会

汽车(技工)专业指导委员会

主 任 委 员：李福来
副主任委员：金伟强　戴　威
委　　　员：王少鹏　王作发　关菲明　孙文平
　　　　　　张吉国　李桂花　束龙友　杨　敏
　　　　　　杨建良　杨桂玲　胡大伟　雷志仁
秘　　　书：张则雷

Foreword 前言

教育部关于全面推进素质教育深化中等职业教育教学改革的意见中提出"中等职业教育要全面贯彻党的教育方针,转变教育思想,树立以全面素质为基础、以能力为本位的新观念,培养与社会主义现代化建设要求相适应,德智体美劳全面发展,具有综合职业能力,在生产、服务、技术和管理第一线工作的高素质劳动者和中初级专门人才"。根据这一精神,交通职业教育教学指导委员会在专业调研和人才需求分析的基础上,通过与从事汽车运输行业一线行业专家共同分析论证,对汽车运输类专业所涵盖的岗位(群)进行了职业能力和工作任务分析,通过典型工作任务分析→行动领域归纳→学习领域转换等步骤和方法,形成了汽车运输类专业课程体系,于2011年3月,编辑出版了《交通运输类主干专业教学标准与课程标准》(适用于技工教育)。为更好地执行这两个标准,为全国交通运输类技工院校提供适应新的教学要求的教材,交通职业教育教学指导委员会汽车(技工)专业指导委员会于2011年5月启动了汽车运输类主干专业系列规划教材的编写。

本系列教材为交通职业教育教学指导委员会汽车(技工)专业指导委员会规划教材,涵盖了汽车运输类的汽车维修、汽车钣金与涂装、汽车装饰与美容、汽车商务等四个专业26门专业基础课和专业核心课程,供全国交通运输类技工院校汽车专业教学使用。

本系列教材体现了以职业能力为本位,以能力应用为核心,以"必需、够用"为原则;紧密联系生产、教学实际;加强教学针对性,与相应的职业资格标准相互衔接。教材内容适应汽车运输行业对技能型人才的培养要求,具有以下特点:

1. 教材采用项目、课题的形式编写,以汽车维修企业、汽车4S店实际工作项目为依据设计,通过项目描述、项目要求、学习内容、学习任务(情境)描述、学习目标、资料收集、实训操作、评价与反馈、学习拓展等模块,构建知识和技能模块。

2. 教材体现职业教育的特点,注重知识的前沿性和全面性,内容的实用性和实践性,能力形成的渐进性和系统性。

3. 教材反映了汽车工业的新知识、新技术、新工艺和新标准,同时注意新设备、新材料和新方法的介绍,其工艺过程尽可能与当前生产情景一致。

4.教材体现了汽车专业中级工应知应会的知识技能要求,突出了技能训练和学习能力的培养,符合专业培养目标和职业能力的基本要求,取材合理,难易程度适中,切合中技学生的实际水平。

5.教材文字简洁,通俗易懂,以图代文,图文并茂,形象直观,形式生动,容易培养学员的学习兴趣,有利于提高学习效果。

《汽车结构与拆装》教材根据交通职业教育教学指导委员会交通运输类主干专业教学标准与课程标准"汽车发动机结构与拆装、汽车底盘结构与拆装、汽车电器结构与拆装"等课程标准进行编写。它是交通技工院校、中等职业学校汽车钣金与涂装、汽车装饰与美容等专业的基础课教材。本书也可作为汽车维修专业技术等级考核及培训用书和相关技术人员的参考用书。全书由五篇27个项目组成,分别介绍了整车部分、发动机、底盘、电气设备及车身附件的结构组成、功用、基本工作原理及相关部件的拆装方法。

本书由杭州技师学院邢春霞担任主编、邵定文担任副主编,苏州建设交通高等职业技术学校占百春担任主审。项目一、项目二、项目三、项目十、项目十一、项目十二、项目十三、项目十四、项目十五、项目十六由邢春霞编写,并负责全书的修编工作;项目四、项目五、项目六、项目七、项目八、项目九由杭州技师学院邵定文编写;项目十七、项目十八、项目十九、项目二十、项目二十一、项目二十二、项目二十三由苏州建设交通高等职业技术学校徐展编写;项目二十四、项目二十五、项目二十六、项目二十七由苏州建设交通高等职业技术学校徐兴振编写。本书在编写过程中,得到了部分汽车修理厂家和汽车4S店的支持,在此表示感谢。

由于编者经历和水平有限,教材内容难以覆盖全国各地的实际情况,希望各地教学单位在积极选用和推广本教材的同时,总结经验及时提出修改意见和建议,以便再版时进行修订改正。

交通职业教育教学指导委员会
汽车(技工)专业指导委员会
2013年2月

Contents 目录

项目一　汽车分类及产品型号 ………………………………………………………… 1
项目二　汽车总体构造 …………………………………………………………………… 5
项目三　汽车总体结构的认识及主要操纵机构的使用 ………………………………… 10
项目四　发动机总成的结构 ……………………………………………………………… 14
　课题一　发动机总成的结构与工作原理 ……………………………………………… 14
　课题二　发动机总成的拆装 …………………………………………………………… 20
项目五　曲柄连杆机构 …………………………………………………………………… 28
　课题一　曲柄连杆机构的结构与工作原理 …………………………………………… 28
　课题二　曲柄连杆机构的拆装 ………………………………………………………… 43
项目六　配气机构 ………………………………………………………………………… 47
　课题一　配气机构的结构与工作原理 ………………………………………………… 47
　课题二　配气机构的拆装 ……………………………………………………………… 58
项目七　汽油机燃料供给系统 …………………………………………………………… 63
　课题一　汽油机燃料供给系统的功用及结构组成 …………………………………… 63
　课题二　汽油机燃料供给系统的拆装 ………………………………………………… 69
项目八　润滑系统 ………………………………………………………………………… 77
　课题一　润滑系统的功用及结构组成 ………………………………………………… 77
　课题二　润滑系统主要零部件的拆装 ………………………………………………… 81
项目九　冷却系统 ………………………………………………………………………… 84
　课题一　冷却系统的结构与工作原理 ………………………………………………… 84
　课题二　冷却系统主要零部件的拆装 ………………………………………………… 89
项目十　离合器 …………………………………………………………………………… 92
　课题一　离合器的结构与工作原理 …………………………………………………… 92
　课题二　离合器主要零部件的拆装 …………………………………………………… 97
项目十一　变速器 ………………………………………………………………………… 100
　课题一　变速器功用和齿轮传动的基本原理 ………………………………………… 100
　课题二　手动变速器的结构和工作原理 ……………………………………………… 102
　课题三　自动变速器的结构及工作原理 ……………………………………………… 106
　课题四　变速器的拆装 ………………………………………………………………… 113

项目十二　万向传动装置与驱动桥 ································ 120
　　课题一　万向传动装置及驱动桥的结构组成 ···················· 120
　　课题二　万向传动装置和驱动桥的拆装 ······················ 130
项目十三　车架、车桥与车轮 ···································· 134
　　课题一　车架、车桥与车轮的结构组成 ······················ 134
　　课题二　车桥、车轮和轮胎的拆装 ·························· 142
项目十四　悬架 ··· 145
　　课题一　悬架的结构与工作原理 ···························· 145
　　课题二　悬架的拆装 ···································· 151
项目十五　转向系统 ··· 154
　　课题一　转向系统的结构与工作原理 ························ 154
　　课题二　转向系统主要零部件的拆装 ························ 165
项目十六　制动器系统 ··· 169
　　课题一　制动系统的结构与工作原理 ························ 169
　　课题二　制动系统主要零部件的拆装 ························ 182
项目十七　蓄电池与充电系统 ····································· 189
　　课题一　蓄电池的结构组成 ······························· 189
　　课题二　充电系统的结构组成 ····························· 193
　　课题三　蓄电池及充电系统的拆装 ·························· 197
项目十八　起动系统 ··· 202
　　课题一　起动系统的结构与工作原理 ························ 202
　　课题二　起动机主要零部件的拆装 ·························· 207
项目十九　点火系统 ··· 214
　　课题一　点火系统的功用及结构组成 ························ 214
　　课题二　点火系统主要零部件的拆装 ························ 220
项目二十　声光系统 ··· 222
　　课题一　声光系统结构组成 ······························· 222
　　课题二　声光系统主要零部件的拆装 ························ 225
项目二十一　组合仪表与报警系统 ································· 235
　　课题一　组合仪表与报警系统的结构组成 ····················· 235
　　课题二　组合仪表与报警装置的拆装 ························ 237
项目二十二　刮水器及洗涤器 ····································· 239
　　课题一　刮水器和洗涤器的结构与工作原理 ··················· 239
　　课题二　刮水器和洗涤器主要零部件的拆装 ··················· 241
项目二十三　空调系统 ··· 248
　　课题一　概述 ··· 248
　　课题二　空调系统的组成与工作原理 ························ 250
　　课题三　加注制冷剂 ···································· 255

项目二十四　车身　　257
　　课题一　车身的结构组成　　257
　　课题二　车身主要零部件的拆装　　263
项目二十五　电动车窗、门锁　　273
　　课题一　电动车窗、门锁的结构组成　　273
　　课题二　电动车窗、门锁主要零部件的拆装　　276
项目二十六　防盗系统　　286
　　课题一　防盗系统的结构组成　　286
　　课题二　防盗系统主要零部件的拆装　　288
项目二十七　安全气囊　　291
参考文献　　296

项目一　汽车分类及产品型号

 学习目标

完成本项目学习后,你应当能:
1. 说出汽车的概念及用途;
2. 叙述汽车种类及分类方法;
3. 描述汽车 VIN 码的含义,在车上准确找到 VIN 识别码的位置。

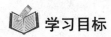 建议课时:2 课时。

一、汽车及汽车分类

1. 汽车的含义

汽车是由动力驱动,具有四个或四个以上车轮的非轨道承载式车辆,主要用于载运人员、货物及特殊用途的车辆。

2. 汽车发展简史

1886 年德国工程师卡尔·本茨(Carl Friedrich Benz)(1844—1929)在曼海姆制造成一辆装有汽油发动机的三轮汽车,如图 1-1 所示,其最高车速为 15km/h。这就是世界上公认的第一辆汽车,也正是这辆其貌不扬、其声如雷的汽车,开辟了汽车历史的新时代,1886 年 1 月 29 日,本茨在德国取得了汽车专利证(NO. 37435)。同年,德国另一位工程师戈特利布·戴姆勒(Gottlieb Daimler)(1834—1900)也造出了一辆用汽油发动机作动力的四轮汽车,如图 1-2 所示。

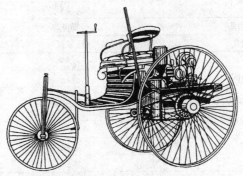

图 1-1　卡尔·本茨以及他发明的三轮汽车

人们一般都把 1886 年作为汽车元年,1886 年 1 月 29 日也被公认为是汽车的诞生日。本茨和戴姆勒则被公认为以内燃机为动力的现代汽车的发明者,并被尊称为汽车工业的鼻祖和"世界汽车之父"。

图 1-2 戈特利布·戴姆勒以及他发明的四轮汽车

3. 世界汽车工业的发展

汽车起源于欧洲,欧洲是汽车工业的摇篮。100多年来,世界汽车工业的发展经历了从欧洲到美国、从美国到欧洲、从欧洲到日本、从发达国家到发展中国家的四次大转移。现在汽车工业已遍布全球各大洲,并成为世界首屈一指的产业。世界主要汽车公司(工厂)及其创建时间见表1-1。

世界主要汽车公司及创建时间　　　　　　　表1-1

国　家	公　司	创建时间(年份)
德国	奔驰	1887
	奥迪	1899
	宝马	1916
	保时捷	1931
	大众	1937
法国	标致	1889
	雷诺	1898
	雪铁龙	1919
意大利	菲亚特	1899
	法拉利	1929
英国	劳斯莱斯	1904
瑞典	沃尔沃	1927
美国	福特	1903
	通用	1908
	克莱斯勒	1925
日本	马自达	1920
	日产	1933
	丰田	1937
	本田	1946
韩国	起亚	1944
	现代	1967
	大宇	1972
中国	一汽	1953
	二汽	1967

4. 汽车的分类

现代汽车种类繁多，各国的分类方法各不相同。我国通常按用途分类。根据国家标准《汽车和挂车类型的术语和定义》(GB/T 3730.1—2001)的规定，汽车分为乘用车和商用车两大类。乘用车和商用车的详细分类见表1-2。

汽车分类 表1-2

分类			说明			
			车身	车顶	座位(个)	车门(个)	车窗(个)
乘用车	轿车	普通乘用车	封闭	硬顶	≥4	2(4)	
		活顶乘用车	可开启	硬顶	≥4	2(4)	≥4
		高级乘用车	封闭	硬顶	≥4	2(4)	≥6
		小型乘用车	封闭	硬顶	≥4	2(4)	≥2
		敞篷车	可开启	硬顶	≥4	2(4)	≥2
		舱背乘用车	封闭	硬顶	≥4	2(4)	≥2
		旅行车	封闭	硬顶	≥4	2(4)	≥4
	多用途乘用车		座位数超过7个，多用途				
	短头乘用车		短头				
	越野乘用车		可在非道路上行驶				
	专用乘用车		专门用途(救护车、旅居车、防弹车、殡仪车等)				
商用车	客车	小型客车	载客，≤16座(除驾驶人座)				
		城市客车	城市用公共汽车				
		长途客车	长途客车				
		旅游客车	旅游用车				
		铰接客车	由两节刚性车厢铰接组成的客车				
		无轨客车	经架空线由电力驱动的客车				
		越野客车	可在非道路上行驶的客车				
		专用客车	专门用途的客车				
	半挂牵引车		牵引半挂车的商用车				
	货车	普通货车	敞开或封闭的载货车				
		多用途货车	驾驶座后可载3人以上的货车				
		全挂牵引车	牵引杆式挂车的货车				
		越野货车	可在非道路上行驶				
		专用作业车	特殊工作的货车(消防车、救险车、垃圾车、应急车、街道清扫车、扫雪车、清洁车等)				
		专用货车	运输特殊物品的货车(罐式车、集装箱运输车等)				

二、车辆识别代码

车辆识别代码(VIN)，也称17位编码，是国际上通行的识别机动车辆的代码，是制造厂给每一辆车指定的一组字码,一车一码,具有在世界范围内对一辆车的唯一识别性,具有法律效力。

图 1-3　桑塔纳轿车 VIN 位置

1. VIN 所在位置

VIN 应位于易于看到并且能防止磨损或替换的部位,所选择的部位应在"用户手册"或此类出版物上给予说明,如图 1-3 所示。

(1) 仪表板与前风窗玻璃左下角的交界处。

(2) 发动机前横梁上。

(3) 左前门边或立柱上。

(4) 驾驶人左腿前方。

(5) 前排左座椅下部等。

2. 对字码的规定

在 VIN 码中不能采用字母 I、O、Q。

3. 汽车 VIN 举例说明

下面以桑塔纳轿车为例,简单了解一下 VIN 编码规则。LSVHJ133022221761 的含义见表 1-3。

上海大众汽车有限公司生产的车型车辆识别代码(VIN)　　表 1-3

位　置	说　明
1～3	全球制造识别,即上海大众汽车有限公司(LSV)
4	车身/底盘形式(加长型折背式车身)
5	发动机/变速器[AYJ(06BC)/FNV(01N.A)]
6	乘员保护系统[安全气囊(驾驶人)]
7～8	车辆等级(上海桑塔纳轿车、上海桑塔纳旅行轿车、上海桑塔纳 2000 轿车)
9	检验位
10	生产年份(2002 年)
11	装配厂
12～17	生产顺序号

项目二　汽车总体构造

学习目标

完成本项目学习后,你应当能:
1. 说出汽车每一部分的组成;
2. 说出常见车型的总体布置形式;
3. 明确在车上找到的每一部分结构组成。

建议课时:2课时。

一、汽车的组成

汽车通常由发动机、底盘、车身、电气设备四个部分组成。汽车总体构造如图2-1、图2-2所示。

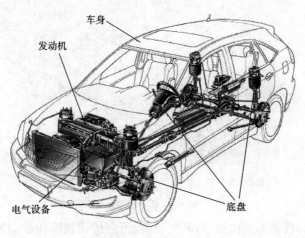

图2-1　汽车结构总图(1)

1. 发动机

发动机如图2-1、图2-2所示,是汽车的动力源。其功用是使供入其中的燃料燃烧而发出动力。现代汽车发动机主要采用的是往复活塞式内燃机。它一般由曲柄连杆机构、配气机构、燃料供给系统、冷却系统、润滑系统、点火系统(汽油发动机采用)和起动系统等组成。

2. 底盘

1) 功用

底盘的功用是支撑、安装汽车发动机及其各部件、总成,形成汽车的整体造型,并接受发动机的动力,使汽车产生运动,保证正常行驶。

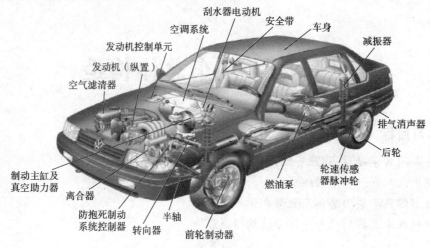

图 2-2 汽车结构总图(2)

2)组成

底盘由传动系统、行驶系统、转向系统和制动系统组成,如图 2-3 所示。

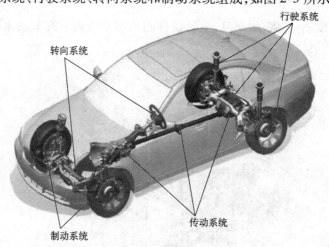

图 2-3 底盘结构图

(1)传动系统。传动系统由离合器、变速器、万向传动装置和驱动桥组成,用来将发动机输出的动力传给驱动轮,并使之适合于汽车行驶的需要。

(2)行驶系统。行驶系统是汽车的基础,由车架、车桥、车轮与轮胎以及位于车桥和车架之间的悬架装置组成。行驶系统除影响汽车的操纵稳定性外,还对汽车的乘坐舒适性起重要影响。

(3)转向系统。转向系统用来改变或者恢复汽车的行驶方向。它是通过使前轮相对与汽车纵向平面偏转一定的角度来实现转向的。转向系统主要由转向操纵机构、转向器和转向传动机组成。

(4)制动系统。制动系统的功用是使行进中的汽车减速或停车,使停放的汽车可靠地驻留原地不动。行车制动装置由设在每个车轮上的制动器和制动操纵机构组成,由驾驶人通过制动踏板来操纵。驻车制动装置的制动器是与后桥制动器合一的,驻车制动器由手操纵杆来操纵。

3. 电气设备

现代汽车电气设备由电源、用电设备和配电装置三大部分组成,如图2-1、图2-2所示。电源部分包括蓄电池、发电机和调节器。用电设备部分包括起动系统、点火系统、照明设备、信号装置、仪表及报警装置、汽车电子控制系统和辅助电器等。配电装置包括中央接线盒、电路开关、熔断器、插接件和导线。

4. 车身

(1)功用。车身是驾驶人工作的场所,也是装载乘客和货物的场所。汽车车身不仅要为驾驶人提供方便的操作条件,以及为乘客提供舒适安全的环境或保证货物完好无损,还要求其外形精致,给人以美的感受。

(2)结构。车身主要由车门、车顶、底板、翼子板、行李舱盖、加油口盖等组成,如图2-4所示。

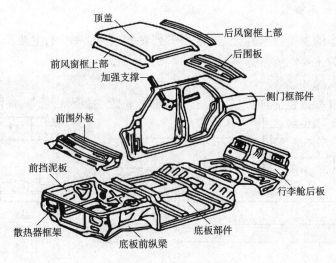

图 2-4 车身结构组成

二、汽车的总体布置形式

现代汽车按发动机相对于各总成的位置,有下列几种布置形式:

(1)发动机前置后轮驱动(FR)。如图2-5a)所示,这是传统的布置形式。大多数货车、部分轿车和部分客车采用这种形式。

(2)发动机前置前轮驱动(FF)。如图2-5b)所示,这是现代人多数轿车盛行的布置形式,具有结构紧凑、整车质量小、底板低、高速时操纵稳定性好等优点。

(3)发动机后置后轮驱动(RR)。如图2-5c)所示,这是目前大、中型客车盛行的布置形式。

(4)发动机中置后轮驱动(MR)。如图2-5d)所示,这是方程式赛车和大多数跑车采用的布置形式。

(5)四轮驱动(4WD)。四轮驱动是指汽车四个车轮都是驱动轮,如图2-5e)所示,这是越野汽车特有的布置形式。

a) 发动机前置后轮驱动

b) 发动机前置前轮驱动

c) 发动机后置后轮驱动

d) 发动机中置后轮驱动

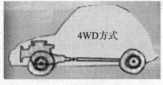
e) 四轮驱动

图 2-5　汽车总体布置形式

三、汽车主要技术参数

为了说明汽车的主要技术性能，经常用下列参数表示：汽车的主要尺寸参数、汽车的质量参数和汽车的主要性能指标。

1. 汽车的主要尺寸参数

汽车主要尺寸参数包括总长、总宽、总高、轴距、轮距、前悬、后悬等，如图 2-6 所示。

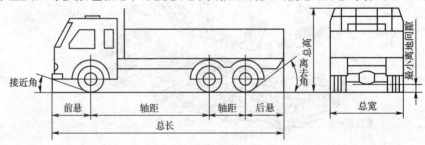

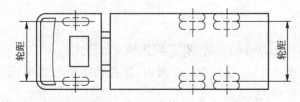

图 2-6　汽车常用技术参数

（1）总长。车体纵向的最大尺寸（前后最外端间的距离）。

（2）总宽。车体横向的最大尺寸。

（3）总高。车体最高点到地面间的距离。

（4）轴距。相邻两轴中心线之间的距离。

（5）轮距。同一车桥左右轮胎面中心线（沿地面）间的距离。双胎结构则为双胎中心线间距离。

(6) 前悬。汽车最前端至前轴中心线间的距离。

(7) 后悬。汽车最后端至后轴中心线间的距离。

2. 汽车的质量参数

汽车的质量参数主要有整车整备质量、最大装载质量、最大总质量和最大轴载质量等。

(1) 整车整备质量(kg)。整车装备齐全,加足燃油、润滑油和工作液(如制动液、冷却液),并带齐随车工具、备胎及其他规定应带的备品,但未载人、载货时的总质量。

(2) 最大装载质量(kg)。设计允许的最大载货(客)的质量。乘用车一般以座位数计算,商用车中的客车以载客量计算。

(3) 最大总质量(kg)。汽车满载时的总质量。最大总质量 = 整车装备质量 + 最大装载质量。

3. 汽车的主要性能指标

汽车主要性能指标包括汽车的动力性能、经济性能、制动性能、通过性能、操纵稳定性和汽车有害气体排放等。

(1) 最高车速(km/h)。指汽车在平直良好的道路上行驶所能达到的最大车速。

(2) 加速时间(s)。指汽车加速到一定车速所需要的时间。常用原地起步加速时间与超车加速时间表示。

(3) 最大爬坡度(%)。指汽车满载时的最大爬坡能力。

(4) 燃料消耗量(L/100km)。通常以百千米油耗衡量,即汽车在良好水平硬路面上以一定的载荷(轿车半载、货车满载)及最高挡位等速行驶时的百千米燃料消耗量。

(5) 最小转弯半径(m)。转向盘转到极限位置,外侧转向轮的中心平面在车辆支撑面上的轨迹圆半径。

(6) 汽车的制动距离。指在良好的试验跑道上在规定的车速下紧急制动时,由踩制动踏板起到完全停车时的距离。

(7) 最小离地间隙。指汽车满载、静止时,车辆支撑面与车辆最低点(轮胎除外)之间的距离,如图2-6所示。

项目三　汽车总体结构的认识及主要操纵机构的使用

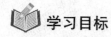 学习目标

完成本项目学习后,你应当能:
1. 说出汽车每一部分的名称;
2. 说出常见车型的操纵机构的使用方法;
3. 熟练操作各种开关按钮。

 建议课时:2课时。

一、汽车外部结构

汽车外部结构如图 3-1 所示。

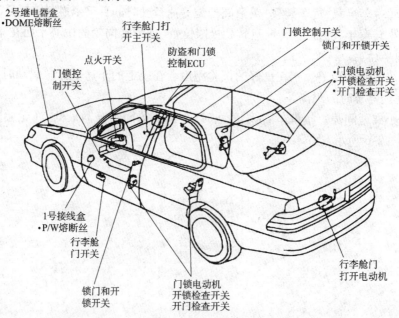

图 3-1　汽车外部结构图

二、汽车车内结构及操纵机构的使用

1. 中控门锁操作

用遥控器、点火钥匙解锁、锁止所有车门,如图 3-2 所示。

项目三　汽车总体结构的认识及主要操纵机构的使用

2. 座椅调整

包括座椅垫前后移动,如图3-3中的1号位置;前部或后部的上下调整,如图3-3中的3号位置;靠背的倾斜度调整,如图3-3中的2号位置;头枕的上下调整,如图3-4所示。

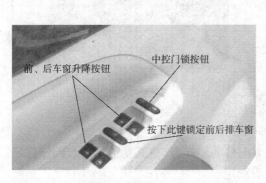

图3-2　中控门锁按钮

图3-3　座椅调整按钮

3. 点火开关的使用

如图3-5所示,点火开关有4个位置:即LOCK、ACC、ON及START。

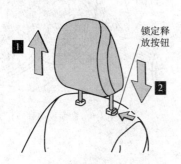

图3-4　头枕调整

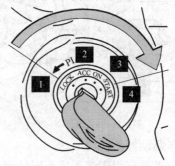

图3-5　点火开关的使用

(1) LOCK(锁定):转向盘锁定,可以拔出钥匙。带自动变速器的车辆,仅在变速杆置于P位时,才可以拔出钥匙。

(2) ACC(附件):可以使用部分用电器(如音响等)。

(3) ON(运行):可以使用所有用电器。

(4) START(起动):起动发动机。

4. 变速器变速杆的使用

变速器有手动变速器和自动变速器两种类型。

手动变速器有5速型即5个前进挡加1个倒挡和6速型即6个前进挡加1个倒挡两种类型,如图3-6所示。操作变速杆前应完全踩下离合器踏板,将变速杆移动至所需挡位,再慢慢松抬离合器踏板。如需挂入倒挡时,必须首先停下车辆,踩下离合器踏板,提起变速器变速杆上的环(或压变速杆)再将变速杆从空挡移至倒挡(R)。

自动变速器变速杆如图3-7所示。P(驻车挡):起动发动机和停车时挂入该挡;R(倒挡):只有汽车停下后才能挂入;N(空挡):允许汽车行驶中起动发动机或被牵引时使用;D(前进挡):正常行驶时挂入该挡;3(3挡):只能在1~3挡内自动换挡,不能升入4挡,是有发动机制动的挡位;L(L挡):只能在1挡工作,是有最大发动机制动的挡位。

图3-6 手动变速器变速杆

图3-7 自动变速器变速杆

5. 转向盘的调节

(1) 如图3-8所示,握住转向盘并向下压调节杆。
(2) 如图3-9所示,沿水平和垂直方向移动转向盘,将其调节至理想的位置。
(3) 调整后,向上拉调节杆将转向盘固定。

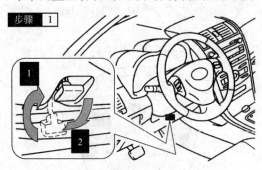
图3-8 转向盘调节(1)

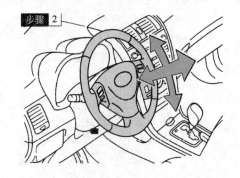
图3-9 转向盘调节(2)

6. 驻车制动器的使用

驻车制动器应用于汽车停车时的制动,如图3-10所示。

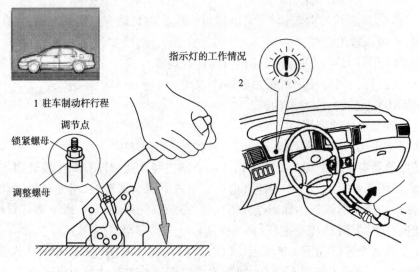
图3-10 驻车制动器的操作方法

7. 灯光开关总成

灯光开关总成主要包括前照灯远、近光灯开关,尾灯指示灯开关,前、后雾灯开关,转向信号灯开关等,如图 3-11 所示。

图 3-11 灯光组合开关

8. 踏板组合

包括离合器踏板、制动踏板及加速踏板,如图 3-12 所示。

9. 后视镜

如图 3-13 所示,按下 1 号键(L 键),即可调节左后视镜;按下 2 号键(R 键)即可调节右后视镜;按下 3 号键,后视镜向上调节;按下 4 号键,后视镜向外侧调节,后视范围变宽;按下 5 号键,后视镜向下调节;按下 6 号键,后视镜向内侧调节,后视范围变窄。

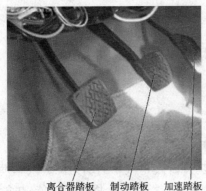

图 3-12 踏板组合

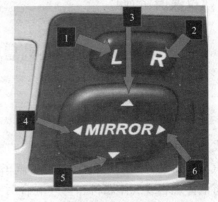

图 3-13 后视镜调节按钮

10. 刮水器开关、洗涤器开关的使用

如图 3-14 所示,刮水器开关、洗涤器开关是在一起的,如需要刮水器动作时,转动开关,有不同挡位选择;如需洗涤器动作时,向上搬动开关即可。

注意:必须在点火开关在 ON 位置且发动机运转时方可。

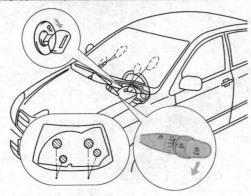

图 3-14 刮水器洗涤器开关

项目四　发动机总成的结构

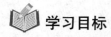学习目标

完成本项目学习后,你应当能:

1. 说出发动机的作用、分类和基本组成;
2. 叙述发动机的常用术语;
3. 说出发动机基本工作过程;
4. 正确地使用工具和设备对发动机总成部件进行拆装。

建议课时:6 课时。

课题一　发动机总成的结构与工作原理

一、发动机的基本概念

1. 发动机的概念

发动机是将某种能量转变为机械能的一种机器。

汽车用发动机如图 4-1 所示,它是汽车的核心部件,是汽车的动力源。汽车发动机一般是将液体燃料或气体燃料和空气混合后直接输入机器内部燃烧产生热能,热能再转变成机械能,因此又称内燃机。

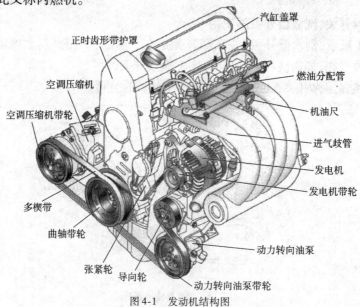

图 4-1　发动机结构图

2. 发动机分类

汽车用发动机可以根据不同的特征来分类。

(1) 按活塞的运动方式分类：可分为往复活塞式和旋转活塞式两种。前者活塞在汽缸内作往复直线运动，如图 4-2 a)所示；后者活塞在汽缸内作旋转运动，如图 4-2 b)所示。

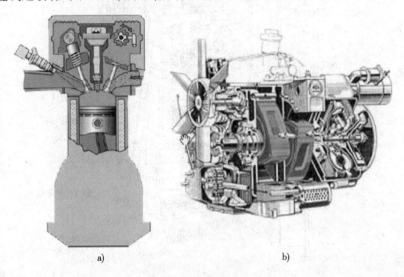

图 4-2 活塞式发动机

(2) 按所用的燃料种类分类：发动机主要分为汽油发动机(简称汽油机)、柴油发动机(简称柴油机)和气体燃料发动机三种。

(3) 按着火方式分类：发动机可分为点燃式和压燃式两种。

(4) 按冷却方式分类：发动机可分为水冷式和风冷式两种。

(5) 按活塞行程数分类：可分为二冲程发动机和四冲程发动机。在发动机汽缸内进行的每一次将燃料燃烧的热能转变成机械能的一系列连续过程(进气、压缩、做功、排气)称发动机的一个工作循环。凡活塞往复四个行程完成一个工作循环的称为四冲程发动机；活塞往复两个行程即完成一个工作循环的则称为二冲程发动机。汽车发动机多为四冲程发动机。

(6) 按汽缸数分类：发动机可分为单缸发动机和多缸发动机。

(7) 按进气系统是否采用增压方式分类：可分为增压式发动机和自然吸气式(非增压)发动机。

目前，应用最广、数量最多的汽车发动机为水冷、四冲程往复活塞式发动机。其中，汽油机用于轿车和轻型客、货车上，而大客车和中、重型货车发动机多为柴油机。目前，不少轿车和轻型客、货车发动机也用柴油机作动力。

二、单缸发动机的结构及常用术语

1. 发动机的基本结构

往复活塞式发动机的基本结构如图 4-3 所示。它主要由汽缸、汽缸体、活塞、连杆、曲轴、进气门、排气门、凸轮轴等零件组成。

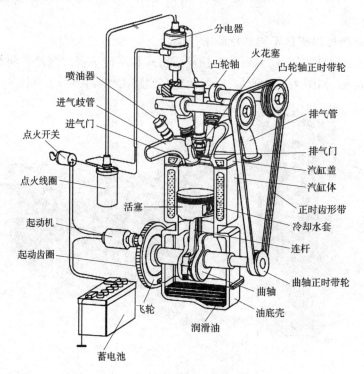

图 4-3 单缸四冲程汽油机结构示意图

2. 发动机的基本术语

发动机的基本术语如图 4-4 所示。

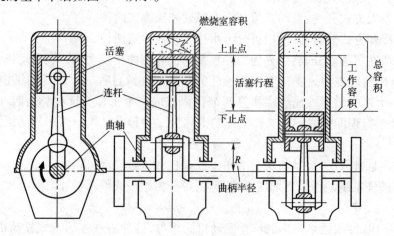

图 4-4 发动机的基本术语

(1) 上止点。上止点是指活塞离曲轴回转中心最远处,即活塞的最高位置。活塞在上止点处,运动速度为零。

(2) 下止点。下止点是指活塞离曲轴回转中心最近处,即活塞的最低位置。活塞在下止点处,运动速度为零。

(3) 活塞行程 S。上、下止点间的距离 S 称为活塞行程。

(4) 曲柄半径 R。曲轴与连杆下端的连接中心至曲轴中心的距离 R(即曲轴的回转半径)称为曲柄半径。曲轴每回转一周,活塞移动距离为两个活塞行程。对于汽缸中心线通过曲轴回转中心的发动机,$S=2R$。

(5)汽缸工作容积 V_h。汽缸工作容积是指活塞上、下止点间的容积,又称汽缸排量。即

$$V_h = \frac{\pi D^2}{4 \times 10^6} S \text{ (L)}$$

式中:D——汽缸直径,mm;
S——活塞行程,mm。

(6)发动机工作容积 V_L。发动机工作容积是指各汽缸工作容积的总和,又称发动机排量。即

$$V_L = V_h \times i$$

式中:i——汽缸数。

(7)燃烧室容积 V_c。燃烧式容积是指活塞在上止点时,活塞顶上面的空间容积。

(8)汽缸总容积 V_a。汽缸总容积是指活塞在下止点时,活塞顶以上的空间容积。即

$$V_a = V_h + V_c$$

(9)压缩比 ε。汽缸总容积与燃烧室容积之比称为压缩比。

压缩比表示活塞由下止点运动到上止点时,汽缸内气体被压缩的程度。压缩比越大,压缩终了时汽缸内的压力和温度就越高。目前,一般汽车用汽油机的压缩比为6~12,柴油机压缩比一般为16~22。

(10)工作循环。在发动机汽缸内进行的每一次将燃料燃烧的热能转变成机械能的一系列连续过程(进气、压缩、做功、排气)称为发动机的一个工作循环。

三、发动机的基本工作原理

四冲程发动机每一个工作循环包括4个活塞行程,即进气、压缩、做功和排气四个行程。如图4-5所示。

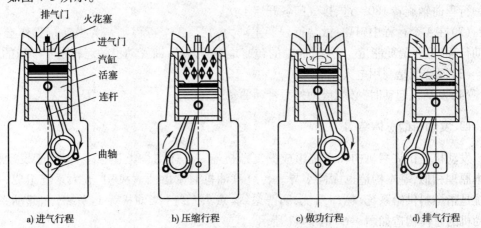

图4-5 四冲程发动机工作原理示意图

1.四冲程汽油机的工作原理

(1)进气行程。在进气行程中,进气门打开,排气门关闭。活塞在曲轴和连杆的带动

下从上止点向下止点运动,如图4-5a)所示。由于活塞下移,活塞上方的空间容积逐渐增大,形成一定的真空度,在真空吸力作用下,可燃混合气通过进气门被吸入汽缸,至活塞到达下止点时,进气行程结束。

（2）压缩行程。在压缩行程中,进、排气门全部关闭,活塞在曲轴和连杆的带动下,由下止点向上止点运动,如图4-5b)所示。随着活塞上移,活塞上方的空间容积逐渐减小,可燃混合气被压缩,直到活塞到达上止点时,压缩行程结束。

（3）做功行程。活塞运动到接近压缩行程上止点时,火花塞跳火点燃汽缸内的可燃混合气。此时,进、排气门均关闭,汽缸内气体压力和温度迅速升高,缸内的高温高压的气体膨胀,推动活塞由上止点向下止点运动,并通过连杆带动曲轴旋转输出机械能而做功,如图4-5c)所示。直到活塞到达下止点时,做功行程结束。

（4）排气行程。在做功行程结束后,汽缸内的可燃混合气通过燃烧转变为废气。此时排气门打开,进气门关闭。活塞在曲轴和连杆的带动下,由下止点向上止点运动,废气经排气门排出,如图4-5d)所示。直到活塞到达上止点时,排气行程结束。

排气行程结束后,进气门再次开启,又开始下一个工作循环。如此周而复始,发动机就连续运转。四冲程汽油机工作过程见表4-1。

四冲程汽油机工作过程 表4-1

行程名称	曲轴转角	活塞运动方向	进气门	排气门
进气	0°~180°	下行	开	关
压缩	180°~360°	上行	关	关
做功	360°~540°	下行	关	关
排气	540°~720°	上行	关	开

2. 四冲程汽油机工作循环的特点

由上述四冲程汽油机的工作原理可知,四冲程汽油机工作循环具有以下特点:

（1）发动机每完成一个工作循环曲轴旋转2圈(720°),活塞在上、下止点间移动4次,每一行程曲轴旋转180°,进、排气门各开启1次。

（2）在4个行程中,只有做功行程产生动力,其余3个行程则是为做功行程作准备的辅助行程,都要消耗能量。可见,曲轴的转速是不均匀的,即发动机的运转是不平稳的。

（3）混合气是利用电火花点燃的。

（4）发动机起动时,必须借助外力带动曲轴旋转。

四、发动机的总体结构

发动机是由许多机构和系统组成的复杂机器。具体结构类型很多,但由于发动机的基本原理相似,基本构造也大同小异。传统汽油机通常由两大机构、五大系统组成,五大系统是指燃料供给系统、冷却系统、润滑系统、点火系统(柴油机无此系统)和起动系统。发动机的总体构造如图4-6和图4-7所示。

1. 两大机构

1）曲柄连杆机构

该机构是发动机借以产生动力,并将活塞的往复直线运动转变为曲轴旋转运动而输出动力的机构。包括机体组、活塞连杆组、曲轴飞轮组。

图 4-6　汽油发动机纵剖图

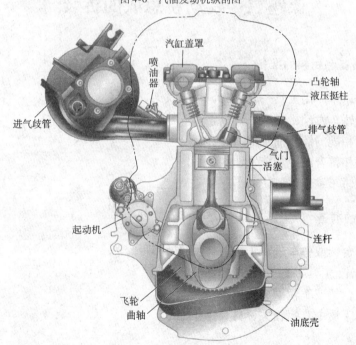

图 4-7　汽油发动机横剖图

2）配气机构

配气机构的功用是根据发动机的工作需要，适时地打开或关闭进、排气门，使可燃混合气及时进入汽缸并在燃烧后及时将废气从汽缸中排出；在发动机不需要进气或排气时，利用气门将进气通道或排气通道关闭，以保持汽缸密封。配气机构包括气门组和气门传动组。

2.五大系统

(1)燃料供给系统。汽油机的燃料供给系统由汽油箱、汽油滤清器、汽油泵、节气门体、喷油器、燃油分配管、空气滤清器和进气歧管等组成。

(2)冷却系统。冷却系统的功用是利用冷却介质冷却高温零件,并通过散热器将热量散发到大气中去,以保证发动机在最适宜的温度范围内工作。现代汽车一般都采用水冷式冷却系统,该系统由水泵、散热器、风扇、节温器、水套等组成。

(3)润滑系统。润滑系统的功用是将清洁的润滑油分送至各个摩擦表面,以减小摩擦力,减缓零件磨损,并清洗、冷却摩擦表面,从而延长发动机使用寿命。

润滑系统一般由机油泵、集滤器、滤清器、油道、油底壳、调压阀和安全阀等组成。

(4)点火系统。点火系统的功用是按一定时刻向汽缸内提供电火花以点燃缸内的可燃混合气。

点火系统一般由电源(蓄电池和发电机)、点火开关、点火线圈和火花塞等组成。

(5)起动系统。起动系统的功用是带动飞轮旋转以获得必要的动能和起动转速,使静止的发动机起动并转入自行运转状态。起动系统由起动机及附属设备组成。

课题二 发动机总成的拆装

一、工具、设备和材料的准备

(1)卡罗拉轿车专用工具一套,工具车,工具架,工作台。
(2)卡罗拉轿车发动机台架一台或整车一辆。
(3)与车辆相配的润滑油及油盆一套。
(4)与车辆相符合的冷却液及油盆一套。
(5)卡罗拉轿车维修手册。

二、作业前的准备

(1)将实习台架或整车进入工位前,将工位清理干净。
(2)将工具车、工具架、工作台摆放到位。
(3)将实习台架或车辆摆放到位。
(4)在维修手册中查找相关资料及操作标准。

三、发动机总成的拆卸

发动机总成分解图如图4-8~图4-10所示。

1.拆卸发动机总成注意事项

从汽车上拆卸发动机总成应注意下列事项:

(1)解体发动机应使用相应的专用工具和专用器具,以免损坏连接螺栓和零部件。
(2)解体发动机应由熟练的技术工人严格按照程序进行,以免由于不合理的拆卸,引起相互干涉,损坏零件。

(3)解体发动机的过程应十分谨慎,当磨损后出现的台肩或堆积的污垢影响拆卸时,应仔细、合理地予以解决,不可强行敲打,以免造成零部件的损坏。

(4)解体发动机后,各零部件应分类摆放,重要零件应妥善保管,等待清洁后检修。

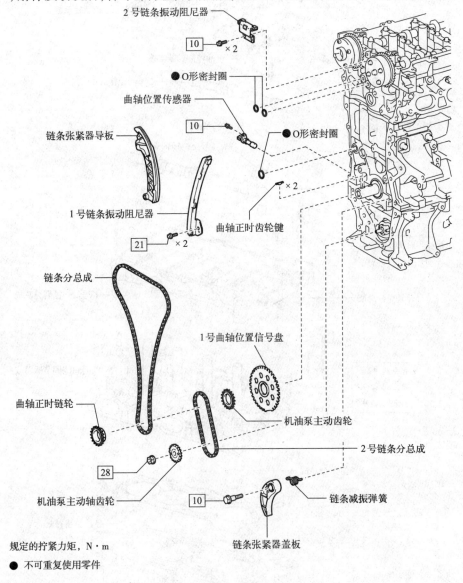

图 4-8　发动机总成分解图(1)

2. 具体拆卸步骤

(1)安装发动机台架,将发动机放置在发动机台架上。

(2)拆卸风扇传动带调整杆。

(3)拆卸进气歧管。

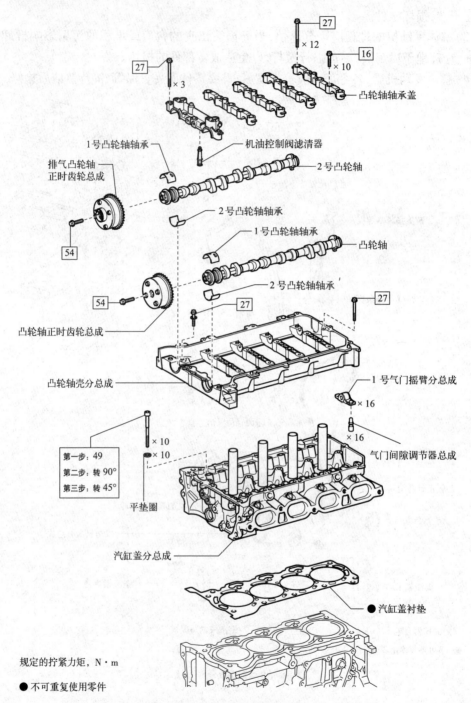

图4-9 发动机总成分解图(2)

①拆下线束卡夹支架。
②拆下2个螺栓并断开进气管。
③将通风软管从进气歧管上断开。
④断开2根水旁通软管,如图4-11所示。

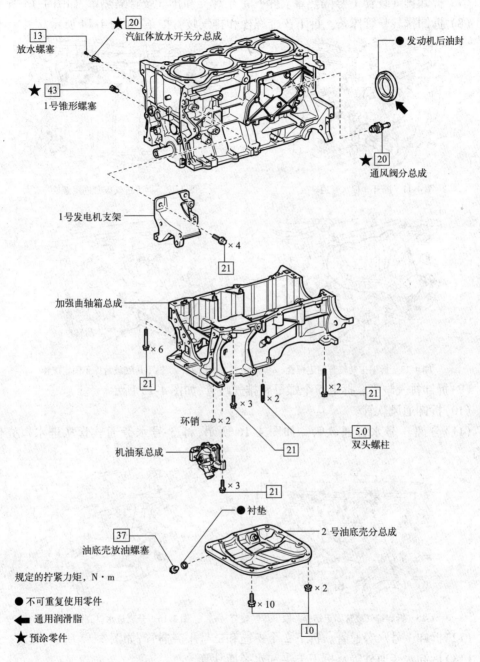

图 4-10 发动机总成分解图(3)

⑤拆下 4 个螺栓和 2 个螺母,如图 4-12 所示,并拆下进气歧管和进气歧管撑条。

⑥将衬垫从进气歧管上拆下。

(4)断开燃油管分总成。

(5)拆卸输油管分总成。

(6)拆卸喷油器总成。

(7) 拆卸排气歧管 1 号隔热罩。拆下 4 个螺栓和排气歧管隔热罩,如图 4-13 所示。

(8) 拆卸排气歧管撑条。拆下 3 个螺栓和排气歧管撑条,如图 4-14 所示。

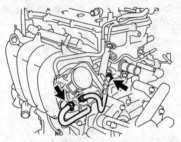

图 4-11　断开 2 根水旁通软管

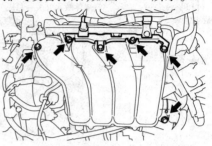

图 4-12　拆下进气歧管固定螺栓

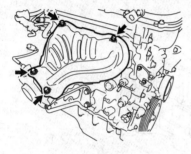

图 4-13　拆下排气歧管固定螺栓

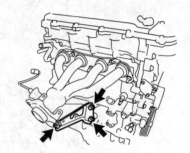

图 4-14　拆下排气歧管撑条固定螺栓

(9) 拆卸排气歧管。拆下 5 个螺母和排气歧管,如图 4-15 所示。

(10) 拆卸通风软管。

(11) 分离 3 号水旁通软管。如图 4-16 所示,将 3 号水旁通软管从进水口壳体上分离。

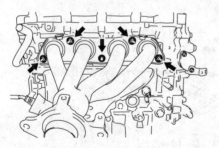

图 4-15　拆卸排气歧管固定螺栓并取下排气歧管

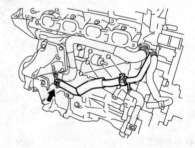

图 4-16　分离进水口壳体上的水管

(12) 拆卸 1 号水旁通管。拆下 2 个螺栓和 1 号水旁通管,如图 4-17 所示。

(13) 拆卸水旁通软管。拆下卡夹和水旁通软管。

(14) 拆卸进水软管。拆下 2 个卡夹和进水软管,如图 4-18 所示。

(15) 拆卸发动机吊钩。拆下 2 个螺栓和 2 个发动机吊钩,如图 4-19 所示。

(16) 拆卸加油口盖分总成。

(17) 拆卸凸轮轴位置传感器。拆下 2 个螺栓和 2 个凸轮轴位置传感器,如图 4-20 所示。

(18) 拆卸凸轮轴正时机油控制阀总成,如图 4-21 所示。

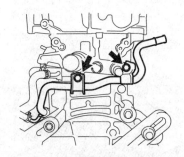

图4-17 拆卸1号水旁通管

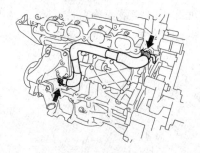

图4-18 拆卸进水软管

图4-19 拆卸发动机吊钩

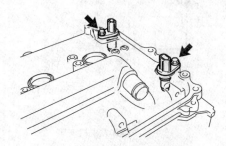

图4-20 拆卸凸轮轴位置传感器

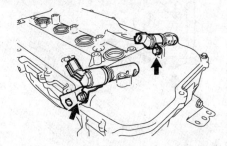

图4-21 拆卸凸轮轴正时机油控制阀总成

(19) 拆卸汽缸盖罩分总成。拆下13个螺栓、密封垫圈和汽缸盖罩,如图4-22所示。
(20) 将1号汽缸设置到TDC/压缩上止点,拆卸曲轴带轮。
(21) 拆卸1号链条张紧器总成。拆下2个螺母、托架、张紧器和衬垫,如图4-23所示。

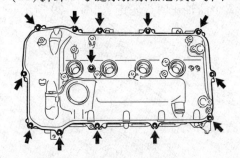

图4-22 拆卸汽缸盖罩螺栓

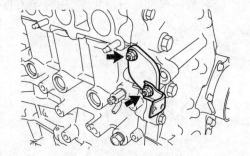

图4-23 拆卸链条张紧器总成

(22) 拆卸曲轴位置传感器,拆下螺栓和传感器。
(23) 拆卸发动机机油压力开关总成。

(24)拆卸机油滤清器分总成。用 SST 拆下机油滤清器,如图 4-24 所示。

(25)拆卸正时链条盖分总成。

(26)拆卸正时链条盖总成油封。用螺丝刀和锤子拆下油封,如图 4-25 所示。

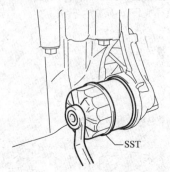

图 4-24　拆卸机油滤清器总成　　　　图 4-25　拆卸正时链条盖总成油封

(27)拆卸进水口壳体。拆下 3 个螺栓、衬垫和进水口壳体,如图 4-26 所示。

(28)拆卸 1 号发电机支架。拆下 4 个螺栓和 1 号发电机支架,如图 4-27 所示。

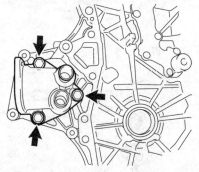 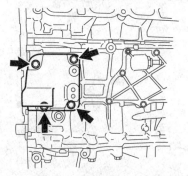

图 4-26　拆卸进水口壳体　　　　　　图 4-27　拆卸发电机支架

(29)拆卸链条张紧器导板。

(30)拆卸 1 号链条振动阻尼器和链条分总成;拆卸 2 号链条振动阻尼器和曲轴正时链轮,拆卸 2 号链条分总成。

(31)拆卸 1 号曲轴位置信号盘,如图 4-28 所示。

(32)拆卸曲轴正时齿轮键,用螺丝刀拆下 2 个曲轴正时齿轮键,如图 4-29 所示。

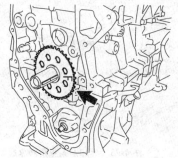 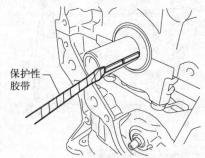

图 4-28　拆卸曲轴位置信号盘　　　　图 4-29　拆卸曲轴正时齿轮键

(33)拆卸凸轮轴正时齿轮总成,检查凸轮轴正时齿轮的锁止情况,松开锁销。

(34)拆卸排气凸轮轴正时齿轮总成,如图4-30所示。

(35)拆卸凸轮轴轴承盖,按如图4-31所示顺序,均匀地拧松并拆下10个轴承盖螺栓。

(36)拆卸凸轮轴。

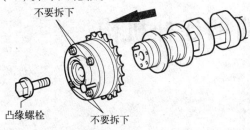

图4-30 拆卸排气凸轮轴正时齿轮总成

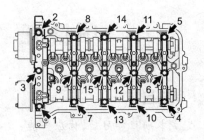

图4-31 拆卸凸轮轴轴承盖

(37)拆卸汽缸盖分总成。

(38)拆卸油底壳放油螺塞。

(39)拆卸机油泵总成。

(40)拆卸发动机后油封,如图4-32所示。

(41)拆卸曲轴箱总成,均匀地拧松并拆下11个螺栓,如图4-33所示。

(42)用螺丝刀撬动曲轴箱和汽缸体之间的部位,拆下曲轴箱。

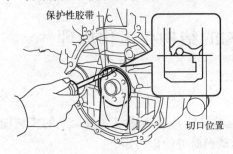

图4-32 拆卸发动机后油封

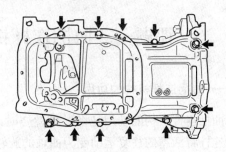

图4-33 拆卸曲轴箱总成

3.装配步骤

发动机的安装按照与拆卸相反的顺序进行。但是,要特别注意以下事项:

(1)在安装时,应检查发动机和变速器之间的定位销是否安装好。

(2)更换所有的自锁螺母。

(3)更换所有的螺栓。

(4)更换所有密封圈和衬垫。

(5)在变速器输入轴上涂薄薄的一层G000 100润滑脂,分离轴承的导向套不必润滑。

(6)必要时,检查离合器压盘的对中程度。

(7)检查曲轴后部滚针轴承是否安装上。

(8)如果汽缸盖和汽缸体都没有更换,则可以使用原来排出的冷却液。

(9)安装发动机支架后,摇动发动机,使其安装到位。

(10)调整节气门拉索,使其转动灵活。

(11)在未拧紧螺栓的情况下,调整排气管。

(12)当拔下插头时会导致故障的存储,查询故障存储器,必要时删除故障存储。

项目五　　曲柄连杆机构

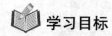学习目标

完成本项目学习后,你应当能:
1. 叙述汽油发动机曲柄连杆机构的功用与组成;
2. 叙述曲柄连杆机构主要零部件的功用与结构特点;
3. 描述活塞连杆及曲轴的工作特点及要求;
4. 明确各零部件的装配关系及拆装要求;
5. 独立按维修手册要求,对曲柄连杆机构进行安全、规范的拆装作业。

建议课时:14 课时。

课题一　　曲柄连杆机构的结构与工作原理

一、曲柄连杆机构的功用

曲柄连杆机构的功用是将燃料燃烧时产生的热能转变为活塞往复运动的机械能,再通过连杆将活塞的往复运动变为曲轴的旋转运动而对外输出转矩。

二、机体组

机体组由汽缸盖、汽缸体、曲轴箱、汽缸垫、油底壳和汽缸套等不动件组成,如图 5-1 所示。

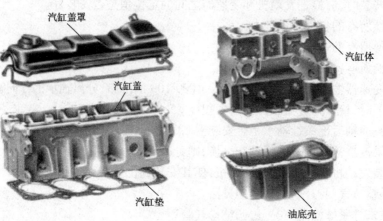

图 5-1　机体组结构

（一）汽缸体与曲轴箱

1. 汽缸体的结构与功用

汽车发动机的汽缸体和曲轴箱常铸成一体，称为汽缸体—曲轴箱，简称为汽缸体，如图 5-2 所示。

汽缸体上半部有一个或若干个为活塞在其中运动导向的圆柱形空腔，称为汽缸。为了使汽缸散热，在汽缸的外面制有水套。汽缸体的下半部为支撑曲轴的曲轴箱，其内腔为曲轴运动的空间。曲轴箱有前后壁和中间隔板，其上制有曲轴主轴承座孔，有的发动机在缸体上还制有凸轮轴轴承座孔。为了这些轴承的润滑，在缸体侧壁上钻有润滑系统主油道，前后壁和中间隔板上钻有分油道。

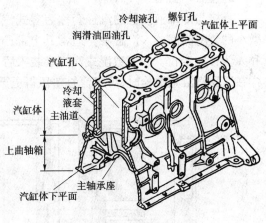

图 5-2 汽缸体结构

汽缸体是发动机各个机构和系统的装配基体，并由它来保持发动机各运动件相互之间的准确位置关系。

2. 汽缸与汽缸套

汽缸体分为有汽缸套式和无汽缸套式两种，图 5-3a) 所示为无汽缸套结构，图 5-3b) 所示为有汽缸套结构。

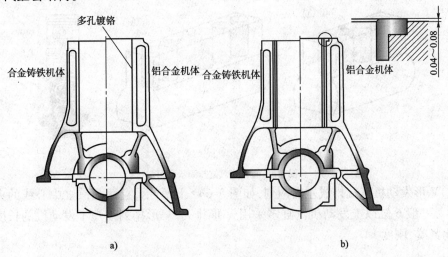

图 5-3 汽缸套

为了节约优质材料，降低成本，目前广泛采用汽缸体内镶入汽缸套的办法，即汽缸套用耐磨性好的优质合金铸铁或合金钢来制造，而汽缸体则用价格较低的普通铸铁或质量轻的铝合金制造。

根据汽缸套是否与冷却液直接接触，可分为干式汽缸套和湿式汽缸套两种。

1) 干式汽缸套

不直接与冷却液接触的汽缸套称为干式汽缸套，如图 5-3b) 所示。干式汽缸套的优点是不会引起漏水、漏气现象,汽缸体结构刚度大,缸心距小,整体结构紧凑。

2) 湿式汽缸套

直接与冷却液接触的汽缸套称为湿式汽缸套,如图5-4所示。其壁厚达5~9mm,以微小的装配间隙放入汽缸中。通常其上部凸缘的下平面 C 为轴向定位,以外圆柱表面 B 和 A 为径向定位。大多数湿式汽缸套装入后,其顶面一般高出汽缸体0.05~0.15mm。这样在紧固汽缸盖螺栓时,可将汽缸垫压得更严实,以保证汽缸的密封性,防止漏水、漏气。

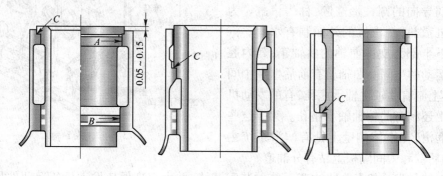

图5-4 湿式汽缸套

3. 汽缸的排列形式

多缸发动机汽缸的排列形式通常有直列、V形和水平对置式三种。

(1) 直列式发动机的各个汽缸排成一列,且多为垂直布置,如图5-5所示。

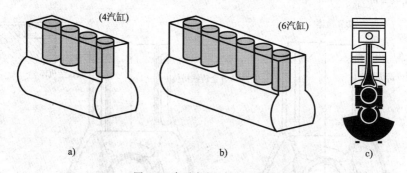

图5-5 直列式汽缸排列示意图

(2) V形发动机汽缸排成左右两列,如图5-6a)、b)所示,且两列汽缸中心线的夹角小于180°。一般6缸以上发动机汽缸多采用V形排列,V形排列缩短了发动机的长度和高度,结构紧凑,刚度大。

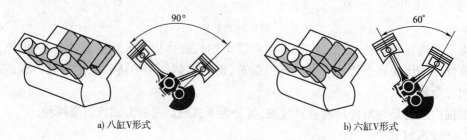

a) 八缸V形式　　　　b) 六缸V形式

图5-6 V形发动机汽缸排列形式

(3) 当V形发动机两列汽缸中心线夹角变为180°时,就成为水平对置发动机,如图5-7所示。

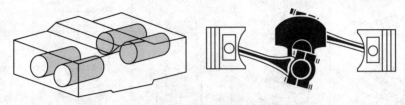

图5-7 水平对置发动机汽缸排列形式

4. 汽缸体(曲轴箱)的结构形式

汽缸体(曲轴箱)的结构形式如图5-8所示,有一般式、龙门式、隧道式三种。

下平面与曲轴轴线在同一平面内的汽缸体称为一般式汽缸体,如图5-8a)所示。

下平面移至曲轴轴线以下汽缸体称为龙门式汽缸体,如图5-8b)所示。

主轴承座孔为整体式结构的汽缸体称为隧道式汽缸体,如图5-8c)所示。

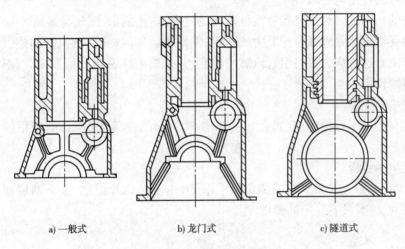

a) 一般式　　　　b) 龙门式　　　　c) 隧道式

图5-8 汽缸体(曲轴箱)的结构形式

(二)汽缸盖

1. 汽缸盖的功用

汽缸盖的功用是封闭汽缸的上部,并与处于上止点时的活塞顶部和汽缸壁共同构成燃烧室。同时,汽缸盖也是某些零件的装配基体,如冷却系统、润滑系统、进排气歧管、点火系统、配气机构等。

2. 汽缸盖的结构

汽缸盖的下部用于密封汽缸和构成燃烧室的一部分,两侧用于进、排气歧管的安装,中部用于气门组件的安装,上部空间用于安装凸轮轴。图5-9所示为AJR发动机采用的整体式汽缸盖。

3. 汽油机燃烧室

(1) 燃烧室的概念。燃烧室指上止点时活塞顶与汽缸壁及汽缸盖上相应的凹坑所组成的空间。

(2) 燃烧室的类型。燃烧室有楔形、盆形、半球形、双球形、浅蓬形等类型。见表5-1。

汽油机燃烧室的类型及应用　　　　　　　　表 5-1

类型	楔形燃烧室	盆形燃烧室	半球形燃烧室	双球形燃烧室	4 气门浅蓬形
应用	解放 CA6102	北京 BJ2020	多用于高速发动机	夏利 TJ376Q	奔驰 320E

（三）汽缸垫

汽缸垫安装在汽缸盖和汽缸体之间，它是发动机最重要的一种垫片。

1. 汽缸垫的功用与要求

汽缸垫的功用是密封汽缸盖和汽缸体间的缝隙，防止漏水、漏气与漏油。

汽缸垫受汽缸盖紧固螺栓拧紧力的作用；发动机工作时，又受到汽缸内燃气的压力与热负荷的作用。这些应力都将引起汽缸垫的变形，从而破坏密封的可靠性。此外，它还受到油水的腐蚀作用。

2. 汽缸垫的类型

汽缸垫有金属—石棉垫、金属骨架—石棉垫、纯金属垫等类型，目前应用较多的是金属—石棉垫。

3. 汽缸垫的结构

图 5-10 所示为 AJR 发动机的纯金属汽缸垫，由三层钢片组成，上下两层薄钢片冲压成波纹状表面，使其具有一定的弹性。

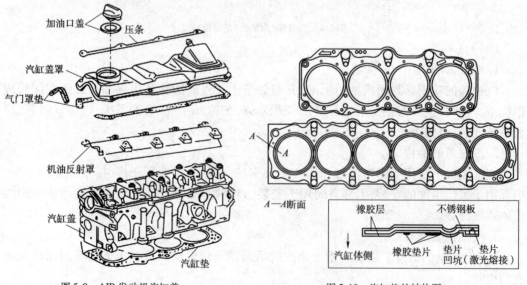

图 5-9　AJR 发动机汽缸盖　　　　　　图 5-10　汽缸垫的结构图

4.汽缸垫的安装

汽缸垫安装时,应注意其安装方向。

(1)安装 AJR 发动机汽缸垫时,有标记(配件号)的一面必须可见。

(2)换用新的汽缸垫时,把有标记的一面朝向汽缸盖。

(3)汽缸垫有卷边的一面应朝向易修正的接触面或硬平面。

(四)油底壳

1.油底壳的功用

油底壳的主要功用是储存和冷却机油并封闭曲轴箱。

2.油底壳的结构

为了防止汽车振动时润滑油过分激荡,在油底壳内部设有稳油挡板。在油底壳的最低处设有放油螺塞,以便放出润滑油,放油螺塞常带有磁性,可吸附润滑油中的金属屑,以减小发动机的磨损。图 5-11 所示为 AJR 发动机的油底壳结构图。

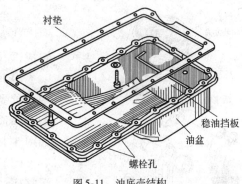

图 5-11 油底壳结构

(五)发动机的支撑

发动机一般都通过汽缸体和飞轮壳或变速器壳体上的支撑点支撑,用弹性支撑零件(如橡胶垫)固定在车架或车身底板上,其支撑方式按支撑点的多少分为两点支撑、三点支撑和四点支撑,如图 5-12 所示。

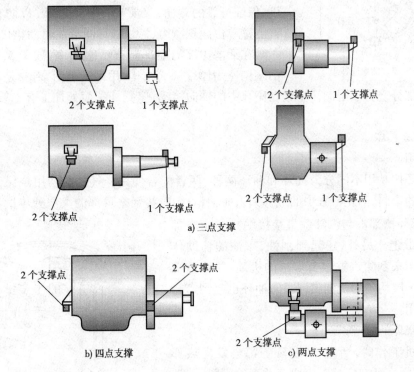

图 5-12 发动机支撑方式

三、活塞连杆组

活塞连杆组主要由活塞、活塞环、活塞销和连杆等运动件组成,如图5-13所示。

(一)活塞

1. 功用

活塞的功用是承受燃气燃烧后产生的膨胀压力,并通过活塞销和连杆将此力传递给曲轴,以驱动曲轴旋转;同时活塞顶部还与汽缸盖和汽缸壁共同构成燃烧室。

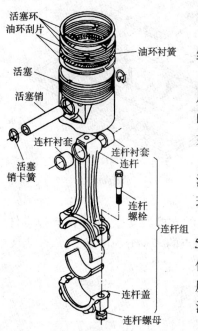

图5-13 活塞连杆组

2. 活塞的结构

活塞的基本结构由活塞顶部、头部和裙部三大部分组成,如图5-14所示。

(1)活塞顶部。活塞顶部是燃烧室的重要组成部分,用来承受气体压力。其形状取决于燃烧室的形式。常见的活塞顶部形状有平顶、凸顶、凹顶、成形顶等结构形式,如图5-15所示。

(2)活塞头部。指活塞环槽及以上的部分,用来安装活塞环,它是活塞的防漏部分,两环槽之间部分结构称为环岸,如图5-14所示。

(3)活塞裙部。一般是指油环槽以下的部分,如图5-14所示。其功用是为活塞在汽缸内作往复运动起导向作用,并承受侧压力。因此,活塞裙部不仅要有一定的长度,保证可靠的导向;又要有足够的面积,以防止活塞对汽缸壁单位面积压力过大,破坏润滑油膜,加剧磨损。

在活塞裙部的上部制有活塞销座,如图5-14所示。活塞销座为厚壁圆筒结构,用来安装活塞销,是活塞与连杆的连接部分。为了限制活塞销在座孔中的轴向窜动,座孔外端面处加工有卡簧槽,用来安装卡簧。

(二)活塞环

1. 功用

活塞环按功用不同分为气环和油环两种,两者配合使用。气环的功用是保证活塞与汽缸壁间的密封,防止汽缸中的气体漏入曲轴箱;同时将活塞顶部的大部分热量传导到汽缸壁(活塞环槽部不与汽缸壁直接接触),再由冷却液或空气带走。另外,还起到刮油、布油的辅助作用。油环用来刮除汽缸壁上多余的机油,并在汽缸壁上铺涂一层均匀的机油膜,此外,油环也起到密封的辅助作用。

2. 活塞环的"三隙"

发动机工作时,活塞、活塞环等都会发生热膨胀。因此,活塞环在安装时应留有适当的间隙,即端

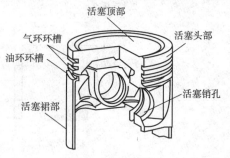

图5-14 活塞的结构

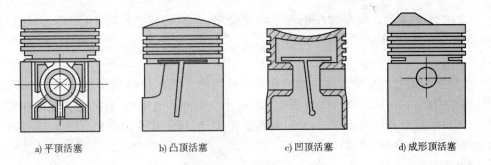

a) 平顶活塞　　　b) 凸顶活塞　　　c) 凹顶活塞　　　d) 成形顶活塞

图 5-15　活塞顶部形状

隙、侧隙、背隙三处间隙,见表 5-2。

活塞环的"三隙"　　　　　　　　　　　　　　表 5-2

项目	端　隙	侧　隙	背　隙
定义	指活塞环置于汽缸内时在开口处呈现的间隙,见下图	指活塞环高度方向与环槽之间的间隙,见下图	指活塞环随活塞装入汽缸后,环的背面(即内圆柱面)与环槽底部之间的间隙,见下图
位置	活塞环端隙	活塞环侧隙和背隙	

3. 活塞环结构

由于气环和油环的功用不同,其结构形式也不一样。图 5-16 所示为活塞环各部位的名称。

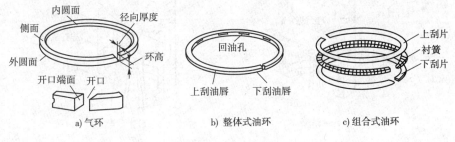

a) 气环　　　　　b) 整体式油环　　　　　c) 组合式油环

图 5-16　活塞环的结构

1)气环

(1)气环的结构。气环为一带有切口的弹性片状圆环,如图 5-16a)所示。在自由状态下,气环的外径略大于汽缸的直径。当环装入汽缸后,产生弹力使环紧压在汽缸壁上,其切口处具有一定的端隙。汽油机气环一般为 2 道;柴油机气环一般为 3 道。随着发动机转速的不断提高,活塞环的数量在不断减少。

(2)气环的类型。气环常按断面形状来命名,常见的有矩形环、锥形环、内切口扭曲环、外切口扭曲环、梯形环和桶形环等。

2)油环

油环按结构分为整体式油环和组合式油环两种。图5-16b)所示为整体式油环,其外圆柱面的中部切有一道凹槽,凹槽底部开有若干个回油孔或窄槽,有的在其背面加装弹性衬垫,既可保证对汽缸壁的弹力,又可有较好的柔性,延长其使用寿命。图5-16c)所示为组合式油环由刮油钢片和衬簧组成。

(三)活塞销

1. 活塞销的功用

活塞销的功用是连接活塞与连杆,并将气体作用在活塞上的力传给连杆。

2. 活塞销的结构

活塞销的基本结构为一空心圆柱体,有时也按等强度要求做成变截面管状结构,如图5-17所示。

图 5-17 活塞销

3. 活塞销的连接方式

活塞销与活塞销座孔和连杆小头的连接方式有全浮式和半浮式两种,如图5-18所示。

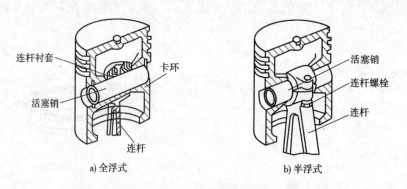

图 5-18 活塞销的连接方式

(1)全浮式。全浮式连接是指发动机在正常工作温度下,活塞销与活塞销座孔及连杆小头衬套之间有合适的配合间隙,活塞销在孔内可以缓慢地自由转动,因而其磨损较均匀,使用寿命长。AJR 发动机活塞销采用全浮式连接。为了防止活塞销的轴向窜动而刮伤汽缸壁,在销座两端装有卡环。

(2)半浮式。半浮式连接是指活塞销与销座孔和连杆小头两处,一处固定(为过盈配合),一处浮动。大多采用活塞销与连杆小头固定的方式。这种连接方式结构简单,销座孔内无卡环,连杆小头处无衬套,维修方便。

(四)连杆

1. 连杆的功用

连杆的功用是将活塞承受的燃气压力传给曲轴,并将活塞往复直线运动转变为曲轴旋转运动。

2. 连杆的结构

1)连杆体与连杆盖

连杆体与连杆盖的基本结构可分为连杆小头、杆身和连杆大头3个部分,如图5-19所示。

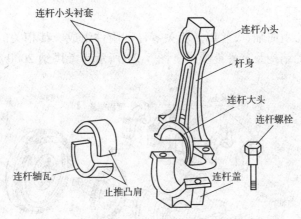

图5-19 连杆结构

(1)连杆小头。连杆小头孔内装有减摩的连杆衬套,一般为青铜衬套或铁基粉末冶金衬套。连杆衬套和活塞销之间存在运动,必须润滑,其润滑方式有两种:一种是在连杆小头和衬套上开集油孔或集油槽,靠收集曲轴旋转时飞溅起来的机油来润滑;另一种是在连杆杆身内钻有润滑油道,通过连杆轴颈的油道得到有压力的润滑油进行润滑。

(2)杆身。连杆杆身通常做成"工"字形断面,以求在满足强度和刚度要求的前提下尽量减轻其质量。

(3)连杆大头。一般是分开式的,与杆身分开的部分称连杆盖,连杆盖与连杆用连杆螺栓连接。连杆大头与连杆盖按剖切面方向的不同可分为平切口和斜切口两种。

2)连杆轴承

连杆大头与曲轴连接,大头内孔装有剖分成两半的薄壁滑动轴承,称为连杆轴瓦。有些连杆轴瓦的内表面加工有油槽,与连杆轴颈的圆柱面形成油道;有些连杆轴瓦加工有径向润滑油孔,与连杆大头的油孔相通,从油孔中喷出的机油可使汽缸壁得到更好的润滑。

轴瓦在自由状态下的曲率半径略大于孔座的半径,且轴瓦的背面应具有较好的表面粗糙度,以保证轴瓦装入座孔后,靠自身产生的张紧力紧贴座孔。为了防止工作中轴瓦在座孔内发生转动或轴向移动,分别在轴瓦的剖分面和座孔的结合端制有定位唇和定位槽,以确保装配中准确定位。如图5-20所示。

3）连杆螺栓

用来将连杆体与连杆盖紧固在一起，必须按标准力矩拧紧。

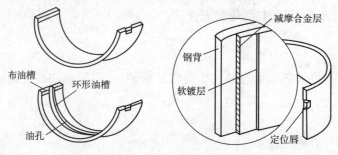

图 5-20　连杆轴瓦的结构

四、曲轴飞轮组

曲轴飞轮组主要由曲轴、飞轮以及相关零件和附件组成。其相关的零件和附件种类、数量取决于发动机的结构及其性能要求。图 5-21 所示为桑塔纳 2000 发动机曲轴飞轮组的分解图。

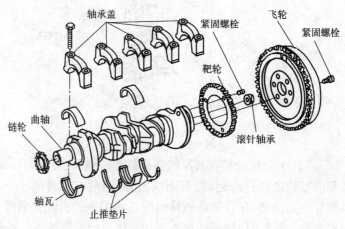

图 5-21　曲轴飞轮组

（一）曲轴

1. 曲轴的功用

曲轴是发动机最重要的零件之一。其功用是将活塞连杆组传来的气体压力转变成曲轴旋转的转矩对外输出，并驱动发动机的配气机构及其他辅助装置（如发电机、水泵、风扇、空气压缩机、机油泵、柴油机喷油泵等）工作。

2. 曲轴的结构

曲轴由 1 个或若干个曲拐构成。一个连杆轴颈和它两端的曲柄及主轴颈构成 1 个曲拐。曲轴的曲拐数取决于汽缸数和排列方式。单缸发动机的曲轴只有 1 个曲拐，多缸直列式发动机曲拐数与汽缸数相同，V 形发动机曲拐数等于汽缸数的一半。

按曲拐连接方式的不同，曲轴有整体式和组合式两种。各个曲拐锻造或铸造成一个整体的曲轴称为整体式曲轴；由各个曲拐组合装配而成的曲轴称为组合式曲轴。整体式曲轴的基本组成包括前端轴、主轴颈、连杆轴颈、曲柄、平衡重、后端凸缘等,如图 5-22 所示。

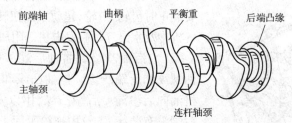

图 5-22　整体式曲轴

1)主轴颈

主轴颈是曲轴的支撑部分。整个曲轴通过主轴颈安装在汽缸体主轴承座孔中的滑动轴承(主轴承)上,用主轴承盖定位,主轴承盖通过螺栓固定在汽缸体上。

一般发动机曲轴两端的主轴颈以及有些曲轴的中间主轴颈较长,使其接触面积大些,可均衡各主轴颈的磨损。

2)连杆轴颈

连杆轴颈又称曲柄销,与连杆大头装配在一起。在直列式发动机上,连杆轴颈数与汽缸数相同。在 V 形发动机上,采用 1 个连杆轴颈上安装两个连杆,故连杆轴颈数为汽缸数的一半。连杆轴颈一般制成实心,有时为减轻质量,也采用空心轴方式。

曲轴上钻有贯穿主轴颈、曲柄和连杆轴颈的油道,如图 5-23 所示,以使汽缸体上的主油道内的润滑油能够润滑主轴颈和连杆轴颈。在维修中,对曲轴上的油道要彻底疏通并清洁干净,以免造成事故。

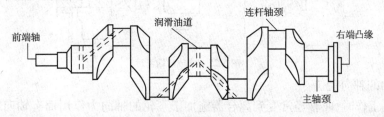

图 5-23　曲轴上的润滑油道

3)曲柄和平衡重

(1)曲柄。曲柄是连接主轴颈和连杆轴颈的部分,如图 5-22 所示,其长度取决于活塞行程。

(2)平衡重。曲轴平衡重用来平衡旋转惯性力及其转矩,以减轻主轴承负荷、发动机振动和噪声。平衡重可以与曲轴制成一体,也可单独制成,再用螺钉固定于曲柄上。

(3)平衡机构。在曲轴的曲柄上设置的平衡重只能平衡旋转惯性力及其转矩,而往复惯性力及其转矩的平衡则需采用专门的平衡机构,以提高乘坐的舒适性,降低发动机的噪声。

图 5-24 所示为两根平衡轴一高一低在汽缸中心线左右等距布置,上方的平衡轴与曲轴旋转方向相同,下方的平衡轴旋向相反,上下平衡轴的垂直距离等于连杆长度的 70%。这种平衡机构可以显著地降低由往复惯性力和气体力所造成的振动和噪声。

4）前端轴和后端凸缘

（1）前端轴。曲轴前端通常制有键槽和螺纹，用来安装正时齿轮、带轮、起动爪及扭转减振器等，以驱动配气机构及水泵、风扇、发电机等附属装置工作。

（2）后端凸缘。曲轴后端一般设有挡油凸缘、回油螺纹和后端凸缘。挡油凸缘和回油螺纹，用来防止机油向后渗漏。后端凸缘，用以安装飞轮。不少曲轴后端没有凸缘，飞轮用螺栓紧固于曲轴后端面。

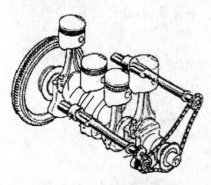

图5-24　链传动双平衡轴机构

3. 曲轴前后端的密封与轴向定位

1）曲轴前后端的密封

曲轴的前后端均伸出曲轴箱，为了防止润滑油沿轴颈外漏，在曲轴的前后端均设有防漏装置。常见的防漏装置有：挡油盘、密封填料、回油螺纹、自紧油封等。一般发动机都采用两种以上防漏装置组成复合式防漏结构。曲轴后端的密封如图5-25所示。

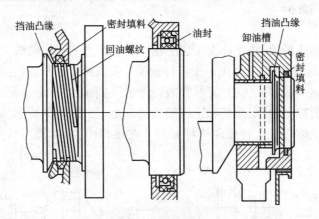

图5-25　曲轴后端密封

2）曲轴的轴向定位

发动机工作时，曲轴经常受到离合器施加于飞轮的轴向力作用而有轴向窜动的趋势。曲轴窜动将破坏曲柄连杆机构各零件的正确相对位置，故必须对曲轴进行轴向定位。为了使曲轴在受热膨胀时可以自由伸长，曲轴上只能有一处设置轴向定位装置。该装置可设在曲轴的前端、中间或后端。

4. 曲拐布置与多缸发动机的工作顺序

曲轴各曲拐的相对位置或曲拐布置取决于发动机的汽缸数、汽缸的排列形式和发动机的工作顺序。当汽缸数和汽缸的排列形式确定之后，曲拐布置就只取决于发动机的工作顺序。合理的曲拐布置能保证发动机良好的平衡性和输出转矩均匀。在选择发动机工作顺序时，应注意以下几点：

（1）连续做功两汽缸应尽量远些，以减轻主轴承的载荷，同时避免在进气行程中发生抢气现象。

（2）在一个工作循环内，每个汽缸均应做功一次，且各汽缸做功间隔角（以曲轴转角表示）力求均匀，使发动机运转平稳。四冲程发动机的做功间隔角为$720°/i$（i为汽缸数），即曲轴每转720°/i时,就有一只汽缸做功。

(3) V形发动机左右两列汽缸应交替做功。

下面介绍几种不同汽缸数的发动机的工作顺序(发火顺序)及其曲拐布置形式。

(1) 四冲程直列三缸发动机曲轴曲拐的布置和工作顺序。这种发动机的做功间隔角为720°/3=240°,3个曲拐互成120°,发动机的工作顺序为1—3—2或1—2—3,其工作循环见表5-3。

(2) 四冲程直列四缸发动机曲轴曲拐的布置和工作顺序。这种发动机的做功间隔角为720°/4=180°,4个曲拐布置在同一平面内,如图5-26所示。

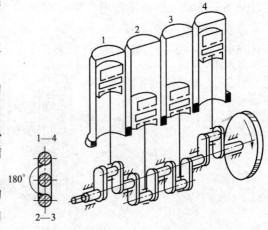

图5-26 四冲程直列四缸发动机曲拐布置

四冲程直列三缸发动机工作循环表(工作顺序1—2—3)　　　表5-3

曲轴转角(°)		第一缸	第二缸	第三缸
0~180	0~60	做功	进气	排气
	60~120			
	120~180		压缩	
180~360	180~240	排气		进气
	240~300			
	300~360		做功	压缩
360~540	360~420	进气		
	420~480			
	480~540		排气	
540~720	540~600	压缩		做功
	600~660			
	660~720		进气	排气

做功顺序有两种可能:1—2—4—3和1—3—4—2,它们没有性能上的差别。做功顺序为1—3—4—2的发动机的工作循环见表5-4。

四冲程直列四缸发动机工作循环表(工作顺序1—3—4—2)　　　表5-4

曲轴转角(°)	第一缸	第二缸	第三缸	第四缸
0~180	做功	排气	压缩	进气
180~360	排气	进气	做功	压缩
360~540	进气	压缩	排气	做功
540~720	压缩	做功	进气	排气

（3）四冲程直列六缸发动机曲轴曲拐布置和工作顺序。这种发动机的做功间隔角为 $720°/6=120°$，6个曲拐布置在互成120°的3个平面内，如图5-27所示，平衡性好。工作顺序也有两种可能：1—5—3—6—2—4 和 1—4—2—6—3—5。国产汽车发动机一般采用 1—5—3—6—2—4，其工作循环见表5-5。

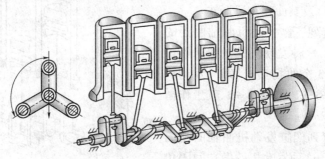

图5-27 四冲程直列六缸发动机曲轴曲拐布置

四冲程直列六缸发动机工作循环表（工作顺序 1—5—3—6—2—4） 表5-5

曲轴转角(°)		第一缸	第二缸	第三缸	第四缸	第五缸	第六缸
0～180	0～60	做功	排气	进气	做功	压缩	进气
	60～120						
	120～180			压缩	排气		
180～360	180～240	排气	进气			做功	压缩
	240～300						
	300～360			做功	进气		
360～540	360～420	进气	压缩			排气	做功
	420～480						
	480～540			排气	压缩		
540～720	540～600	压缩	做功			进气	排气
	600～660			进气	做功		
	660～720						压缩

（二）曲轴主轴承

曲轴主轴承的结构：曲轴主轴承俗称大瓦，基本结构与连杆轴承相同，主要不同点是：主轴承开有周向油槽和主油孔，如图5-28所示。

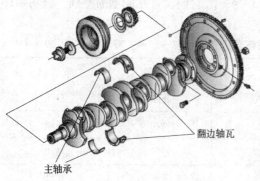

图5-28 曲轴主轴承结构及安装位置

（三）曲轴扭转减振器

1. 曲轴扭转减振器的类型

发动机常用的扭转减振器有橡胶扭转减振器、硅油扭转减振器和硅油—橡胶扭转减振器，如图5-29所示。

2. 扭转减振器作用

扭转减振器的作用是吸收曲轴扭转振动

的能量,消减扭转振动,避免发生共振。

许多曲轴扭转减振器上还有不连续的钢片,以产生曲轴转速的监测信号,用于发动机的计算机控制系统。

(四)飞轮

1. 飞轮的功用

飞轮的主要功用是将发动机做功行程中曲轴得到的能量中的一部分储存起来,用以克服进气、压缩和排气三个辅助行程的阻力,使发动机运转平稳;能提高发动机短时间的超负荷工作能力,使汽车容易起步,便于发动机起动;此外,飞轮还是离合器的组成部件。

2. 飞轮的结构

飞轮是一个用铸铁制成的圆盘,用螺栓固定于曲轴后端凸缘或后端面上。飞轮外缘一边镶有起动齿圈,如图5-30所示,以便发动机起动时,与起动机齿轮啮合,带动曲轴旋转。齿圈与飞轮采用过盈配合,将齿圈通过加热后安装上去。

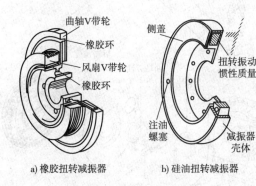

图5-29 扭转减振器结构

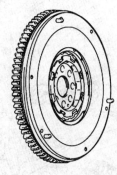

图5-30 飞轮的结构图

飞轮上通常刻有表示第一缸活塞在上止点位置的标记。有的飞轮上还刻有点火提前角标记(汽油机)或供油提前角标记(柴油机),以便调整和检验点火正时、供油提前角和气门间隙。有的汽油喷射发动机飞轮上有传感器安装位置,以传出有关信息。

课题二　曲柄连杆机构的拆装

一、工具、设备和材料的准备

(1)丰田系列轿车专用工具一套,工具车,工具架,工作台。
(2)丰田5A-FE台架发动机一台。
(3)油盆一个。
(4)丰田系列轿车维修手册。

二、作业前的准备

(1)实习台架进入工位前,将工位清理干净。
(2)将工具车,工具架,工作台摆放到位。

(3) 实习台架摆放到位。

(4) 在维修手册中查找相关资料及操作标准。

三、曲柄连杆机构的拆装

曲柄连杆机构分解图如图 5-31 所示。

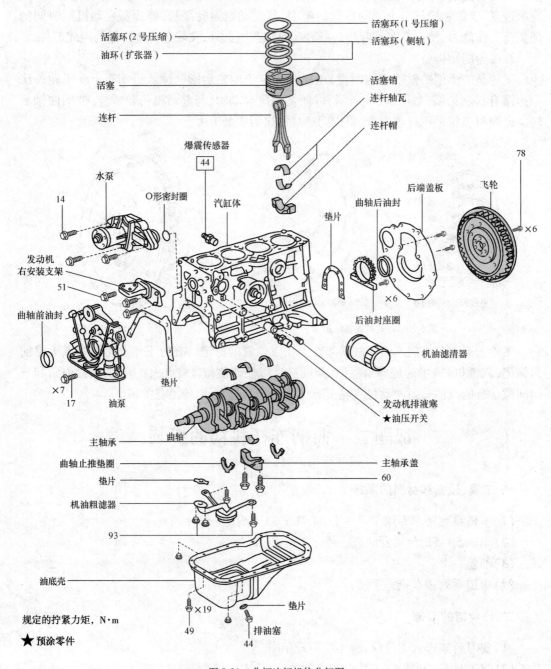

图 5-31 曲柄连杆机构分解图

1. 曲柄连杆机构的拆卸步骤

(1)卸下6个螺栓,拆下飞轮,如图5-32所示。

(2)卸下两个螺栓,拆下后端盖板,如图5-33所示。

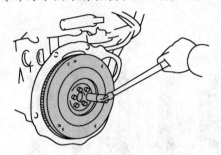 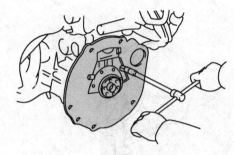

图5-32 拆卸飞轮　　　　　　　　　图5-33 拆卸后端盖板

(3)拆下正时带与曲轴正时带轮,拆下油底壳与油泵。

(4)拆下6个螺栓、后油封座圈与垫片,如图5-34所示。

(5)拆卸连杆盖。检查连杆和连杆盖上的配合标记,如图5-35所示,以保证正确地重新组装,卸下连杆盖螺母。

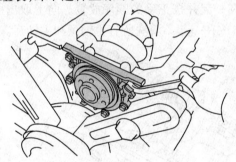

图5-34 拆卸后油封座圈与垫片　　　　图5-35 拆卸连杆盖

(6)用木锤子轻敲连杆螺栓并提起连杆盖,但应保持下轴瓦仍嵌在连杆盖中,如图5-36所示。

(7)用短软管套在连杆螺栓上,以保护曲轴不受损坏,如图5-37所示。卸下活塞和连杆组件。

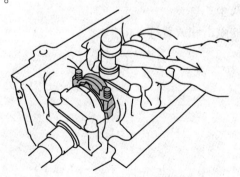 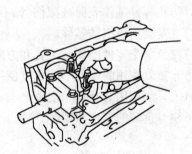

图5-36 取下连杆盖的方法　　　　　　图5-37 装上连杆螺栓保护套

(8)推动活塞、连杆组件及上轴瓦,通过汽缸体顶部将其取下。

(9)分解活塞连杆组,用活塞环扩张器拆下两个压缩环,如图5-38所示;用手拆下油环刮片和油环胀圈。

(10)拆下主轴承盖取出曲轴,按图5-39所示顺序,分几次均匀地拧松并卸下主轴承盖螺栓。

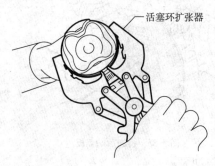
图5-38 拆卸活塞环

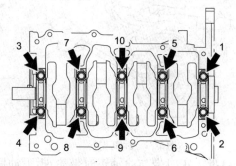
图5-39 拆卸主轴承盖

(11)用拆下的主轴承盖螺栓前后撬动主轴承盖,并拆下主轴承盖、下主轴瓦和下止推垫片(仅3号主轴承盖),如图5-40所示。

(12)拆下后注意把下主轴瓦与主轴承盖放在一起并按正确的顺序放置。向上取出曲轴(图5-41)并把上主轴瓦、上止推垫片与汽缸体放在一起。清洗所有主轴颈和主轴瓦。

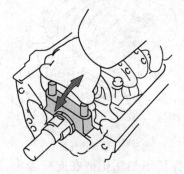
图5-40 取下主轴承盖

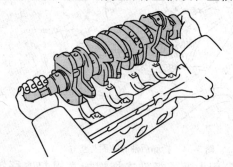
图5-41 取出曲轴

2. 曲柄连杆机构的装配

曲柄连杆机构的装配按照拆卸时的相反顺序装配,并注意以下几点:

(1)预防措施:防止进入异物,如沙砾、灰尘。

(2)防止零件工作表面被擦伤,如不当的敲击和放置等。

(3)在安装前要清洁零件。

(4)注意每个零件的安装位置和方向。

(5)非重复使用的零件不能重复使用。

(6)工具的使用要合理和规范。

(7)注意拆装的安全和现场管理。

项目六 配气机构

 学习目标

完成本项目学习后,你应当能:
1. 叙述配气机构的功用、组成、工作原理及结构形式;
2. 叙述配气相位的概念及影响因素;
3. 叙述气门间隙的含义及调整方法;
4. 明确各零部件的装配关系及拆装要求;
5. 独立按维修手册要求,对配气机构进行熟练、安全、规范的拆装作业。

建议课时:8课时。

课题一 配气机构的结构与工作原理

一、配气机构概述

(一) 配气机构的功用

配气机构是控制发动机进气和排气的装置。其功用是根据发动机的工作顺序和各缸工作循环的要求,定时开启和关闭进、排气门,使新鲜可燃混合气(汽油机)或空气(柴油机)准时进入汽缸,废气得以及时排出汽缸。

进入汽缸内的新鲜可燃混合气或空气(又称进气量)对发动机性能的影响很大。进气量越多,发动机的有效功率和转矩越大。因此,配气机构首先要保证进气充分,进气量要尽可能多;同时,废气要排除干净,因为汽缸内残留的废气越多,进气量将会越少。其次,配气机构的运动件应该具有较小的质量和较大的刚度,以使配气机构具有良好的动力特性。

(二) 配气机构的分类

1. 按凸轮轴的位置分类

配气机构按凸轮轴的位置分,有凸轮轴下置式、凸轮轴中置式和凸轮轴上置式,如图6-1所示。

(1) 凸轮轴下置式。如图6-1a)所示,凸轮轴下置式配气机构的凸轮轴置于曲轴箱内,平行布置在曲轴的一侧。由于曲轴和凸轮轴位置靠近,只用一对正时齿轮传动,传动机构比较简单。多用于转速较低的发动机,如解放 CA6102、东风 EQ6100—1、6135Q 等发动机均为凸轮轴下置式配气机构。

(2)凸轮轴中置式。为减小气门传动组零件往复运动惯性力，一些速度较高的发动机将下置式凸轮轴的位置抬高到汽缸体的中间靠近上部，如图6-1b)所示，缩短了传动零件的长度，称为凸轮轴中置式配气机构。

有些凸轮轴中置式配气机构的组成与凸轮轴下置式配气机构没有什么区别，只是推杆较短而已，如YC6105Q、6110A、依维柯8210.22S等发动机都是这种机构。

(3)凸轮轴上置式。如图6-1c)所示，凸轮轴上置式配气机构的凸轮轴直接布置在汽缸盖上。凸轮轴直接通过摇臂来驱动气门，省去了推杆、挺柱，使往复运动质量大大减小，因此它适合于高速发动机。由于凸轮轴离曲轴中心较远，因而采用链传动或齿形带传动，使得正时传动机构较为复杂，而且拆装汽缸盖也比较困难。

a) 凸轮轴下置

b) 凸轮轴中置

c) 凸轮轴上置

图6-1　凸轮轴的布置方式

2. 按凸轮轴的传动方式分类

配气机构按凸轮轴的传动方式分，有齿轮传动式、链传动式和齿形带传动式，如图6-2、图6-3所示。由于四冲程发动机每完成一个工作循环，曲轴旋转2圈，而各缸只进、排气1次，即凸轮轴只需转1圈，所以曲轴与凸轮轴的传动比为2:1。

(1)**齿轮传动**。凸轮轴下置、中置的配气机构大多采用圆柱形正时齿轮传动。一般从曲轴到凸轮轴的传动只需一对正时齿轮，如图6-2所示。

(2)**链传动**。凸轮轴上置式配气机构的凸轮轴离曲轴较远，采用链传动或齿形带传动。

采用链传动时，在曲轴和凸轮轴上装有链轮，曲轴通过链条驱动凸轮轴，在链条侧面有张紧机构和链条导板，利用张紧机构调整链条张力，如图6-3a)所示。

(3)**齿形带传动**。从20世纪80年代初开始，齿形带传动逐渐得到广泛使用。与链传动相似，采用齿形带传动时，曲轴上的齿形带轮通过齿形带驱动凸轮上的齿形带轮，并用张紧轮调整齿形带张力，如图6-3b)所示。齿形带由纤维和橡胶制成，一面加工有齿形，另一面加工成平面。齿形带传动噪声小，不需润滑。齿形带要求汽车每行驶10000km检查一次，以确保工

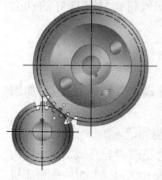
图6-2　齿轮传动

作可靠。上海别克、奥迪、桑塔纳等轿车采用这种传动。

与齿轮传动一样,齿形带和链传动,在主动轮和从动轮上都有正时标记,安装时须按要求对准,以确保配气正时。

a) 链传动　　　　　　　　　　　　　b) 齿形带传动

图 6-3　凸轮轴的传动方式

3. 按每个汽缸的气门数量分类

配气机构按每个汽缸气门数量分,有双气门式和多气门式两种。四气门布置如图 6-4 所示。

(三) 配气机构的组成与工作情况

配气机构由气门组和气门传动组两部分组成,每组的零件组成则与气门的位置、凸轮轴位置和气门的驱动形式有关。

凸轮轴上置式配气机构的凸轮轴布置在汽缸盖上,如图 6-5 所示。凸轮轴直接通过液压挺柱来驱动气门,没有摇臂和推杆,使往复运动质量大大减小,因此它特别适用于高速强化发动机,对多气门发动机可简化配气机构,但凸轮轴距曲轴较远,所以需用链传动或齿形带传动。这种结构在现代轿车上得到广泛应用,AJR 发动机就采用这种结构。

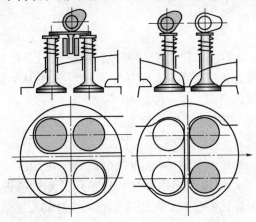 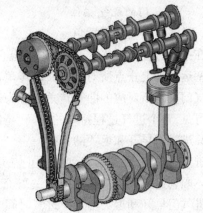

图 6-4　四气门布置形式　　　　　图 6-5　凸轮轴直接驱动气门

(四)气门间隙

1. 气门间隙的含义

发动机工作时,气门将因温度升高而膨胀,如果气门及其传动件之间,在冷态时无间隙或间隙过小,则在热态时,气门及其传动件的受热膨胀势必引起气门关闭不严,造成发动机在压缩和做功行程中漏气,而使功率下降,严重时甚至不易起动。为了消除这种现象,通常在发动机冷态装配(气门完全关闭)时,在气门与其传动机构之间留有适当的间隙,以补偿气门受热后的膨胀量,这一间隙通常称为气门间隙,如图6-6所示。

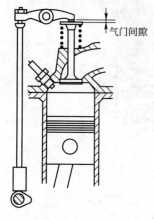

图6-6 气门间隙

对采用液压挺柱的发动机,由于挺柱的长度能自动变化,随时补偿气门的热膨胀量,故不需要预留气门间隙。如奥迪、上海别克、广州本田雅阁和桑塔纳等轿车发动机。

2. 气门间隙过大、过小的危害

气门间隙的大小,对发动机的工作性能影响很大。如果气门间隙过小,发动机在热态下可能因气门关闭不严而发生漏气,导致功率下降,甚至气门烧坏。如果气门间隙过大,则使传动零件之间以及气门和气门座之间产生撞击响声,并加速磨损。同时,也会使气门开启的持续时间减少,汽缸的充气以及排气情况变坏。

二、配气相位

在介绍四冲程发动机工作原理时,把气门的开闭时间与活塞行程、曲轴转角三者之间的关系作了理论上的简化,就是把进、排气过程都看作是在活塞的一个行程内即曲轴转动180°内完成的,即进、排气门的开关时刻正好在活塞的上、下止点处。但实际情况并非如此,由于现代汽车发动机的转速都很高,为了保证汽缸进气充分、排气彻底,气门实际开启和关闭时刻并不正好在活塞的上、下止点,而是适当的提前和延迟。

配气相位是指进、排气门的开闭时刻和开启的持续时间,通常用曲轴转角来表示。

(一)进气门的配气相位

1. 进气提前角和迟后角

在排气行程接近终了,活塞到达上止点之前,进气门便开始开启,从进气门开始开启至活塞运行到上止点所对应的曲轴转角 α 称为进气提前角。α 一般为10°～30°;从下止点到进气门关闭所对应的曲轴转角 β 称为进气迟后角。β 一般为40°～80°。

可见,整个进气过程持续的时间(持续角)相当于曲轴转角为 $\alpha+180°+\beta$。

2. 进气门早开和迟关的目的

进气门早开,使得活塞到达上止点开始向下止点运动时,进气门已有一定开度,使新鲜气体顺利进入汽缸。进气门迟关可充分利用气流的惯性和缸内外的压力差继续进气。加上进气门早开和迟关增加了进气时间。可见,进气门早开、迟关能增加汽缸的充气量。

(二)排气门的配气相位

1. 排气提前角和迟后角

在做功行程的后期,活塞到达下止点之前,排气门便开始开启。从排气门开始开启至活塞运行到下止点所对应的曲轴转角 γ 称为排气提前角。γ 一般为 $40°\sim 80°$。从上止点到排气门关闭所对应的曲轴转角 δ 称为排气迟后角。δ 一般为 $10°\sim 30°$。

整个排气过程持续的时间(持续角)相当于曲轴转角为 $\gamma+180°+\delta$。

2. 排气门早开和迟关的目的

排气门早开,使废气能利用自身压力迅速自由排出汽缸,减小排气行程活塞上行的阻力,可缩短废气在汽缸内的停留时间,防止发动机过热。排气门迟关,可利用废气压力和废气流的惯性继续排气。加上排气门早开和迟关延长了排气时间。所以,排气门早开、迟关可以使汽缸内的废气排除得更为彻底,以便于下一循环进入汽缸的气体更加充分。

(三)气门重叠与气门重叠角

由于进气门早开和排气门晚关,在上止点附近出现的一段时间内进气门和排气门同时开启的现象,这种现象称为气门重叠;对应的曲轴转角 $(\alpha+\delta)$ 称为气门重叠角。

(四)配气相位图

由上面的分析可知,配气相位包括 α、β、γ、δ 等角度,是一个很具体的概念。最有利的配气相位是由制造厂家通过反复试验来确定。配气相位常用环形图来表示,称为配气相位图,如图6-7所示。

三、气门组

气门组包括气门、气门座、气门导管、气门弹簧、气门锁片和油封等,如图6-8所示。其功用是保证实现气门对汽缸的可靠密封。为保证实现气门对汽缸的可靠密封,气门组应符合以下要求:

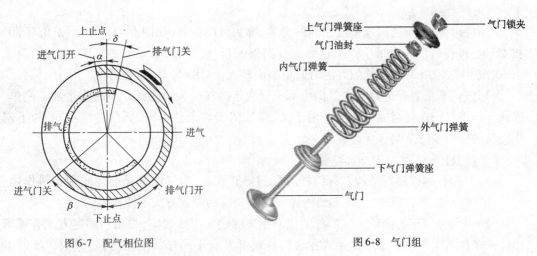

图6-7 配气相位图　　　　　图6-8 气门组

(1)气门头部与气门座贴合严密。
(2)气门导管对气门杆的上下运动有良好的导向。
(3)气门弹簧的两端面与气门杆的中心线相垂直,以保证气门头在气门座上不偏斜。
(4)气门弹簧的弹力足以克服气门及其传动件的运动惯性力,使气门能及时关闭,并保证气门紧压在气门座上。

(一)气门

气门分为进气门和排气门两种。

1. 气门的功用

气门的功用是分别用来开关进、排气通道。进、排气门结构相似,都由头部和杆部两部分组成。

2. 气门的结构

气门由头部和杆部两部分组成,如图6-9所示。

1)气门头部

(1)气门顶部形状。主要有平顶、球面顶(凸顶)和喇叭形顶(凹顶)3种,如图6-10所示。平顶气门结构简单,制造容易,受热面积小,故应用最广泛。球面顶气门刚度大,适用于排气门。喇叭形顶气门呈漏斗形,头部与杆部有较大的过渡圆弧,使气流阻力减小,但受热面积较大,故仅用作进气门。

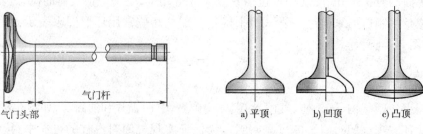

图6-9 气门结构　　　　　　　图6-10 气门头顶部形状

(2)气门密封锥面。气门密封锥面是与杆身同心的圆锥面,用来与气门座接触,起到密封气道的作用。

气门密封锥面与气门顶平面之间的夹角,称为气门锥角,如图6-11所示。锥角有30°和45°两种,排气门一般采用45°,以保证受高温的排气门头部有足够的刚度;进气门可采用30°或45°,采用30°时,气门开启时通道断面较大,采用45°时,维修方便。

(3)气门头部直径。通常进气门头部直径大于排气门头部直径。有时为了加工简单,进气门和排气门直径制成一样大。由于进、排气门工作条件不同,所用材料不同,为了避免搞错,进、排气门上刻有标记。

2)气门杆部

(1)气门杆的作用与结构。气门杆与气门导管配合,为气门运动起导向和传热作用。气门杆身为圆柱形,气门杆的尾部结构随气门弹簧座的固定方式不同而异。

(2)气门弹簧座的固定。气门杆的尾部用来固定气门弹簧座,常用的固定方式有锥形锁片式和锁销式两种。锥形锁片式在气门杆尾部开有不同形状的尾槽,将分成两半的锥形锁片卡住锥形内面的弹簧座,如图6-12所示。锁销式则在气门杆尾部制有径向孔用来安装锁销。

(3)气门油封。适量的机油进入气门导管与气门之间的间隙,对于气门杆的润滑是必要的。但如果进入的机油过多,将会在汽缸内造成积炭和在气门上产生沉积物,机油消耗增加,如图6-13所示。气门油封外形如图6-14所示。

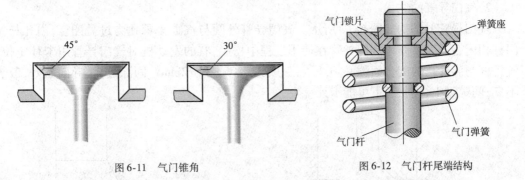

图6-11　气门锥角　　　　　　　　图6-12　气门杆尾端结构

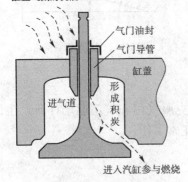

图6-13　气门油封

图6-14　气门油封

(二)气门座与气门座圈

进、排气道口与气门密封锥面直接贴合的部位称为气门座。

1. 气门座的功用

气门座与气门头部密封锥面配合对汽缸起密封作用,同时气门头部的热量亦经过气门座向外传递,起到对气门散热的作用。

2. 气门座的形式

气门座可以在汽缸盖上直接镗出,也可以单独制成气门座圈,如图6-14所示,镶嵌在汽缸盖上。

3. 气门座的锥角

气门座的锥角由3部分组成,其中45°(或30°)的锥面与气门密封锥面贴合,如图6-15所示。为保证有一定的贴合压力,使密封可靠,同时又有一定的散热面积,要求结合面的宽度b为1~3mm。15°和75°锥角是用来修正工作锥面的宽度和上、下位置的,以使其达到规定的要求,如图6-16所示。在安装气门前,还应采用与气门配对研磨的方法,以保证贴合得更紧密、可靠。

(三)气门导管

1. 气门导管的功用

气门导管的主要功用是为气门运动导向,以保证气门上下运动时不发生径向摆动,准确落座,同时起导热作用。

2. 气门导管的结构

气门导管的结构如图6-17所示。气门导管外圆与汽缸盖承孔为过盈配合,内孔与气门杆相配合。为了防止气门导管在使用过程中松脱,有的发动机对气门导管用卡环定位。气门杆与导管孔的配合间隙必须适当,一般为0.05~0.12mm。间隙过大,导向不好,散热不良;间隙过小,热状态下可能卡死。

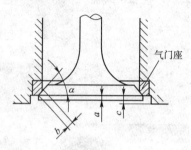
图6-15 气门与气门座密封锥角

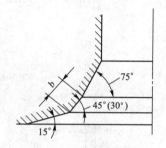
图6-16 气门座密封锥角

(四)气门弹簧

1. 气门弹簧的功用

气门弹簧的功用是使气门与气门座紧密贴合;克服气门和气门驱动件所产生的惯性力的干扰,避免各零件彼此脱离而破坏配气机构的正常工作。

2. 对气门弹簧的要求

气门弹簧应具备以下要求:

(1)必须有足够的预紧力,以保证气门迅速回座,保证气门与气门座密封。

(2)必须克服在开闭过程中气门及传动零件产生的惯性力。

(3)高速度长时间运转下,具有好的耐久性。

(4)保证气门不会发生跳动。

3. 气门弹簧的结构形式

当气门弹簧的工作频率与其固有的振动频率相等或为整数倍时,气门弹簧就会发生共振。共振时将使配气相位遭到破坏,使气门发生反跳和冲击,甚至使弹簧折断。为防止共振的发生,常采取以下结构措施:

(1)采用双气门弹簧。在柴油机和高性能汽油机上广泛采用每个气门安装两个直径不同(图6-18)、旋向相反的内、外弹簧。由于两个弹簧的固有频率不同,当一个弹簧发生

图6-17 气门导管

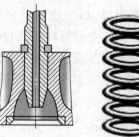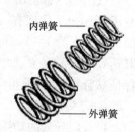
图6-18 气门弹簧

共振时,另一个弹簧能起到阻尼减振作用。采用双气门弹簧可减小气门弹簧的高度,而且当一个弹簧折断时,另一个弹簧仍可维持气门工作。弹簧旋向相反,可以防止折断的弹簧圈卡入另一个弹簧圈内使其不能工作或损坏。

(2)采用变螺距气门弹簧。某些高性能汽油机采用变螺距单气门弹簧。变螺距弹簧的固有频率不是定值,从而可以避开共振。安装时应该使螺距小的一端朝向汽缸盖顶面。

(3)采用锥形气门弹簧。锥形气门弹簧的刚度和固有振动频率沿弹簧轴线方向是变化的,因此可以消除发生共振的可能性。安装时锥形气门弹簧大端朝向汽缸盖顶面。

(4)采用气门弹簧振动阻尼器。当采用一个等螺距圆柱形螺旋弹簧时,可在弹簧外圈加装弹簧振动阻尼器。

四、气门传动组

气门传动组的主要零件有凸轮轴及其驱动装置、挺柱、推杆、摇臂及摇臂轴等。其功用是使进、排气门按配气相位规定的时刻开启和关闭,且保证有足够的升程。

(一)凸轮轴

1. 凸轮轴的功用

凸轮轴是气门驱动组中最主要的零件。其功用是用来驱动并控制各缸气门的开启和关闭,使其符合发动机的工作顺序、配气相位及气门开度的变化规律等要求。下置凸轮轴式发动机还用它来驱动汽油泵、机油泵和分电器等。

2. 凸轮轴的结构

凸轮轴主要由凸轮和轴颈两部分组成,如图6-19所示。对下置式凸轮轴配气机构发动机来说,凸轮轴上还设有螺旋齿轮和偏心轮,用来驱动膜片式汽油泵、机油泵和分电器。凸轮轴的前端通过键装有正时齿轮或链轮及齿形带轮。

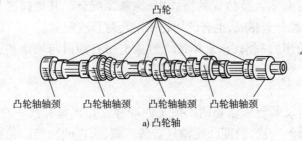

a) 凸轮轴

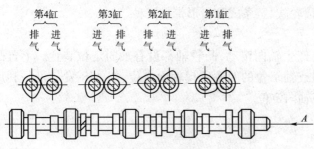

b) 各凸轮的相对角位置   c) 排(或进)气凸轮投影

图6-19 凸轮轴

上置式凸轮轴有单上置和双上置之分,单上置凸轮轴将进气凸轮和排气凸轮布置在同一根凸轮轴上。双上置式凸轮轴的两根凸轮轴,一根是进气凸轮轴,上面布置有各缸的进气凸轮;另一根是排气凸轮轴,上面布置的是各缸的排气凸轮。

1) 凸轮

凸轮是凸轮轴的主要工作部分。

(1) 同名凸轮与异名凸轮。凸轮轴上各缸的进气凸轮(或者排气凸轮)称为同名凸轮。各同名凸轮的相对角位置与凸轮轴旋转方向、发动机工作顺序及汽缸数或做功间隔角有关。如果从发动机风扇端看凸轮轴逆时针方向旋转,则工作顺序为1—3—4—2的四缸发动机其做功间隔角为720°/4 = 180°曲轴转角,相当于90°凸轮轴转角,即各同名凸轮间的夹角为90°,如图6-19c)所示。

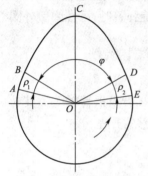

图6-20 凸轮的轮廓

凸轮轴上同一缸的进、排气凸轮称为异名凸轮。异名凸轮的相对角位置决定于配气相位及凸轮轴旋转方向。

(2) 凸轮的轮廓。进、排气门开启和关闭的时刻、持续时间以及开闭的速度等分别由凸轮轴上的进、排气凸轮控制。凸轮的轮廓如图6-20所示。凸轮的轮廓线是对称的。使用一段时间后,由于凸轮的磨损,气门开启时间推迟,开启持续角减小,气门的升程有所降低,发动机的进气量减少。同名凸轮的轮廓线相同,异名凸轮的轮廓线是不相同的。

2) 轴颈与轴承

凸轮轴轴颈用来支撑凸轮轴。凸轮轴有全支撑和非全支撑两种。全支撑凸轮轴每个汽缸两端都有一个轴颈,而非全支撑则是每隔两个汽缸设置一个轴颈。由于装配方式的不同,轴颈的直径有的相等,有的则从前向后依次减小,以便于安装。

凸轮轴轴承一般制成衬套压入整体式的座孔中,与轴颈配合。其材料多与曲轴轴承相同,由低碳钢背内浇注减磨合金制成,也有的用粉末冶金衬套或铜套。

凸轮轴轴颈的润滑采用压力润滑,汽缸体或汽缸盖上钻有油道与轴承相通。凸轮与挺柱间采用飞溅润滑。

3. 凸轮轴的驱动

凸轮轴是由曲轴通过传动装置来驱动的。由于四冲程发动机每完成一个工作循环,曲轴转两圈,而各缸只进、排气一次,也即凸轮轴只需转一圈,所以曲轴与凸轮轴的传动比为2:1。凸轮轴的驱动装置有齿轮式、链条式和齿形带式三种。

4. 凸轮轴的轴向定位

为了防止凸轮轴在工作中产生轴向窜动,凸轮轴都设有轴向定位装置。上置凸轮轴利用某一道凸轮轴轴承的翻边或轴承盖的两侧实现轴向定位,如AJR发动机是利用凸轮轴第五道轴承盖的两侧面实现轴向定位。

(二) 挺柱

1. 挺柱的功用

挺柱的功用是将凸轮轴旋转时产生的推力传给推杆或气门。

2. 挺柱的结构形式

挺柱有普通挺柱和液压挺柱两种。

1）普通挺柱

普通挺柱主要有球面、平面和滚子挺柱三种，如图6-21所示。通常把挺柱底部工作面设计为球面，并且将凸轮制成锥形，使两者的接触点偏离挺柱轴线。工作中，当挺柱被凸轮顶起时，接触点间的摩擦力使挺柱绕自身轴线旋转，以实现均匀磨损。挺柱可直接安装在汽缸体一侧的导向孔中，或安装在可拆卸的挺柱架中。

2）液压挺柱

配气机构中留有间隙，工作时会产生撞击和噪声，所以现代轿车发动机多采用液压挺柱。液压挺柱工作时，能自动补偿配气机构各传动件尺寸的变化，保证气门严密关闭，同时保持各零件始终接触，因此无需预留气门间隙，不存在调整气门间隙这项工作。

（三）推杆

推杆位于挺柱和摇臂之间，其功用是将挺柱传来的运动和作用力传给摇臂。用于凸轮轴中、下置式配气机构，如图6-22所示。

（四）摇臂组件

摇臂组件主要由摇臂、摇臂轴、摇臂轴支座、气门间隙调整螺钉等零件组成，如图6-23所示。

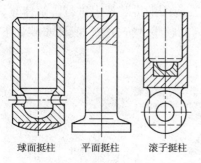

图6-21 挺柱结构类型

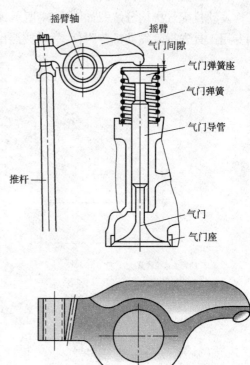

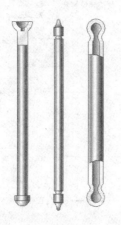

图6-22 推杆

图6-23 摇臂组件结构图

摇臂的功用是将凸轮或推杆传来的力改变方向后传给气门，使其开启。摇臂装在摇臂轴上，它是一个两臂不等长的双臂杠杆，长臂一端用来推动气门。

课题二　配气机构的拆装

一、工具、设备和材料的准备

(1) 丰田系列轿车专用工具一套,工具车,工具架,工作台。

(2) 丰田5A-FE发动机台架一台。

(3) 丰田系列轿车维修手册。

二、作业前的准备

(1) 实习台架进入工位前,将工位清理干净。

(2) 将工具车,工具架,工作台摆放到位。

(3) 将实习台架摆放到位。

(4) 在维修手册中查找相关资料及操作标准。

三、发动机汽缸盖与配气机构的拆装

1. 汽缸盖与配气机构的拆卸

发动机配气机构分解图如图6-24所示,解体应在专用的拆装架上进行。解体时,应使用专用工具先拆除发动机各附件,然后按照由外到内的顺序进行分解。具体步骤如下:

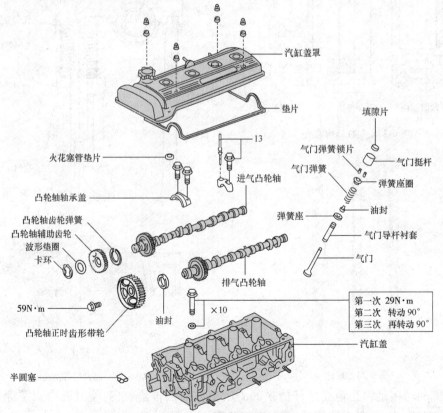

图6-24　发动机配气机构分解图

(1) 转动曲轴齿形带轮,将其凹槽对准 1 号正时齿形带罩的正时标记"0",检查凸轮轴正时齿形带轮的"K"标记是否与 2 号凸轮轴轴承盖的正时标记对准。如果未对准,则应转动曲轴一周(360°),将 1 缸设置为压缩行程上止点,如图 6-25 所示。

图 6-25 找出一缸上止点位置

(2) 使用专用维修工具 SST 卸下曲轴齿形带轮螺栓,如图 6-26 所示。

(3) 使用专用维修工具 SST 拆下曲轴齿形带轮,如图 6-27 所示。

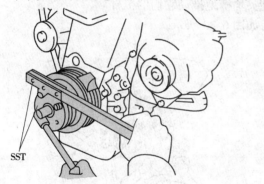

图 6-26 拆卸曲轴齿形带螺栓

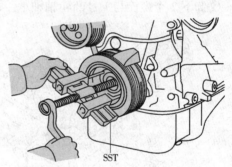

图 6-27 拆卸曲轴正时齿形带轮

(4) 卸下 9 个螺栓与正时齿形带罩,如图 6-28 所示。

(5) 卸下正时齿形带导轮,松开曲轴正时齿形带轮和张紧轮安装螺栓,取下正时齿形带,如图 6-29 所示。

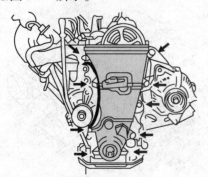

图 6-28 卸下 9 个螺栓与正时齿形带罩

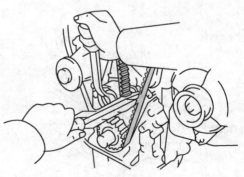

图 6-29 拆卸正时齿形带

(6)如果正时齿形带还要使用,则应在正时齿形带上画一个表示方向的箭头(表示发动机转动方向),然后如图6-30所示在曲轴正时齿形带轮和正时齿形带上作匹配标记。

(7)拆下螺栓,卸下正时齿形带张紧轮与拉簧。

(8)卸下曲轴正时齿形带轮。如图6-31所示,用2个螺丝刀卸下齿形带轮。

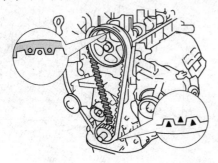

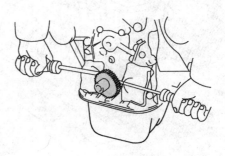

图6-30 在齿形带轮和正时齿形带上作标记　　图6-31 卸下齿形带轮

(9)拆卸进气凸轮轴。

①转动凸轮轴,使辅助齿轮上的孔(它使辅助齿轮啮合驱动齿轮)转到上面,如图6-32所示,此时允许1、3缸进气凸轮轴的凸轮桃尖均衡地推动它们的挺杆。

②卸下2个螺栓与1号凸轮轴轴承盖,如图6-33所示。

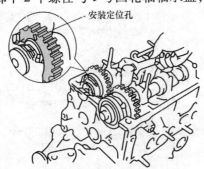

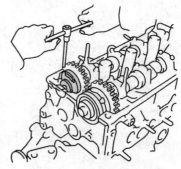

图6-32 进气凸轮轴安装定位孔　　图6-33 拆卸凸轮轴轴承盖

③用一个维修专用螺栓使进气凸轮轴的辅助齿轮靠到驱动齿轮上,如图6-34所示。

④按图6-35所示顺序,均匀地分几次拧松并卸下8个凸轮轴轴承盖螺栓。

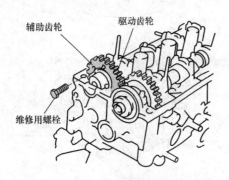

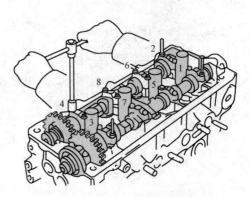

图6-34 安装辅助齿轮　　图6-35 进气凸轮轴轴承盖螺栓拧松顺序

⑤卸下 4 个凸轮轴轴承盖和凸轮轴。用两个螺栓重新安装凸轮轴轴承盖。然后提起凸轮轴齿轮并交替松开和拆下凸轮轴轴承盖螺栓,如图 6-36 所示。

(10) 拆卸排气凸轮轴。

①放置排气凸轮轴,使其定位于凸轮轴纵轴稍偏逆时针一点的地方,如图 6-37 所示。这种角度允许排气凸轮轴的 1 缸与 3 缸凸轮桃尖均衡地推动它们的气门挺杆。

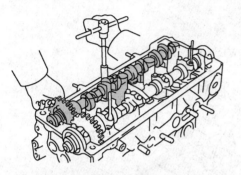

图 6-36 拆卸凸轮轴轴承盖和凸轮轴　　　　图 6-37 放置排气凸轮轴

②拆下两个螺栓、1 号凸轮轴轴承盖与油封,如图 6-38 所示。

③如图 6-39 所示,均匀地分几次松开并拆下 8 个凸轮轴轴承盖螺栓。

④拆下 4 个凸轮轴轴承盖和凸轮轴。

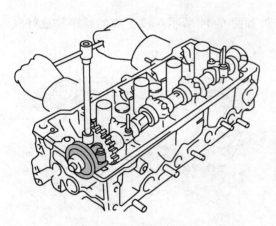 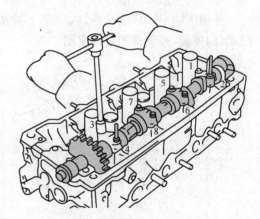

图 6-38 拆卸凸轮轴轴承盖　　　　图 6-39 凸轮轴轴承盖螺栓的拆卸

(11) 拆下汽缸盖。用专用维修工具按图 6-40 所示的顺序,均匀地分几次拧松并卸下 10 个汽缸盖螺栓,取下 10 个平垫圈。

(12) 将汽缸盖从汽缸体的定位销处提起并将汽缸盖放在工作台的木块上。如果汽缸盖难以提起,可用一字螺丝刀在汽缸盖和汽缸体凸台之间撬一下,如图 6-41 所示。

(13) 拆卸气门。

①拆下气门挺柱,并按正确的顺序摆放气门挺柱。

②用专用工具压缩气门弹簧并卸下锁片,如图 6-42 所示,拆下弹簧座、气门弹簧,取下气门。

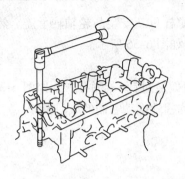
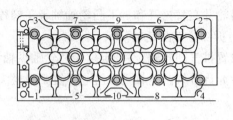

图 6-40　汽缸盖螺栓拧松顺序

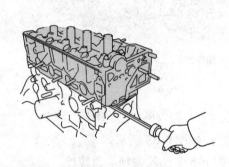
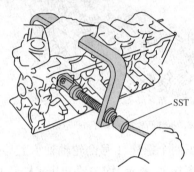

图 6-41　抬起汽缸盖　　　　　　　　图 6-42　拆卸气门

③用尖嘴钳取出油封,如图 6-43 所示。

④用压缩空气和磁性棒,吹气卸下弹簧座,如图 6-44 所示。按正确的顺序排放好气门、气门弹簧、弹簧座和弹簧座圈。

图 6-43　取出油封　　　　　　　　图 6-44　卸下弹簧座

2. 汽缸盖与配气机构的装配

汽缸盖与配气机构的装配按拆卸时的相反顺序操作,并应注意下列事项:

(1)装配前必须对零部件进行清洗、检验。

(2)气门组件、液压挺柱、凸轮轴轴承盖等部件必须按原位装入,不得装错。

(3)各紧固件必须按规定顺序和拧紧力矩拧紧。

(4)安装齿形带时,必须使凸轮轴齿形带轮上的标记与气门罩盖平面平齐。

项目七　汽油机燃料供给系统

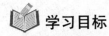学习目标

完成本项目学习后,你应当能:
1. 叙述汽油发动机燃料供给系统的组成、作用和工作过程;
2. 叙述电控发动机的燃油系统组成、供油路线;
3. 叙述电控发动机的空气系统组成、空气的路线;
4. 明确汽油的牌号、选用及环保、安全措施;
5. 在车上找到各传感器、执行器的安装位置并说出它们的作用;
6. 安全、规范地更换燃油供给系统部分总成及零件。

建议课时:4 课时。

课题一　汽油机燃料供给系统的功用及结构组成

一、汽油机燃料供给系统的功用和组成

1. 汽油机燃料供给系统的功用

汽油机燃料供给系统的功用是根据发动机各种工况的不同要求,配置一定数量和浓度的可燃混合气并将其供入汽缸,使之在压缩终了时点火、燃烧而膨胀做功,最后将燃烧后的废气排入大气中。

2. 电控燃油喷射系统结构组成

电控喷射式燃料供给系统一般由空气供给系统、燃油供给系统、控制系统三个子系统组成。三个子系统的组成及功用见表7-1。

电控喷射式燃料供给系统的组成及功用　　　　表7-1

子系统名称	子系统功用	子系统组成部件
空气供给系统	滤清、计量和控制燃油燃烧时所需的空气量	空气滤清器、空气流量计或进气压力传感器、节气门体、怠速控制装置、进气总管、进气歧管
燃油供给系统	向汽缸供给燃烧所需的燃油	油箱、汽油泵、汽油滤清器、燃油分配总管、油压调节器、喷油器(冷起动喷油器)
控制系统	根据发动机运转状况和车辆运行状况确定燃油的最佳喷射量和喷射时刻	电控单元(ECU)、各种传感器、执行器

电控燃油喷射系统工作过程如图7-1所示,电动汽油泵把汽油从油箱泵出并加压,经

汽油滤清器滤除杂质后通过输油管、燃油分配管等输送到各个喷油器。喷油器根据 ECU 发出指令，将计量后的燃油喷入各进气门附近与进气歧管中的空气进行混合。

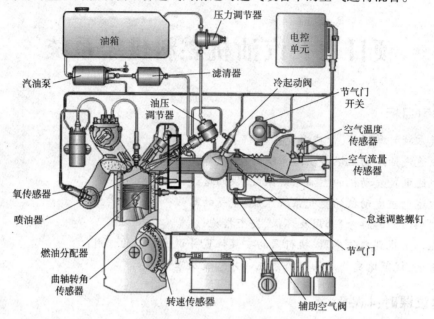

图 7-1　电控燃油喷射系统

二、汽油

1. 汽油主要性能指标

车用汽油是汽油发动机的燃料，是石油经炼制后形成的产品，主要成分为碳（C）和氢（H）。汽油主要性能指标及其对发动机性能的影响见表 7-2。

车用汽油性能及其对发动机性能的影响　　　　　　　　　　　　　表 7-2

性能指标	含义	评定指标	对发动机性能影响
汽油的挥发性	汽油由液体状态转化为气体状态的性能	馏程饱和蒸气压	挥发性良好：与空气混合均匀，发动机易起动； 挥发性太好：易产生气阻； 挥发性不好：汽化不完全，燃烧不完全，油耗、排污增加，会破坏缸壁润滑油膜，使磨损加剧
汽油的抗爆性	汽油在汽缸内燃烧时防止产生爆震的能力	辛烷值	抗爆性好：不易发生爆震，可用于高压缩比发动机； 抗爆性差：易发生爆震，会使发动机零件过快磨损，噪声增大，动力性、经济性下降
汽油的安定性	汽油在正常的储存和使用条件下，保持其性质不发生永久变化的能力	实际胶质诱导期	安定性不好：易被氧化成胶状物质和酸性物质，堵塞喷油器喷嘴，燃烧不完全，易产生积炭

2. 汽油的选用

我国车用汽油分类主要以辛烷值为基础，测定辛烷值的方法有马达法和研究法。目前我国用研究法辛烷值(RON)表示汽油的牌号,如90号、93号和97号。压缩比高的发动机选用辛烷值高的汽油,反之可选用辛烷值低的汽油。汽油的牌号越高,其抗爆性越好,但价格也越贵。

3. 汽油使用安全注意事项

(1)汽油易燃、易爆、易产生静电,使用时应注意防火、防爆、防静电。

(2)汽油中不能掺入煤油或柴油,否则会引起爆震和破坏发动机润滑。

(3)不要使用长期存放的变质汽油,否则会引起喷油器堵塞和积炭。

(4)加油时尽可能加满油箱,以避免蒸发损失。

三、可燃混合气对发动机性能的影响

(一)可燃混合气浓度的表示方法

可燃混合气中燃油占混合气的比例称为可燃混合气浓度。通常用空燃比和过量空气系数来表示。

1. 空燃比(A/F)

空燃比(A/F)是指实际吸入汽缸内混合气中空气质量(kg)与燃油质量(kg)的比值。即

$$A/F = 空气质量/燃油质量$$

理论上,1kg 汽油完全燃烧需要 14.7kg 空气。即空燃比 A/F =14.7 时的可燃混合气称为标准混合气;A/F >14.7 时的混合气称为稀混合气;A/F <14.7 时的混合气称为浓混合气。

2. 过量空气系数 Φ_a

过量空气系数 Φ_a 是指在燃烧过程中,燃烧1kg 燃料实际供给的空气质量(kg)与理论上完全燃烧1kg 燃料所需要的空气质量(kg)之比。即

$$过量空气系数\ \Phi_a = \frac{燃烧1kg\ 的燃油实际供给的空气质量}{完全燃烧1kg\ 燃油理论计算的空气质量}$$

过量空气系数 Φ_a =1 时,称为标准混合气;Φ_a >1 时,称为稀混合气;Φ_a <1 时,称为浓混合气。

(二)发动机不同工况对可燃混合气浓度的要求

发动机工况是发动机工作情况的简称,包括发动机转速的高低和负荷的大小。汽车在运行过程中,发动机的工况较为复杂。根据运行特点,可将其分为起动、怠速、中等负荷、大负荷和全负荷以及加速5种基本工况。发动机各种基本工况对混合气浓度的要求见表7-3。

发动机各种工况对混合气浓度的要求　　　　　表7-3

工况	过量空气系数 Φ_a	性质	原　　因
起动	0.2~0.6	极浓	起动转速低、零件温度低、雾化及汽化条件不好,大部分混合物在进气管内形成油膜
怠速	0.6~0.8	过浓	吸入量少、残余废气相对增多
中等负荷	0.9~1.1	经济	工作范围大、质稀而量多
大负荷、全负荷	0.85~0.98	浓	爬坡、坏路、加速
加速	0.6~0.8	过浓	由于汽油与空气的密度不同、流量的差异、为防止混合气瞬时变稀

四、电控燃油喷射系统主要部件的结构

电控燃油喷射系统根据其作用不同,一般由空气供给系统、燃油供给系统、电子控制系统和排气系统组成。

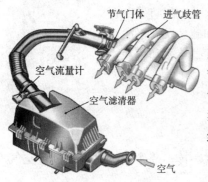

图7-2 空气供给系统

(一)空气供给系统

空气供给系统的功用是为发动机可燃混合气的形成提供必要而清洁的空气,并计量和控制燃油燃烧时所需要的空气量。空气供给系统结构如图7-2所示,由空气滤清器、空气流量计(L型)或进气压力传感器(D型)、节气门体、急速控制装置、进气总管、进气歧管等组成。

1. 空气滤清器

空气滤清器的功用主要是滤除空气中的尘土、砂粒和杂质,减少汽缸、活塞和活塞环等零件的磨损,延长发动机的使用寿命。图7-3所示为纸质式空气滤清器的结构组成。

2. 节气门体

节气门体如图7-4所示,它是调节控制吸入发动机空气量的节气门部件,节气门体主要由节气门、用于检测节气门开闭状态的节气门位置传感器、节气门定位电位计、节气门定位器(电动机)、节气门电位片和急速开关等组成。汽车在正常行驶时,空气流量由节气门控制,而节气门则是由驾驶人通过加速踏板操纵。

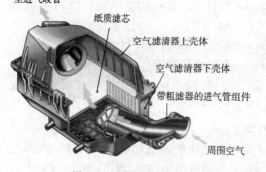

图7-3 纸质空气滤清器

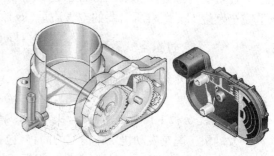

图7-4 节气门体结构

(二)燃油供给系统

燃油供给系统结构如图7-5所示。主要由汽油箱、电动汽油泵、汽油滤清器、燃油分配管、燃油压力调节器、喷油器和连接油管等组成。

1. 汽油箱

汽油箱用于储存汽油,其容量一般能使汽车行驶300~600km。汽油箱安装位置和外形服从于全车的合理布置,其位置多在车身的一侧或后部。

2. 电动汽油泵

1)电动汽油泵的功用

电子控制燃油喷射系统均采用电动汽油泵,其功用是将汽油从汽油箱中吸出并加压,

向喷油器提供油压高于进气歧管压力(250~300kPa)的燃油。

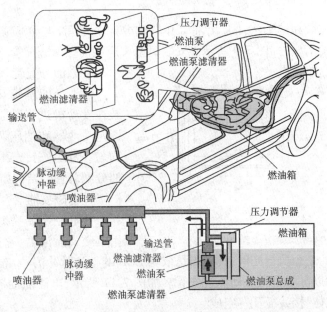

图7-5　燃油供给系统结构

2)电动汽油泵的类型

根据安装位置不同,电动汽油泵可分为内置式和外置式两种,外置式电动汽油泵安装在输油管路上,内置式电动汽油泵安装在汽油箱内。

根据结构不同,有滚柱式、叶片式及齿轮式三种。

(1)滚柱式电动汽油泵。滚柱式电动汽油泵主要由泵转子、泵体和滚柱组成,如图7-6所示。

(2)叶片式电动汽油泵。叶片式电动汽油泵结构和工作原理如图7-7所示,叶轮是一个圆形平板,在平板的圆周上加工有小槽,形成泵油叶片。

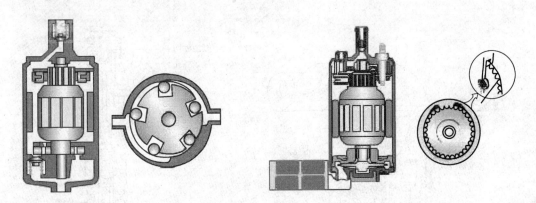

图7-6　滚柱式电动汽油泵　　　　　　　　图7-7　叶片式电动汽油泵

3.燃油滤清器

汽油滤清器的功用是滤去汽油中的固体杂质,防止污物堵塞喷油器针阀等精密零件,减少机械磨损,确保发动机稳定运行。汽油滤清器由外壳和滤芯组成,如图7-8所示。

汽油滤清器安装在电动汽油泵出油管和燃油分配管之间,汽油滤清器外壳上一般标有指示汽油流向的箭头,如图7-9所示。安装时箭头应朝向燃油分配管一侧。

4. 燃油分配管

燃油分配总管又称供油总管,安装在发动机进气歧管上部,其功用是固定喷油器和油压调节器,并将汽油均匀、等压地分配到各缸喷油器。燃油分配总管的结构如图7-10所示。

5. 电磁喷油器

在电控燃油喷射系统中,全部采用电磁式喷油器,它是电控汽油喷射系统中非常重要的一个执行元件,其功用是依据ECU的喷油脉冲信号,准确地计量燃油喷射量,同时把汽油以雾状喷入发动机进气管。如图7-11所示,电磁喷油器由电磁线圈、弹簧、衔铁、针阀、壳体、接线插孔等组成。

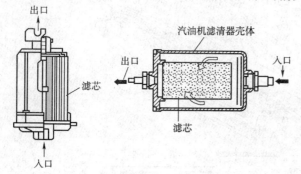

图7-8 汽油滤清器结构

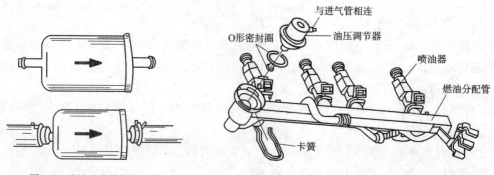

图7-9 汽油滤清器安装方向　　　图7-10 燃油分配管

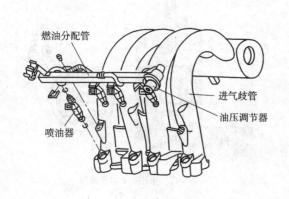

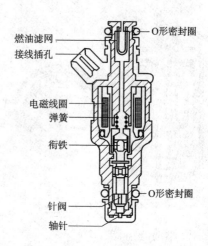

图7-11 喷油器结构

课题二　汽油机燃料供给系统的拆装

一、工具、设备和材料的准备

(1)卡罗拉轿车专用工具一套,工具车,工具架,工作台。
(2)卡罗拉发动机台架一台或整车一辆。
(3)油液回收盆一个。
(4)卡罗拉轿车维修手册。

二、作业前的准备

(1)发动机台架或整车进入工位前,将工位清理干净。
(2)将工具车,工具架,工作台摆放到位。
(3)发动机台架或整车进入工位。
(4)在维修手册中查找相关资料及操作标准。

三、汽油机燃油供给系统主要部件的拆装

燃油泵的分解图如图7-12、图7-13所示。

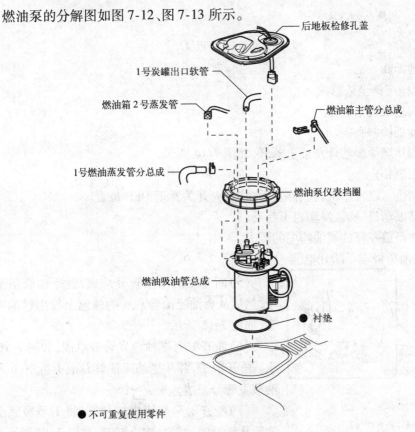

图7-12　燃油泵分解图(1)

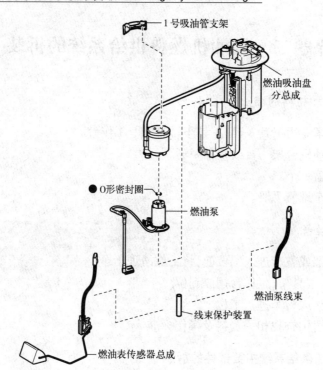

图 7-13 燃油泵分解图(2)

1. 燃油泵的拆卸
(1) 拆卸后排座椅坐垫总成。
(2) 拆卸后地板检修孔盖。
①拆下后地板检修孔盖。
②将连接器从燃油吸油管总成上断开,如图 7-14 所示。
(3) 燃油系统卸压。
①起动发动机。在发动机自然停止后,将点火开关置于 OFF 位置。
②再次起动发动机,确认发动机不起动。
③拆下燃油箱盖并释放燃油箱中的压力。
(4) 从蓄电池负极端子断开电缆。

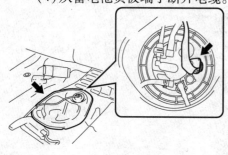

图 7-14 断开连接器

(5) 断开燃油箱主管分总成,拆下油管接头卡子,然后从燃油吸油管总成的螺塞上拉出燃油管接头,如图 7-15 所示。
(6) 断开 1 号燃油蒸发管分总成,如图 7-16 所示。松开卡子,并从燃油吸油管总成上拆下 1 号燃油蒸发管分总成。
(7) 断开 1 号炭罐出口软管,将 1 号炭罐出口软管从燃油吸油管总成上断开,如图 7-17 所示。

(8)断开燃油箱2号蒸发管,如图7-18所示。松开挡圈,并将燃油箱2号蒸发管从燃油吸油管总成上断开。

(9)拆卸燃油泵仪表挡圈。

①用6mm六角套筒扳手,将SST安装到燃油泵仪表挡圈上,如图7-19所示。

②使用SST,松开燃油泵仪表挡圈。

③用手固定燃油吸油管总成,如图7-20所示,以拆下燃油泵仪表挡圈。

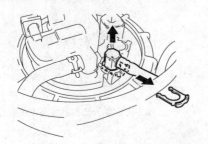
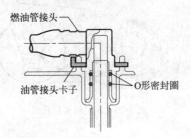

图7-15 燃油箱主管总成拉出燃油管接头

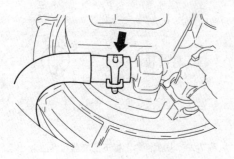
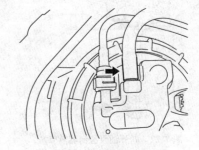

图7-16 拆下燃油蒸发管总成　　　　　图7-17 断开炭罐出口软管

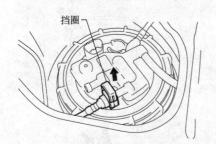
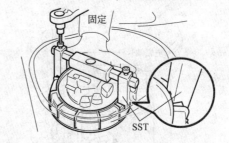

图7-18 松开挡圈断开2号蒸发管　　　　图7-19 拆下燃油泵仪表挡圈

(10)拆卸燃油吸油管总成,将燃油吸油管总成从燃油箱上拆下。

(11)拆卸燃油泵。

①断开燃油泵线束连接器,如图7-21所示。

②断开2个线束卡夹。小心:不要损坏线束。

③断开燃油泵滤清器软管,如图7-22所示。

④用头部缠有保护胶带的螺丝刀,脱开2个卡爪,并拆下滤清器和燃油泵,如图7-23所示。

⑤用头部缠有保护胶带的螺丝刀,脱开2个卡爪并拆下1号吸油管支架。

⑥用头部缠有保护胶带的螺丝刀,脱开 5 个卡爪,并从燃油滤清器上拆下燃油泵滤清器和燃油泵,如图 7-24 所示。

⑦断开燃油泵线束,如图 7-25 所示。

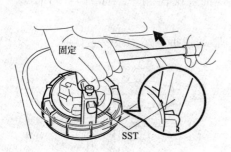

图 7-20　固定吸油管总成

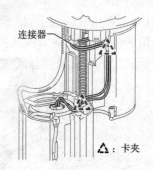

图 7-21　断开燃油泵线束连接器

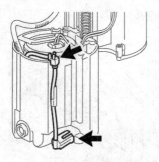

图 7-22　断开油泵滤清器软管

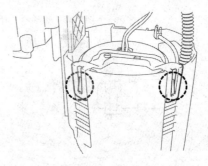

图 7-23　从副油箱上拆下滤清器和燃油泵

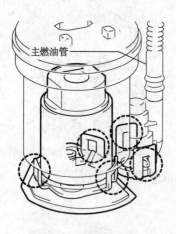

图 7-24　拆下燃油泵

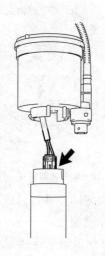

图 7-25　断开线束

2．燃油泵的装配

按拆卸的相反步骤进行装配。

3．燃油箱的拆卸

燃油箱的相关部件分解图如图 7-26 所示。

项目七 汽油机燃料供给系统

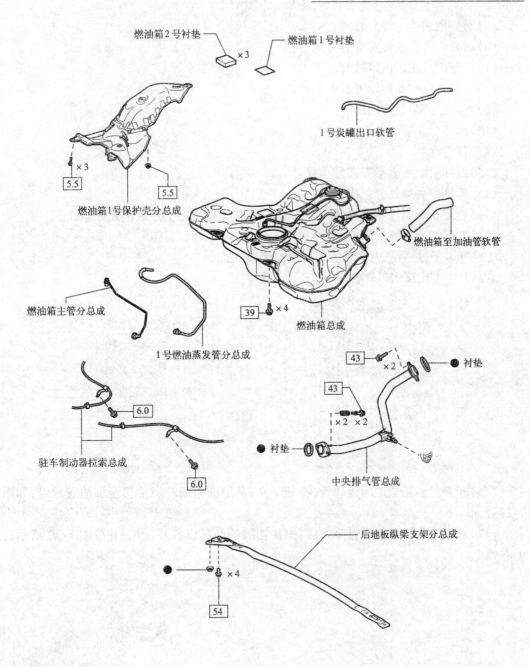

规定的拧紧力距，N·m

● 不可重复使用零件

图 7-26 燃油箱的分解图

(1) 拆卸后排座椅坐垫总成。
(2) 拆卸后地板检修孔盖。
(3) 燃油系统卸压。
(4) 从蓄电池负极端子断开电缆。

(5)断开燃油箱主管分总成。
(6)断开1号燃油蒸发管分总成。
(7)断开1号炭罐出口软管。
(8)断开2号燃油蒸发管。
(9)拆卸燃油泵仪表挡圈。
(10)拆卸燃油吸油管总成。
(11)排空燃油。
(12)拆卸后地板纵梁支架分总成。
(13)拆卸中央排气管总成。
(14)拆下3个螺栓和螺母,如图7-27所示;拆下燃油箱1号保护壳分总成。
(15)断开燃油箱通气管。
①松开卡子,然后从燃油箱上断开燃油箱通气管。
②断开1号炭罐出口软管,如图7-28所示。

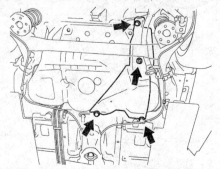
图7-27 拆下燃油箱保护壳总成

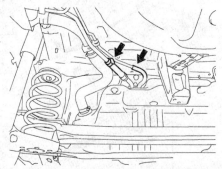
图7-28 断开炭罐出口软管

(16)断开燃油箱至加油管软管,松开卡夹,从燃油箱断开燃油箱至加油管软管,如图7-29所示。
(17)断开1号燃油蒸发管分总成,捏住挡圈的凸耳以脱开锁爪,并按图7-30所示将其拉出。

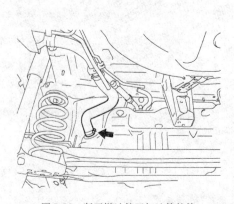
图7-29 断开燃油箱至加油管软管

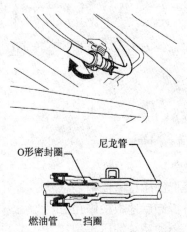
图7-30 断开蒸发管分总成并将其拉出

(18)断开燃油箱主管分总成。

①按图7-31所示解除锁止,然后拉动并拆下燃油箱主管分总成。捏住燃油管连接器挡圈的凸舌以松开卡爪,并按图7-31所示将其向下推。

②将燃油箱主管分总成从燃油管拉出。

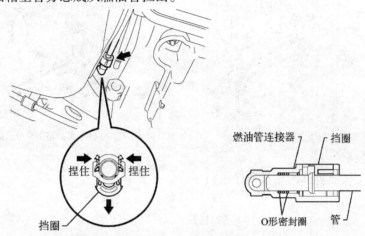

图7-31 拆下燃油箱主管分总成

(19)拆卸燃油箱总成。

①拆下2个螺母和驻车制动器拉索总成,如图7-32所示。

②用变速器千斤顶支撑燃油箱,如图7-33所示。

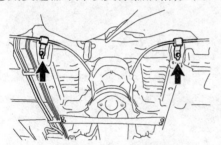 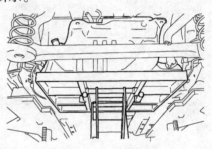

图7-32 拆下驻车制动器拉索总成　　图7-33 用千斤顶支撑燃油箱

③拆下4个螺栓,如图7-34所示。

④降低变速器千斤顶以拆下燃油箱。

(20)拆卸燃油箱衬垫,拆下燃油箱2号衬垫和3个燃油箱1号衬垫,如图7-35所示。

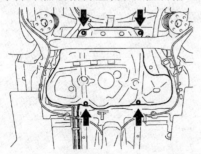 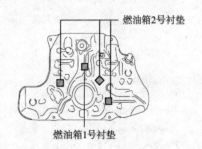

图7-34 拆下4个螺栓降低千斤顶　　图7-35 拆下燃油箱衬垫

(21)拆卸1号燃油蒸发管分总成。将1号燃油蒸发管分总成从燃油箱上拆下,如图7-36所示。

(22)拆卸燃油箱主管分总成,将燃油箱主管分总成从燃油箱上拆下,如图7-37所示。

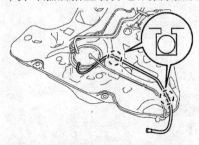
图7-36　拆下蒸发管分总成

图7-37　拆下燃油箱主管分总成

4. 油箱的装配

油箱的装配按照拆卸的相反顺序进行。

项目八 润滑系统

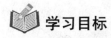

完成本项目学习后,你应当能:
1. 叙述发动机润滑系统的结构组成及工作原理;
2. 叙述机油的流动路线、机油滤清器、机油泵的作用和基本工作原理;
3. 明确机油的分类、选用及环保、安全措施;
4. 正确地使用工具和设备;
5. 规范地检查机油液面高度和添加机油;
6. 与同学密切合作安全、规范地更换机油及机油滤清器。

建议课时:2 课时。

课题一 润滑系统的功用及结构组成

一、润滑系统的结构组成

1. 润滑系统的功用

润滑系统的功用是:将机油输送到发动机各个需要润滑的部位,给运动的零部件进行润滑、冷却、清洁,以达到提高发动机工作可靠性和耐久性的目的;另外还具有一定的密封和减振功效。

2. 润滑系统的组成

润滑系统主要由油底壳、集滤器、机油泵、机油滤清器、机油尺及油道等组成,如图 8-1 所示。另外包括机油压力开关、机油压力警告灯(在仪表板上)、机油冷却器(普通汽车上没有)等。

二、各部件的安装位置及机油的流动路线

如图 8-2 所示,机油泵由发动机驱动,将油底壳内的机油经机油冷却器、机油滤清器输送到各润滑部位,润滑结束后的机油流回到油底壳中。经过汽缸体、汽缸盖上的油道,输送到曲轴轴颈、连杆轴颈、凸轮轴轴颈的机油,使轴浮在轴承(轴瓦)上旋转。旋转的曲轴曲柄飞溅起来的机油,在汽缸壁等金属表面形成油膜,使摩擦减小。

1. 机油滤清器

机油滤清器要滤除机油中的金属粉末、机油氧化物和燃烧物。为了防止滤清器堵塞

失效,必须定期进行更换,一般在更换机油的同时也更换机油滤清器。

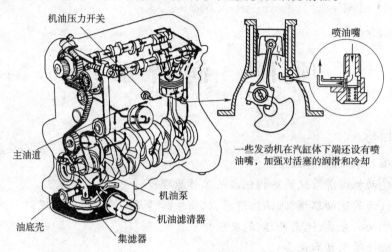

图 8-1 润滑系统的组成

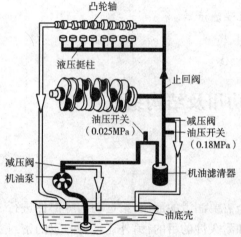

图 8-2 润滑系统示意图

当滤清器没有及时更换或其他原因造成滤芯堵塞时,油压升高使旁通阀开启,机油将不通过滤芯直接进入汽缸体油道,如图 8-3 所示。

2. 机油尺

油底壳内保存一定量的机油,是润滑系统正常工作的前提。因此在日常检查和定期维护中,都要通过机油尺来检查机油的液面高度,如图 8-4 所示。

将汽车停放在平坦的地面上,起动发动机预热 3~5min(冷却液温度达到 60~70℃),停止发动机运转 2~3min 后,拔出机油尺观察。如果机油处于上限(MAX 或 F 标记)、下限(MIN 或 L 标记)之间,如图 8-5 所示,说明不缺少机油。

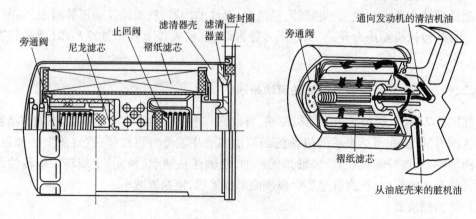

图 8-3 机油滤清器

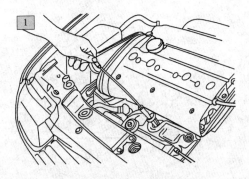
图8-4 机油尺的位置

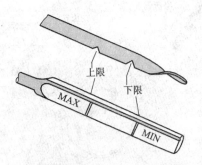
图8-5 检查机油液面高度

3. 机油泵常见的结构类型

机油泵一般安装在汽缸体的下部,由发动机曲轴直接驱动,将机油输送到发动机各运动部件接触面。机油泵常见的结构形式有三种:

(1)外啮合齿轮式机油泵。如图8-6所示,两个互相啮合的齿轮高速旋转,机油通过进油口被压入出油口。与其他类型的机油泵相比,这种机油泵由于驱动阻力最小,因此工作效率也最高。桑塔纳 AFE 发动机的机油泵采用外啮合齿轮式。

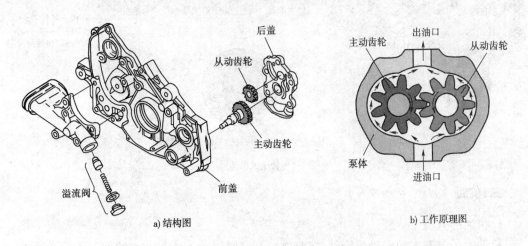

图8-6 外啮合齿轮式机油泵

(2)内啮合齿轮式机油泵。如图8-7所示,内齿轮套在曲轴前端,为主动齿轮,机油通过月牙形隔板左、右的间隙进行输送。由于这种机油泵内、外齿轮之间有多余空间,因此工作效率较低。凯越 L91 或 L79 发动机的机油泵采用内啮合齿轮式。

(3)转子式机油泵。如图8-8所示,内转子为主动转子,内、外转子之间有一定的偏心距。内转子的凸齿比外转子的凹齿少1个,旋转时两转子之间的工作腔容积不断变化,机油经进油口被吸入,油压升高后经出油口被压出。这种机油泵供油压力高、噪声比较小。丰田 5A 或 8A 发动机、桑塔纳 AJR 发动机的机油泵均采用转子式。

溢流阀(又称安全阀或限压阀)安装在机油泵壳体上,控制润滑系统的最高油压,当油压达到规定值时,溢流阀自动开启,使多余的机油流回油底壳。

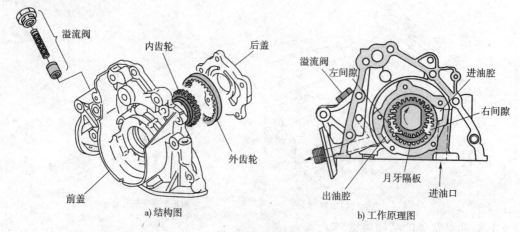

图8-7 内啮合齿轮式机油泵

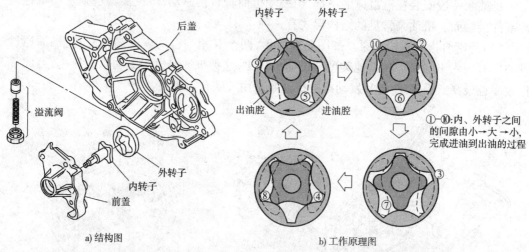

图8-8 转子式机油泵

三、机油

1. 机油的分类

机油除了最基本的润滑作用外,还具有冷却、清洗、密封和防锈等功能。机油的分类,国际上广泛采用 SAE(美国汽车工程师学会)黏度分类法和 API(美国石油学会)使用性能分类法。SAE 按照不同的黏度等级,将机油分为冬季用机油和非冬季用机油两类。冬季用机油有 6 种牌号:SAE0W、SAE5W、SAE10W、SAE15W、SAE20W 和 SAE25W;非冬季用机油有 4 种牌号:SAE20、SAE30、SAE40 和 SAE50。

API 根据机油的性能及其适合使用的场合,将机油分为 S 系列和 C 系列两类。S 系列为汽油机用机油,目前有 SA~SJ、SL 共 10 个级别;C 系列为柴油机用机油,目前有 CA~CD、CDⅡ、CE、CF4、CF、CFⅡ和 CG4 共 10 个级别。目前常用的 API 等级机油如图 8-9 所示。

2. 机油的选用

如果使用上述牌号的单级机油,需要根据季节和气温的变化经常更换机油。目前普遍使用多级机油,例如凯越 L91 或 L79 发动机常用 SAE10W-30 机油,在低温下使用时黏度与SAE10W一样,在高温下使用时黏度又与SAE30相同,因此可以冬夏通用。

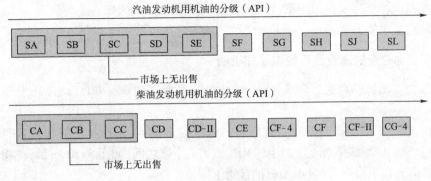

图8-9 常用的API等级机油

3. 机油的环境保护和安全措施

(1)环境保护。

①机油会对水形成污染,不允许排入地表水域和下水道,作业时只能在防渗的地面上。

②机油是易燃品,存放和作业必须远离火源。

③废弃的机油要单独盛装,并妥善保管和回收利用。

④沾上机油的抹布或物品,不得作为生活垃圾处理。

(2)安全措施。

①机油对人皮肤有损害,作业时应戴上防护手套和穿防护服。

②沾上机油的衣服或鞋子,必须立即更换。

③皮肤上撒上机油,立即用水和肥皂清洗,勿用汽油或溶剂作为清洁品。

④眼睛接触到机油,用水认真冲洗,然后尽快去医院治疗。

课题二 润滑系统主要零部件的拆装

一、作业需要的工具、设备和材料

(1)19mm花扳手、机油滤清器专用扳手、机油回收盆、漏斗。

(2)磁力护裙、转向盘护套、变速杆手柄套、脚垫和座椅套。

(3)举升机。

(4)机油(SL级SAE5W—30机油,气温低于-29℃时应使用SAE5W—30机油,容量不少于3.75L)和机油滤清器;Loctite—242快干胶及室温硫化(RTV)密封剂。

(5)卡罗拉轿车维修手册。

二、作业前的准备

(1)汽车进入工位前,将工位清理干净,准备好相关的器材。

(2)将汽车停驻在举升机中央位置。

(3)拉紧驻车制动器操纵杆,并将变速杆置于空挡或驻车挡(P位)位置。

(4)套上转向盘护套、变速杆手柄套和座椅套,铺设脚垫。

(5)在车内拉动发动机罩手柄,在车外打开并支撑发动机罩。

(6)粘贴翼子板布和前罩。

三、规范地检查机油液面高度和添加机油

(1)起动发动机并怠速运转3~5min(冷却液温度达到60~70℃),停止发动机运转2~3min。

(2)拔出机油尺用抹布擦拭后,重新将机油尺完全插入,再次拔出机油尺观察。如果机油处于上限(MAX或F标记)、下限(MIN或L标记)之间,如图8-10所示,说明不缺少机油;如果机油在下限左右,应添加机油接近上限。

(3)用棉纱擦净机油加注口盖周围,旋下加注口盖,利用漏斗加注机油。

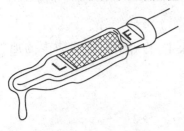

(4)当加注量接近油桶容量(4L)的3/4时,停止加注机油。2~3min后,拔出机油尺,擦净机油尺后重新将其插入到位,再次拔出机油尺,机油液面高度应位于机油尺上、下限之间。

(5)按照第(1)、(2)步骤的程序检查机油液面高度,液面偏上限为正常,如图8-10所示,偏下限应添加适量机油,高于上限应放出适量机油。

图8-10 机油液面的检查

四、规范地更换机油和机油滤清器

(1)起动发动机,并保持怠速运转3~5min。当冷却液温度表指示达到60~70℃时,关闭点火开关,停止发动机运转。

(2)调整举升机提升臂的角度和长度,使4个提升臂托垫对正汽车底部的举升支撑点。

(3)操纵举升机,将汽车举升到适当高度。确认汽车可靠固定在提升臂上后,方可进入车下作业。

注意:汽车举升前,卸下承载物;汽车举升时,车内不得有乘员,并关闭好车门;汽车举升中,严禁车下站人或穿梭,不得晃动车辆。

(4)将机油回收盆放在油底壳放油螺塞的正下方,用19mm梅花扳手拧松放油螺塞,然后用手缓缓旋出放油螺塞,让废机油流入回收盆,如图8-11所示。

图8-11 放出废机油

注意:不要让机油溅出回收盆,并小心被烫伤。

(5)用专用工具拆下旧的机油滤清器,将残存在机油滤清器的机油倒入回收盆中。

(6)在新的机油滤清器O形密封圈上涂抹一薄层干净的机油,如图8-12所示。先用手拧入机油滤清器,然后用专用扳手将机油滤清器拧至规定力矩。

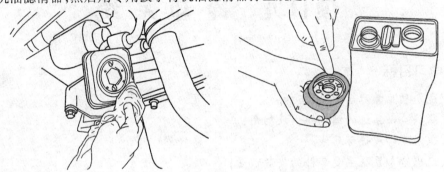

图8-12 安装新的机油滤清器

(7)检查放油螺塞垫片是否损坏,如图8-13所示,如有断裂应进行更换。先用手拧入放油螺塞,然后用梅花扳手将放油螺塞拧至规定力矩。

(8)操纵举升机,将汽车平稳降至地面。

(9)添加机油。

(10)处理好废机油,拆下磁力护裙,关闭发动机罩,清理器材,清洁地面卫生。

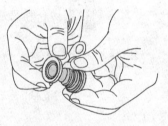

图8-13 检查放油螺塞垫片

项目九 冷却系统

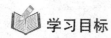

完成本项目学习后,你应当能:
1. 明确冷却系统的结构组成及功用;
2. 叙述冷却液循环路线;
3. 说出冷却系统主要部件的安装位置;
4. 正确地使用工具和设备对冷却系统主要部件进行拆装;
5. 与同学密切合作规范、安全地检查并更换冷却液。

建议课时:2课时。

课题一 冷却系统的结构与工作原理

一、冷却系统的功用和组成

发动机冷却系统的功用就是使工作中的发动机得到适度在冷却,从而保持发动机在最适宜在温度范围内工作。另外,冷却系统还为暖风系统提供热源。

现代汽车多采用封闭式强制循环水冷却系统,即用水泵强制地使冷却液在冷却系统中进行循环流动,使发动机中高温零件的热量先传给冷却液,然后散发到大气中。

如图 9-1 所示,水冷却系统一般由水泵、散热器、节温器、冷却风扇、风扇控制机构、水套、膨胀水箱、温度指示器及报警灯等组成。

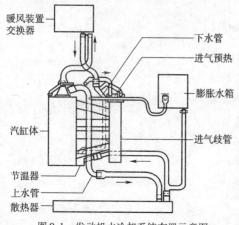

图 9-1 发动机水冷却系统布置示意图

发动机工作时,水泵将冷却液压入发动机汽缸体水套,然后流入汽缸盖水套吸收机体的热量。此后冷却液分两路循环(图 9-2),一路为大循环,即冷却液流经散热器冷却后,进入装在机体水泵进口处的节温器,流向水泵进水口;另一路为小循环,即冷却液直接进入节温器后的水泵进水口,不经散热器冷却。当冷却液的温度低于 85℃时,部分冷却液进行大循环;当冷却液温度达到 (102±3)℃时,流经散热器的冷却液全都参加大循环,而小循环是常开的,这样可使冷却系统的温度提高到一个较高的水平,改善发动机的热效率,同时可以确保冷却系统始终有冷却液在循环,保持发动机在最佳温度下工作。

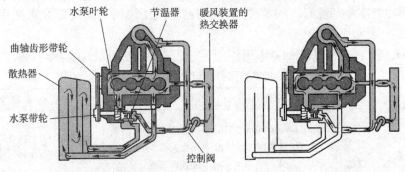

a) 冷却系统的大循环示意图　　b) 冷却系统的小循环示意图

图9-2　冷却系统循环示意图

为了提高燃油雾化程度,利用冷却液的热量对进入进气歧管内的混合气进行预热,车上的暖风装置利用冷却液带出的热量来达到取暖目的。当需要取暖时,打开暖气控制阀,从汽缸体水套流出的部分冷却液可流入暖风热交换器供暖,随后流回水泵。

二、冷却液

冷却液是发动机冷却系统中最重要的工作介质,汽车常用的冷却液有水及加有防冻剂的防冻冷却液。

1. 水冷却液

水冷却液是指直接用水作为冷却液,它具有简单、方便的优点。但是,水沸点低、易蒸发,需经常添加。冷却水最好选用软水,即含盐分少的水,如雨水、雪水、自来水等。否则,易在水套内形成水垢,从而降低汽缸盖和汽缸体的传热性能,使发动机过热。水在严寒冬季易结冰,过夜必须放水,否则会因为结冰时体积膨胀,造成胀裂汽缸体、汽缸盖的严重事故。

2. 防冻冷却液

防冻冷却液主要由防冻剂与水按一定比例混合而成,最常用的防冻剂是乙二醇,乙二醇可降低冰点和提高沸点。冷却液中水与乙二醇的比例不同,其冰点也不同,见表9-1。

表9-1　冷却液的冰点与乙二醇质量分数的关系

冷却液冰点(℃)	乙二醇的质量分数(%)	水的质量分数(%)
-10	26.4	73.6
-20	36.2	63.8
-30	45.6	54.4
-40	52.3	47.7
-50	58.0	42.0
-60	63.1	36.9

有些车型使用的防冻冷却液中还加有添加剂,添加剂可防止冷却液腐蚀、沉积(水

垢)、形成泡沫和过热。

乙二醇型防冻冷却液有不同的牌号,应按汽车使用说明书的规定要求选用和定期更换防冻冷却液,见表9-2。

注意:不同牌号的防冻冷却液不可混用。

常见发动机冷却液更换周期　　　　　　　　　表9-2

发动机型号	冷却液牌号	容量(L)	更换周期
卡罗拉(1.6L)轿车发动机	Toyota Super Long Coolant(丰田高级长效冷却液)或类似的优质乙二醇型冷却液	5.6(手动变速器车型)或5.5(自动变速器车型)	第一次行驶16万km,然后每行驶8万km更换一次
桑塔纳2000GSi型轿车AJR发动机	NO52 774 BO 或改进型冷却液 NO52 774 CO	6.0	行驶6万km或两年

注:行驶里程和年数,以先达到者为准。

3. 环保和安全注意事项

1)环境保护

(1)冷却液是一种对水有污染的液体,对水有轻微污染,因此不允许将冷却液排入地表水域和下水道,作业时只能在防渗的地面上进行。

(2)废弃的冷却液必须单独盛装,并妥善保管和回收利用。

(3)沾上冷却液的抹布或物品,不得作为生活垃圾处理。

2)安全措施

(1)冷却液对人皮肤有损害,作业时应戴上个人防护用品。

(2)沾上冷却液的衣服或鞋子,必须立即脱下并更换。

(3)皮肤接触到冷却液,立即用水和肥皂清洗并彻底冲洗。

(4)眼睛接触到冷却液,应翻开眼皮并用流水冲洗眼睛几分钟。

(5)吸入冷却液,立即漱口并喝下大量的清水,然后尽快去医院治疗。

三、冷却系统主要部件的构造

1. 水泵

水泵的作用是对冷却液加压,强制冷却液在冷却系统中循环流动。现代汽车通常采用离心式水泵。水泵一般在机体外安装,与风扇同轴驱动;也有装在机体内(内藏式)单独驱动的。

1)水泵的结构组成

离心式水泵主要由泵壳、叶轮、泵盖、水泵轴、支撑轴承、水封等组成,如图9-3a)所示。

2)水泵的工作原理

如图9-3b)所示,当叶轮旋转时,水泵中的水被叶轮带动一起旋转,并在本身的离心力作用下,向叶轮的边缘甩出,经与叶轮成切线方向的出水管压送到发动机的水套内,与此同时,叶轮中心处造成一定的负压而将水从进水管吸入,如此连续的作用,使冷却液在水路中不断地循环。

项目九 冷却系统

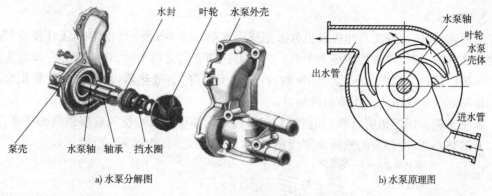

a) 水泵分解图　　　　　　　　　b) 水泵原理图

图9-3　水泵

2. 散热器

散热器的功用是将水套中出来的热水得到迅速冷却,以保持发动机的正常冷却液温度。

散热器的主要组成部分包括上储水室、下储水室、散热器芯(包括冷却管和散热带)和散热器盖等,如图9-4所示。

(1)上储水室和下储水室。上储水室顶部有加水口,平时用散热器盖盖住,并装有进水软管,与发动机上出水管相连。下储水室,有出水管,用软管与水泵进水口相连。一般在下储水室中还装有放水阀。由发动机出水管流出的温度较高的热水进入上储水室,经散热器冷却管散热冷却后流入下储水室,由散热器出水管流出后被吸入水泵。

(2)散热器芯。散热器芯由许多扁圆形的冷却管和散热片组成,冷却管焊接在上、下储水室之间,作为冷却液的通道。空气吹过管的外表面,从而使管内流动的冷却液得到冷却。冷却水管周围布置了很多散热片,用来增加散热面积,同时增加整个散热器的刚度和强度。

图9-4　散热器结构

(3)散热器盖。现代汽车发动机多采用封闭式水冷却系统,这种冷却系统的散热器盖装有一个空气阀和一个压力阀,对冷却系统有密封加压作用。如图9-5所示,当散热器中压力升高到一定值时,压力阀便开启,使水蒸气从通气孔排出,以防热膨胀损坏散热器芯管;当冷却液温度降低,散热器内压力降低形成一定真空时,空气阀开启,空气从通气孔进入冷却系统,避免压力差将散热器芯管压瘪。

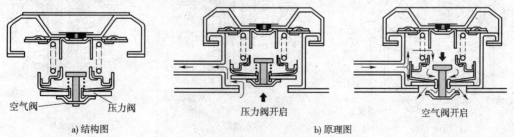

a) 结构图　　　　　　　　b) 原理图

图9-5　散热器结构原理图

3. 膨胀水箱

加注防锈、防冻液的汽车发动机常采用膨胀水箱如图9-6所示。发动机工作使冷却液温度升高并膨胀,使散热器内压力上升。当压力达到规定值以上时,让一部分冷却液流回膨胀水箱以保持散热器内压力。停车时,冷却液温度降低,散热器内压力下降,膨胀水箱内的冷却液受大气压的作用流回散热器。

膨胀水箱多用半透明材料(如塑料)制成、透过箱体可直接方便地观察到液面高度,无需打开散热器盖,冷却液的液面高度应在 MAX 与 MIN 之间,如图9-7所示。

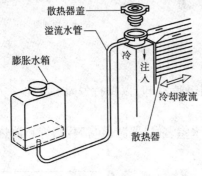
图9-6 膨胀水箱

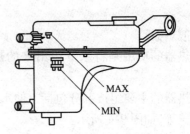
图9-7 检查冷却液面高度

4. 节温器

节温器安装在冷却液循环的通路中(一般安装在汽缸盖的出水口),根据发动机负荷的大小和冷却液温度的高低自动改变冷却液的循环流动路线,以达到调节冷却系统冷却强度的目的。

汽车发动机广泛采用蜡式节温器如图9-8所示。节温器推杆的一端固定于支架的中心处,另一端插入胶管的中心孔中。胶管与节温器外壳之间形成的腔体内装有精制石蜡。常温时,石蜡呈固态,阀门压在阀座上,这时阀门关闭了通往散热器的水路,来自发动机缸盖出水口的冷却液,经水泵又流回汽缸体水套中,进行小循环。当发动机冷却液温度升高时,石蜡逐渐变成液态,体积随之增大,迫使橡胶管收缩,从而对推杆上端头产生向上的推力。由于推杆上端固定,故推杆对橡胶管、感应体产生向下反推力,阀门开启。当发动机冷却液温度达到规定温度以上时,阀门全开,来自汽缸盖出水口的冷却液流向散热器,进行大循环。

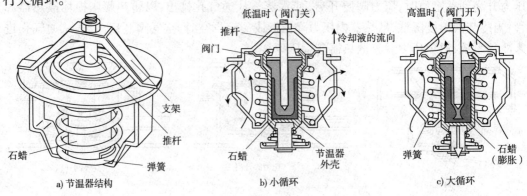

a) 节温器结构　　　　　　　b) 小循环　　　　　　　c) 大循环

图9-8 节温器

5.冷却风扇

冷却风扇的功用是提高流经散热器的空气流速和流量,以增强散热器的散热能力并冷却发动机附件。冷却风扇多装在发动机与散热器之间。这样,当风扇转动时,对空气产生轴向吸力,空气流从前到后通过散热器芯,从而使散热器芯中的冷却液加速冷却。

目前,在轿车上大多采用电动风扇,如图9-9所示。电动风扇系统一般由电动风扇温度感应器(冷却液温度开关)、风扇、电动机组成。根据冷却液温度变化,使风扇断续工作,能提高整车的经济性。另外,电动风扇省去了风扇V带轮和发电机轴的驱动V带连接,风扇叶片尺寸和散热器等布置自由度大,具有能耗低、噪声小等优点。

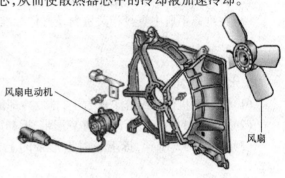

图9-9 电动风扇的结构

课题二 冷却系统主要零部件的拆装

冷却系统布置总图如图9-10所示。

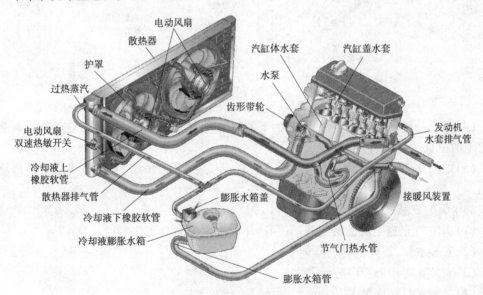

图9-10 桑塔纳2000GSi型轿车AJR发动机冷却系统布置图

一、工具、设备和材料的准备

(1)桑塔纳轿车专用工具一套,工具车,工具架,工作台。
(2)桑塔纳发动机台架及发动机一台。
(3)冷却液(防冻冷却液),冷却液回收盆一个,型号匹配的水泵。
(4)桑塔纳轿车维修手册。

二、作业前的准备

(1) 发动机台架进入工位前,将工位清理干净。
(2) 将工具车、工具架、工作台摆放到位。
(3) 在维修手册中查找相关资料及操作标准。

三、水泵的拆装

1. 水泵的拆卸

(1) 使发动机位于维修工作台上,排放冷却液。
(2) 如图9-11所示,拆卸驱动V形带,拆卸风扇电动机。
(3) 如图9-12所示,拆下正时齿形带的上、中防护罩,将曲轴调整到第一缸上止点位置。

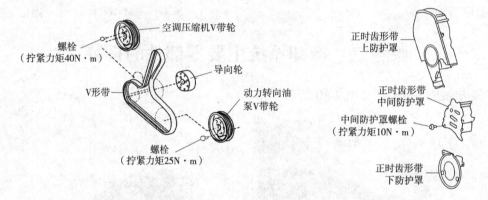

图9-11　水泵的拆卸(1)　　　　　图9-12　水泵的拆卸(2)

(4) 拆下凸轮轴正时齿形带,不必拆下曲轴V带轮,保持正时齿形带在曲轴正时齿形带轮上的位置。
(5) 如图9-13所示,旋下螺栓,拆下正时齿形带后防护罩,旋下水泵,小心地将其拉出。

2. 水泵的安装

(1) 清洁O形密封圈的密封表面,用冷却液浸湿新的O形密封圈。
(2) 安装水泵,罩壳上的凸耳朝下。
(3) 安装正时齿形带后防护罩。
(4) 拧紧水泵螺栓至15N·m。
(5) 如图9-14所示,安装正时齿形带(调整配气相位),安装V形带。
(6) 加注冷却液。

四、散热器的拆装

1. 散热器的拆卸

(1) 排放冷却液。
(2) 如图9-15所示,松开冷却液管上的夹箍,拔下散热器的冷却液软管。

(3)拔下位于冷却风扇罩壳上的热敏开关插头,如图9-16所示。

注意:为防止损坏冷凝器及制冷剂管路,不要压迫、扭曲及弯曲制冷剂管路。

(4)将双冷却风扇连同罩壳一起拆下。

(5)拆下散热器。

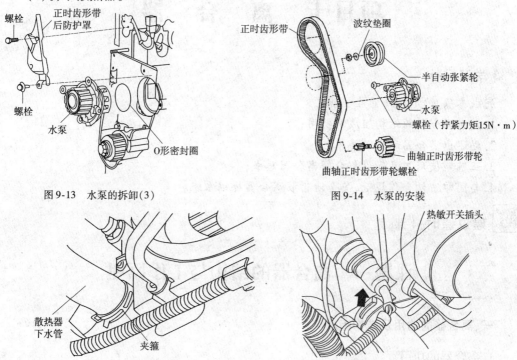

图9-13　水泵的拆卸(3)　　　　图9-14　水泵的安装

图9-15　散热器的拆卸(1)　　　图9-16　散热器的拆卸(2)

2.散热器的安装

安装散热器时,以拆卸的相反顺序进行安装,并加注冷却液。

项目十 离合器

📖 **学习目标**

完成本项目学习后,你应当能:
1. 说出离合器的结构组成及功用;
2. 描述出离合器的操纵要求;
3. 正确地使用工具和设备分解离合器总成;
4. 与同学密切合作规范、安全地拆装离合器操纵系统。

 建议课时:4课时。

课题一 离合器的结构与工作原理

一、离合器的功用及结构组成

1. 离合器的功用

离合器是汽车传动系统的重要组成部分,安装在发动机与变速器之间,其功用如下:

(1)使发动机与传动系统逐渐接合,保证汽车平稳起步。
(2)暂时切断发动机的动力传动,保证变速器换挡平顺。
(3)限制所传递的转矩,防止传动系统过载。

2. 对离合器的要求

要使离合器能正常工作,达到以上的作用,对离合器提出以下要求:

(1)保证发动机最大转矩输出。
(2)分离彻底,接合平顺。
(3)良好的散热能力。
(4)操纵轻便。
(5)从动部分质量小,减轻换挡冲击。

3. 离合器类型

汽车传动系统中所用离合器都是利用摩擦来传递动力的,按结构、压力元件的布置及操纵方式不同可分为以下类型:

(1)按从动盘的数目可分为单片式、双片式和多片式。
(2)按压紧弹簧的形式和布置形式可分为周布螺旋弹簧式、中央弹簧式、膜片弹簧式等,如图10-1所示。

(3)按操纵机构可分为机械式(杆式和钢索式)、液压式、气压式等。

4. 离合器的基本结构

离合器的基本结构如图10-2所示。根据各结构元件的动力传递和作用不同,离合器可分为以下四部分:

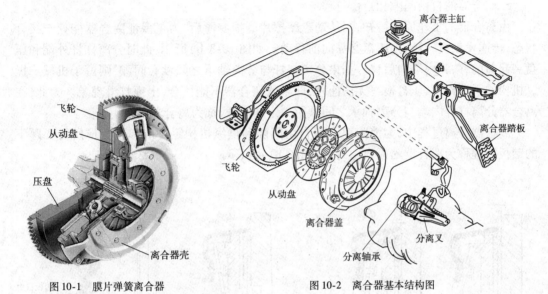

图10-1 膜片弹簧离合器　　　　图10-2 离合器基本结构图

(1)主动部分:飞轮、压盘、离合器盖。
(2)从动部分:从动盘、输出轴(又是变速器输入轴)。
(3)压紧装置:弹簧(目前轿车及中型车辆上大多采用膜片弹簧)。
(4)操纵机构:分离杠杆、分离轴承、分离叉、离合器踏板及调节装置等。

压紧装置(膜片弹簧或螺旋弹簧)将从动盘压紧在飞轮端面上,发动机转矩靠飞轮与从动盘接触面之间的摩擦作用而传递到从动盘上,再经过从动轴等传给变速器。

二、离合器的工作原理

1. 接合状态

离合器工作原理如图 10-3a)所示,从动盘通过花键和变速器主动轴相连,可以前后运动。在压紧弹簧作用下,离合器处于接合状态。

2. 分离过程

当驾驶人逐渐踩下离合器踏板,分离套筒和分离轴承在分离叉的推动下,推动从动盘克服压紧弹簧的弹力而后移,使离合器处于分离状态,中断动力传递。如图10-3c)所示。

3. 接合过程

逐渐抬起离合器踏板,压盘在压紧弹簧的作用下前移,逐渐压紧从动盘,此时从动盘与压盘、飞轮的接触面之间产生摩擦力矩并逐渐增大,动力由飞轮、压盘传给从动盘经输出轴输出。在这一过程中,从动盘及输出轴转速逐渐提高,直至与主动部分转速相同,主动部分与从动部分完全接合,接合过程结束,如图10-3b)所示。

4. 半联动状态

在离合器的接合过程中，其飞轮、压盘和从动盘之间接合未达到同步，所能传递的摩擦力矩较小；其主、从动部分未达到同步，处于相对打滑的状态称为半联动状态。正因为离合器有半联动状态，只要操作合理，就能使汽车平稳起步。

5. 离合器的自由间隙和自由行程

由离合器的工作原理可知，当从动盘摩擦片磨损变薄后，为了保证离合器能处于接合状态，传递发动机转矩，则压盘必需向前移动。如图 10-3 b）所示，此时分离杠杆外端和压盘一起向前移，其内端向后移。如果分离杠杆与分离轴承之间没有间隙，则由于机械式操纵机构的干涉作用，压盘最终无法前移，即导致离合器不能接合，出现打滑现象。为此，在离合器分离杠杆内端与分离轴承之间预留一定的间隙，称为离合器的自由间隙。

离合器分离过程中，为消除离合器自由间隙和操纵机构零件的弹性变形所需要踩下的踏板行程称为离合器踏板自由行程，如图 10-4 所示。

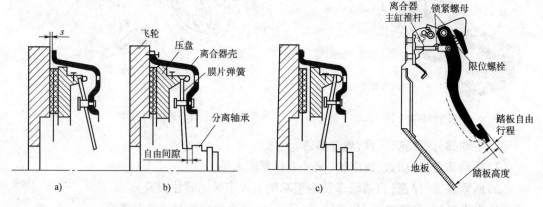

图 10-3 离合器工作原理　　　　图 10-4 离合器踏板自由行程

三、离合器主要部件的结构（以膜片弹簧式离合器为例）

1. 离合器盖及压盘

离合器盖通过螺栓固定在飞轮上，为了保持正确的安装位置，离合器盖通过定位销进行定位。压盘与离合器盖之间通过周向均布在 3 组或 4 组传动片来传递转矩。传动片用弹簧钢片制成，每组两片，一端用铆钉铆接在离合器盖上，另一端用螺钉连接在压盘上，如图 10-5 所示。

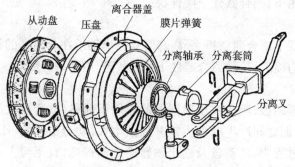

图 10-5 膜片式离合器结构

2. 压紧装置(压紧弹簧)

离合器的压紧装置实际上是一组弹簧或一个弹簧。其作用是使压盘、飞轮和从动盘这三个零件相互压紧,以产生足够的摩擦力矩,如图10-6所示。

膜片弹簧与螺旋弹簧相比具有以下优点:

(1)结构紧凑,尺寸小,质量轻。这是由于膜片弹簧即作为压紧装置,又承担了分离杠杆的作用。因此,这种离合器就没有单独的分离杠杆及相应的连接元件。

(2)使用寿命长。由于没有分离杠杆,相应的摩擦副减少。同时压盘的移动均匀,不易引起偏斜,从动盘、压盘和飞轮的磨损均匀。尤其是从动盘,磨损量减小,使用寿命延长。

(3)工作性能稳定,操纵轻便。

3. 从动盘

从动盘结构基本相同,一般分为不带扭转减振器和带扭转减振器的两种结构类型。大多数离合器中的从动盘带有扭转减振器,如图10-7所示。

从动盘和从动盘毂通过弹簧弹性地连接在一起,构成缓冲机构,从动盘毂夹在从动钢片和减振器盘之间,在从动盘毂与从动钢片、从动盘毂与减振器盘之间还装有环状摩擦片,它是减振器的阻尼元件。

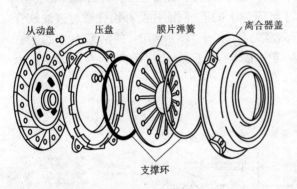
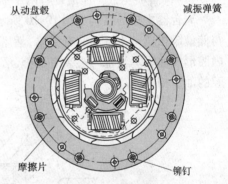

图10-6 压紧装置　　　　　　图10-7 带有扭转减振器的从动盘

4. 操纵机构

目前汽车离合器广泛采用机械式或液压式操纵机构。

1)机械式操纵机构

机械式操纵机构有杠杆传动和钢索传动两种。图10-8所示是最简单的杠杆传动操纵机构,它由离合器踏板、拉杆、调节叉及离合器踏板复位弹簧等组成。拉杆调节叉用螺纹与拉杆连接,从而可通过转动调节叉来调节拉杆长度,以实现离合器踏板自由行程的调整。

杠杆传动的特点是:结构简单、成本低、维修方便。不足之处是:铰接点多,易磨损,维护里程短;空间尺寸大,不利于其他零件的布置;操纵费力,尤其是在重型车辆上,因发动机输出转矩大,离合器需要较大的踏板力才能分离,驾驶人易疲劳。

2)液压式操纵机构

液压式操纵机构通常由离合器踏板、离合器主缸(又称总泵)、工作缸(又称分泵)、分离叉、分离轴承和管路系统等组成,如图10-9所示。

液压传动操纵机构摩擦阻力小,且能增大踏板力,操作轻便;布置方便,其工作不受车身、车架变形及发动机位移和其他装置的影响,适合远距离操纵;踏板可采用吊挂式结构,有利于驾驶室空间布置。不足之处是:维修不方便;对系统要有良好的密封性;液压油对零件有腐蚀作用。

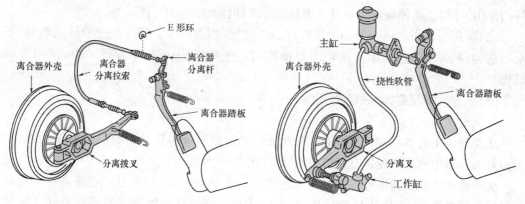

图10-8　离合器机械式操纵机构　　　　图10-9　离合器液压式操纵机构

(1)离合器主缸。储液罐有两个油孔,分别把制动液供给制动主缸和离合器主缸。

离合器主缸的结构如图10-10所示。主缸壳体上的进、回油孔及补偿孔通过进油软管与储液罐相通。主缸内装有活塞,活塞中部较细,且为"十"字形断面,使活塞右方的主缸内腔形成油室。活塞两端装有皮碗,活塞左端中部装有止回阀,经小孔与活塞右方主缸内腔的油室相通。

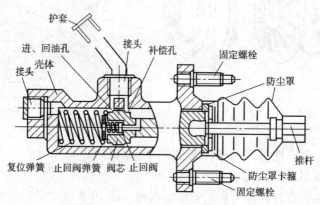

图10-10　离合器主缸结构

(2)离合器工作缸。离合器工作缸结构如图10-11所示。工作缸内装有活塞、皮碗、推杆等,壳体上还设有放气螺塞。当管路内有空气存在而导致离合器不能分离时,需要拧出放气螺塞进行放气。工作缸活塞直径为$\phi 22.2$mm,主缸活塞直径为$\phi 19.05$mm。由于工作缸活塞直径略大于主缸活塞直径,故液压系统具有增力作用,以使操纵轻便。

(3)工作情况。

①分离过程。当驾驶人踩下离合器踏板时,通过主缸推杆使主缸活塞向左移动,此时止回阀关闭。当主缸活塞移动到将回油孔关闭后,管路中的油压上升。在该油压作用下,

工作缸中的活塞和推杆被推动向左移,工作缸中的推杆直接推动离合器分离叉和分离轴承向前移动,通过膜片弹簧使压盘后移,解除对从动盘的压力,使离合器处于分离状态。

②接合过程。驾驶人放松离合器踏板,主缸推杆、活塞及工作缸推杆、活塞在各自复位弹簧和膜片弹簧的作用下,回到初始位置,油液经回油孔和补偿孔回到储液罐。压盘在膜片弹簧作用下,将从动盘压紧在压盘和飞轮之间,从动盘利用其和压盘、飞轮接触面的摩擦将发动机转矩由输出轴传给变速器,离合器处于接合状态。

③补偿过程。当管路中渗入少量空气或某些元件松动、磨损等原因导致离合器在踏板工作行程内难以使离合器分离时,可通过迅速松开离合器再迅速踩下离合器的方法,利用补偿孔作为临时解决离合器的分离难问题。另外,当管路系统渗入空气时,也是利用补偿孔来排除渗入的空气。

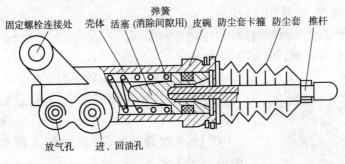

图10-11 离合器工作缸结构

课题二　离合器主要零部件的拆装

一、作业需要的工具、设备和材料的准备

(1)卡罗拉轿车专用工具一套,工具车,工具架,工作台。
(2)卡罗拉底盘台架或整车一辆。
(3)液体回收盆一个。
(4)卡罗拉轿车维修手册。

二、作业前的准备

(1)离合器或底盘台架进入工位前,将工位清理干净。
(2)将工具车、工具架、工作台摆放到位。
(3)在维修手册中查找相关资料及操作标准。

三、离合器主要零部件的拆装

1. 离合器的拆卸步骤

(1)从蓄电池上脱开蓄电池的负极,如图10-12所示。
(2)在传动轴的凸缘上做上配合标记,拆下传动轴,如图10-13所示。

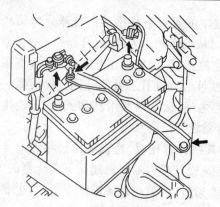

图 10-12 脱开蓄电池的负极

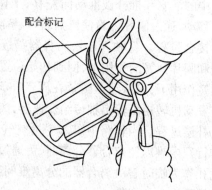

图 10-13 做好配合标记

(3)拆下变速器,如图 10-14 所示。

◈小提示:不要排出变速器油。

(4)拆下离合器总成,如图 10-15 所示。

①在离合器罩壳和飞轮上做上装配标记。

②每一次拧松各固定螺栓一圈,直到弹簧张力消失为止。

(5)从变速器上拆下分离轴承、分离叉和保护罩,如图 10-16 所示。

2. 离合器的装配步骤

(1)使用 SST 将离合器从动盘(离合器盘)安装到飞轮上,如图 10-17 所示。

(2)离合器罩壳的安装,如图 10-18 所示,对准装配标记,并按图 10-18 所示的次序均匀地分几次拧紧螺栓。

(3)涂敷二硫化钼锂基润滑脂或多用途润滑脂在如图 10-19 所示零件上。

(4)将保护罩、分离叉和分离轴承装到变速器上,如图 10-20 所示。

(5)安装变速器。

(6)安装传动轴。

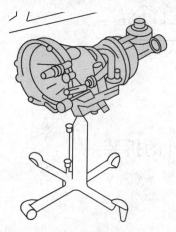

图 10-14 拆下变速器

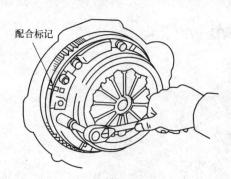

图 10-15 拆下离合器

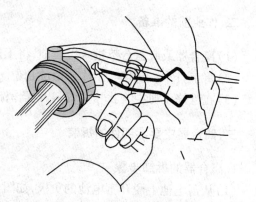

图 10-16 拆分离轴承

项目十 离合器

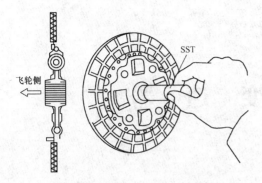

图 10-17 安装离合器从动盘

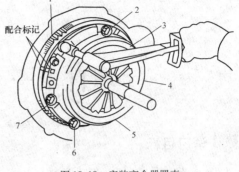

图 10-18 安装离合器罩壳

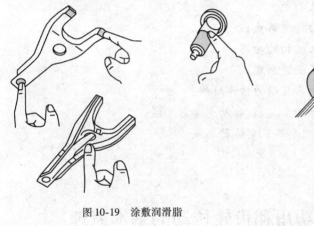

图 10-19 涂敷润滑脂

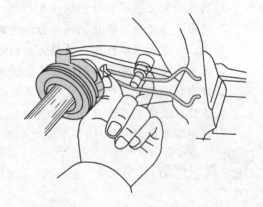

图 10-20 安装分离轴承

项目十一 变 速 器

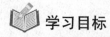学习目标

完成本项目学习后,你应当能:
1. 明确手动变速器的结构组成及功用;
2. 说出手动变速器各挡位的动力传递路线;
3. 说出变速器操纵机构中的锁止机构的功用;
4. 说出自动变速器的结构组成及变速原理;
5. 说出传动系统各部件的装配关系及动力传递路线;
6. 正确地使用工具和设备分解手动变速器、自动变速器总成;
7. 与同学密切合作规范、安全地就车拆装变速器总成。

建议课时:12课时。

课题一 变速器功用和齿轮传动的基本原理

一、概述

由于目前汽车上广泛采用的是活塞式发动机,其转矩变化范围较小,而汽车实际行驶的道路条件非常复杂,要求汽车的牵引力和行驶速度必须能够在相当大的范围内变化;此外,所有发动机的曲轴始终是向同一方向转动,而汽车实际行驶过程中常常需要倒车。为此,在汽车传动系统中设置了变速器。

二、变速器的类型

(1)按变速器输入与输出转速变化方式不同可分为:有级式、无级式和综合式三种类型。

(2)按操纵方式不同可分为:手动变速器和自动变速器两种类型。

(3)按变速器前进时齿轮机构所用轴的数目不同可分为:两轴式和三轴式两种类型。

三、变速器的功用

(1)变速、变矩:通过改变传动比,扩大驱动轮转矩和转速的变化范围,以适应汽车不同行驶条件的需要,如起步、加速等;同时使发动机尽量在有利的工况下运转。

(2)变向:在发动机旋转方向不变的条件下,使汽车能够实现倒车。

(3)切断动力:利用空挡,中断发动机向驱动轮的动力传递,便于发动机起动、怠速运转以及便于换挡或对发动机进行检查。

四、齿轮传动的基本原理

1. 变速、变矩原理

齿轮传动的基本原理如图11-1所示,一对齿数不同的齿轮啮合传动时可以实现变速,而且两齿轮的转速比与其齿数成反比。主动齿轮(即输入轴)转速与从动齿轮(即输出轴)转速之比值称为传动比。

当小齿轮为主动齿轮,带动大齿轮转动时,输出转矩增大转速降低,为减速传动,如图11-1a)所示,此时传动比大于1;当大齿轮带动小齿轮转动时,输出转矩减小转速升高,为增速传动,如图11-1b)所示,此时传动比小于1。

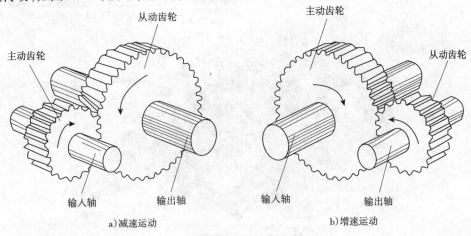

图11-1 齿轮传动基本原理(1)

2. 变向原理

齿轮传动的旋转方向与齿轮的啮合方式和啮合对数有关:内啮合的齿轮旋向相同,如图11-2所示。当外啮合的齿轮对数为奇数对时,旋向相反,如图11-3所示为一对齿轮传动,则转向相反。

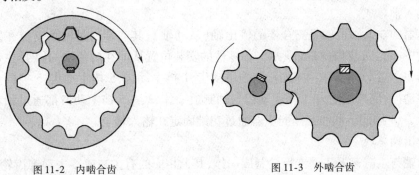

图11-2 内啮合齿　　　　图11-3 外啮合齿

3. 切断动力原理

在汽车行使的过程中,变速器传递动力时都是在齿轮啮合的状态下进行的,因此要想切断动力就只要将原先啮合的齿轮退出啮合状态,即可实现切断动力传递的目的。

课题二　手动变速器的结构和工作原理

虽然各厂家生产的手动变速器的结构各不相同,但就其基本组成仍可分为以下三部分:传动机构、操纵机构、壳体和盖,如图11-4所示。

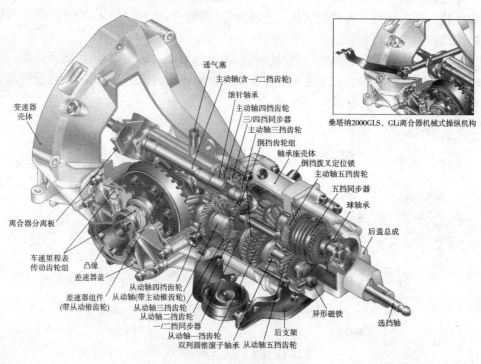

图11-4　手动变速器结构图

一、传动机构

变速传动机构的主要作用是通过操纵机构来实现变速、变矩、改变旋转方向。

1. 输入轴总成

变速器的输入轴也就是离合器的输出轴(从动轴),其前端通过轴承支撑在发动机曲轴后端的中心孔内,如图11-5所示。各零件的安装位置从前往后依次为:4挡主动齿,3、4挡同步器,3挡主动齿,2挡主动齿,倒挡主动齿,1挡主动齿,5挡主动齿,5挡同步器。其中2挡主动齿、倒挡主动齿、1挡主动齿与轴制成一体,3、4、5挡主动齿都通过轴承空套在输入轴上,3、4挡同步器和5挡同步器通过花键固定在输入轴上。

2. 输出轴总成

输出轴与主减速器主动锥齿轮制成一体,其上相应的有主减速器主动锥齿轮、1~5挡从动齿轮和1、2挡同步器,如图11-5所示。各零件的安装位置从前往后依次为:主减速器主动锥齿轮,4挡从动齿,3挡从动齿,2挡从动齿,1、2挡同步器,1挡从动齿,5挡从动齿。其中3、4、5挡从动齿及1、2挡同步器与输出轴制成一体,1、2挡从动齿通过轴承空套在输出轴上。

3. 倒挡轴总成

倒挡轴压装于后壳体中。倒挡齿轮(惰轮)与轴(铜套)径向间隙配合,轴向也是间隙配合。

4. 各挡动力传递路线

(1) 1挡。当变速器操纵机构将输出轴花键毂上的1、2挡同步器的接合套向右推时,1挡从动齿轮与输出轴连为一体,动力由输入轴经1挡主动齿轮、1挡从动齿轮传到输出轴。即:输入轴→1挡主动齿轮→1挡从动齿轮→1、2挡同步器→输出轴。如图11-6所示。

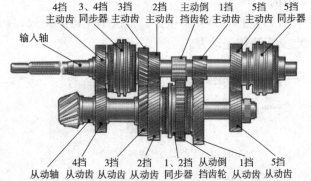

图11-5 变速器输入轴、输出轴结构图

(2) 2挡。2挡的动力传递情况与换1挡的情况相类似,只是1、2挡同步器的接合套向左移动与2挡从动齿轮的齿圈啮合。动力传递路线为:输入轴→2挡主动齿轮→2挡从动齿轮→1、2挡同步器→输出轴。如图11-7所示。

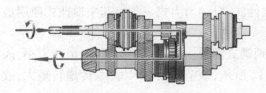 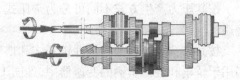

图11-6 1挡动力传递路线　　　图11-7 2挡动力传递路线

(3) 3挡。如图11-8所示,3、4挡同步器的接合套在操纵机构的推动下,向右移动,与3挡主动齿轮啮合。动力传递路线为:输入轴→3、4挡同步器→3挡主动齿轮→3挡从动齿轮→输出轴。

(4) 4挡。如图11-9所示,4挡的情况与换3挡的情况相类似,只是3、4挡同步器接合套在操纵机构的推动下,向左移动,与4挡主动齿轮啮合。动力传递路线为:输入轴→3、4挡同步器→4挡主动齿轮→4挡从动齿轮→输出轴。

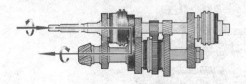 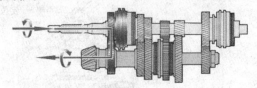

图11-8 3挡动力传递路线　　　图11-9 4挡动力传递路线

(5) 5挡。如图11-10所示,5挡同步器接合套向左移动,与5挡主动齿轮啮合。动力传递路线为:输入轴→5挡同步器→5挡主动齿轮→5挡从动齿轮→输出轴。

(6) 倒挡。在操纵机构的推动下,倒挡惰轮向右移动,同时与倒挡主从动齿轮啮合。动力传递路线为:输入轴→倒挡主动齿轮→倒挡惰轮→倒挡从动齿轮→输出轴,如图11-11所示。

由于倒挡动力经过两对外啮合齿轮传动,因此,输出轴转向与前进各挡位相反,从而实现倒车。

（7）空挡。当三个接合套都位于花键毂中央,且又没有换倒挡时,变速器即处于空挡状态,无法传递动力。

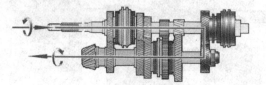

图11-10　5挡动力传递路线

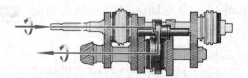

图11-11　倒挡动力传递路线

二、同步器

1. 作用

在变速器换挡过程中,使需啮合的一对齿轮或齿套的圆周速度达到相同（即同步状态）,从而顺利换挡;在未达到同步时,阻止其进入啮合状态,以防止换挡时因未同步而产生的齿轮冲击,延长齿轮的使用寿命。

2. 类型

按其压力产生方式不同可分为常压式、惯性式、自动增力式三类。其中惯性式使用最普遍。

按其结构不同可分为惯性锁环式和惯性锁销式两种。锁环式结构紧凑,但传力小,故多用于轿车和轻型车辆的变速器中,如图11-12所示;锁销式结构尺寸大,传递转矩大,故多用于中重型车辆的变速器中。

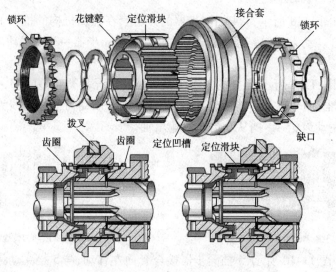

图11-12　锁环式惯性同步器结构图

3. 结构组成

锁环式同步器的结构如图11-12所示,花键毂用内花键套装在二轴外花键上,用垫圈、卡环轴向定位。3个滑块分别装在花键毂上3个均布的轴向槽内,沿轴向移动。花键毂两端与齿轮之间各有一个青铜制成的锁环（即同步环）。

三、手动变速器操纵机构

1. 操纵机构的功用

变速器操纵机构的功用是保证驾驶人根据使用条件,准确可靠地使变速器换入所需要的挡位工作,并可随时使之退入空挡,从而改变变速器的工作状态。

2. 操纵机构的要求

要使操纵机构可靠地工作,应满足下列要求:

(1)防止变速器自动换挡和自动脱挡。

(2)保证变速器不会同时换入两个挡位而使变速器卡死或损坏。

(3)防止误换倒挡。

3. 操纵机构的类型

(1)直接操纵式。直接操纵式变速器的变速杆及其他换挡操纵装置都设置在变速器盖上,如图11-13所示,变速器布置在驾驶人座位附近,变速杆由驾驶室底板伸出,驾驶人可直接操纵变速杆来进行换挡操作。

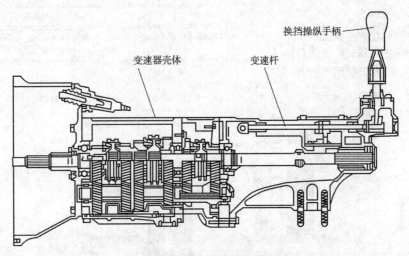

图 11-13 直接换挡操纵机构

(2)远距离操纵式。在有些汽车上,由于变速器离驾驶人座位较远,需在变速杆和拨叉之间加装一些辅助杠杆或一套传动机构,构成远距离操纵机构。

4. 操纵机构的结构组成

变速器操纵机构通常由换挡拨叉机构和定位锁止装置两大部分组成。

(1)换挡拨叉机构。如图11-14所示,换挡拨叉机构由拨叉、拨叉轴、变速杆及变速杆座组成。

(2)定位锁止装置。为保证变速器可靠工作,防止跳挡、乱挡及误换倒挡,手动变速器的操纵机构大都设有自锁、互锁、倒挡锁三大锁止机构。通常自锁与互锁装置设置在变速器盖或壳体上,倒挡锁与变速杆位置有关。

自锁:所谓自锁就是对各挡位拨叉轴进行轴向定位锁止,以防止其轴向移动而造成变速器自动换挡和脱挡。锁止原理如图11-15所示,圆头销在弹簧压力作用下落入凹槽内,

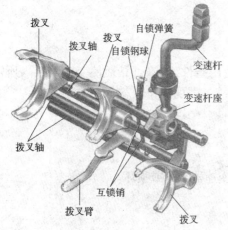

图 11-14 换挡拨叉结构

从而防止其自行移出凹槽而脱挡,同时在圆头销落入凹槽中有明显的手感。两自锁凹槽的尺寸保证全齿啮合。

互锁:为了防止同时换上两个挡而使变速器卡死或损坏,在操纵机构中设有互锁装置,互锁原理如图 11-16 所示。互锁顶销尺寸长 = 拨叉轴直径 - 1 个凹槽深度,每个互锁销尺寸长 = 两相邻拨叉轴表面间距 + 1 个凹槽深。

倒挡锁:为了防止在汽车前进时误换倒挡,导致零件损坏,在操纵机构中设置有倒挡锁装置,如图 11-17 所示。

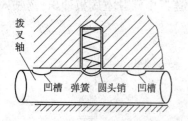

图 11-15 自锁装置结构示意图

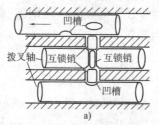
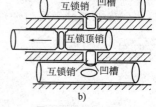

图 11-16 互锁结构及工作示意图

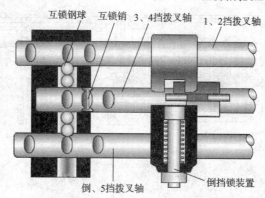

图 11-17 倒挡锁装置结构示意图

课题三 自动变速器的结构及工作原理

一、自动变速器概述

与手动变速器相比,自动变速器具有以下特点:
(1)操作简单。
(2)零件磨损减少,使用寿命延长。
(3)汽车行驶平顺性好。

(4)结构复杂,造价高,成本高。

(5)燃油消耗高,经济性差。

由于自动变速器操作简单,行驶平顺性好,驾驶人可以把更多的精力转移到处理交通状况上来,以使汽车行驶更安全。为此自动变速器被大量应用到高档轿车和城市公共汽车上。

二、自动变速器类型

自动变速器的结构类型虽然较多,各汽车制造公司生产的自动变速器结构各具差异。但从所采用的传力元件——齿轮结构形式的不同,车用自动变速器可分为如下两大类:平行轴式自动变速器和行星齿轮自动变速器。

由于平行轴式自动变速器(定轴轮系)和前述的手动变速器结构相类似,只是在操纵机构上由离合器代替了拨叉、拨叉轴等零件,前进各挡的变换改为自动。因此以下仅介绍行星齿轮自动变速器。图11-18所示为行星齿轮自动变速器结构图。

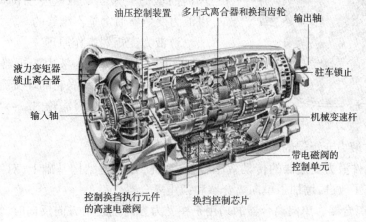

图11-18 行星齿轮自动变速器结构

三、行星齿轮自动变速器的组成及各元件的结构

(一)行星齿轮自动变速器的组成

行星齿轮自动变速器由变矩器、行星齿轮机构、液压控制系统、换挡执行元件及电子控制系统等五大部分组成,如图11-19所示。

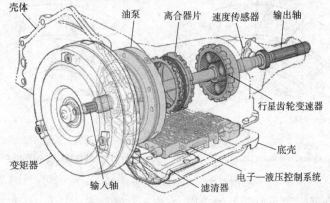

图11-19 自动变速器结构图

（二）行星齿轮自动变速器各元件结构和基本工作原理

1. 液力变矩器

1）结构组成

液力变矩器由泵轮、涡轮、导轮（固定不动）组成，如图11-20所示。固定的导轮安装在涡轮和泵轮之间，其作用是将涡轮内缘流出的液体经导轮变向后进入泵轮的内缘，以减少动力损耗，增大涡轮的输出转矩。

2）液力变矩器的结构类型

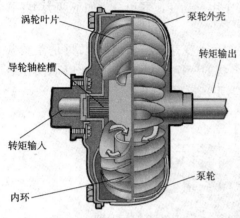

图11-20　液力变矩器结构示意图

液力变矩器有组装式和焊接式两种，目前大多采用焊接式。这是因为：首先液力变矩器故障很少；其次如果采用组装式，在拆装过程中易引起平衡失调，从而导致发动机和变速器抖动甚至损坏（注：液力变矩器又兼起发动机飞轮作用），所以液力变矩器通常是不维修的。

3）液力变矩器工作原理

如图11-21所示为液力变矩器原理展开图。由于增加了导轮，推动涡轮的环流流动方向变为：泵轮外缘→涡轮外缘→涡轮内缘→导轮→泵轮内缘→泵轮外缘。

4）三元件液力变矩器的改进

由于三元件液力变矩器的传动效率较低，为此，在上述结构基础上，对三元件液力变矩器的结构作了改进，增加了单向离合器和锁止离合器。

（1）单向离合器。单向离合器的功用是在受力方向或运动方向反向时，自动接合或分离被其连接的两元件，保证液力变矩器的变矩作用。

单向离合器的结构类型：按结构不同，单向离合器的类型主要有棘轮式、滚柱式和卡块式三种。其中以滚柱式和卡块式最为常用，图11-22所示为滚柱式和卡块式单向离合器结构示意图。

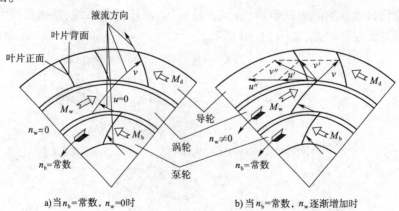

a) 当 n_b=常数，n_w=0时　　b) 当 n_b=常数，n_w逐渐增加时

图11-21　变矩器工作原理展开图

（2）锁止离合器。锁止离合器的功用：当汽车在某一车速运行时（车型不同，具体车速

不同),利用锁止离合器将泵轮和涡轮直接接合,成为刚性连接,从而使液力变矩器的传动效率接近100%,如图11-23所示。

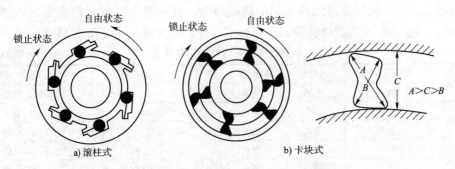

图11-22 滚柱式和卡块式单向离合器结构示意图

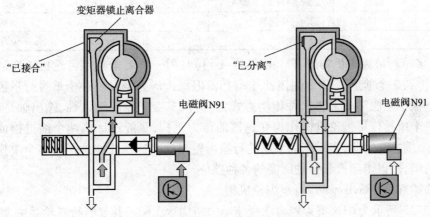

图11-23 锁止离合器结构示意图

2. 行星齿轮变速机构

1)行星齿轮变速原理

(1)单排行星齿轮机构。

单排行星齿轮机构的组成如图11-24所示,由中心轮(又称太阳轮)、齿圈、行星架、行星轮等组成。太阳轮位于行星齿轮机构的中心,行星轮与其啮合,最外侧是和行星轮啮合的齿圈。行星轮一般有3~6个,安装在行星架上,行星架可以绕太阳轮中心运转,而齿圈的中心也和太阳轮中心重合。

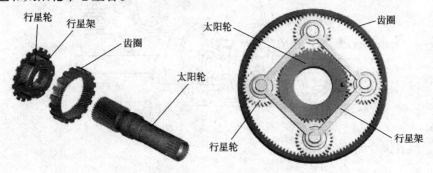

图11-24 单排行星齿轮机构

不难看出,如果将太阳轮、齿圈、行星架三者中的任意一个作为主动件输入,余下两个任选一个作输出,最后一个固定(或以固定转速运转),则单排行星齿轮机构将以一定的传动比传递动力。由此可获得六种不同的传递组合。如果将任意两元件连接起来,则第三个元件也一起运转,成为直接传动。单排行星齿轮的组合传动情况见表 11-1。

单排行星齿轮的八种组合传动　　　　　　　　　表 11-1

序号	太阳轮(Z_1)	行星架	齿圈(Z_2)	传动比(i)	说明
1	输入	输出	制动	$i_{1,3}=n_1/n_3=1+a$	减速、前进低挡
2	制动	输出	输入	$i_{2,3}=n_2/n_3=(1+a)/a$	减速、前进高挡
3	制动	输入	输出	$i_{3,2}=n_3/n_2=a/(1+a)$	超速、前进(低)
4	输出	输入	制动	$i_{3,1}=n_3/n_1=1/(1+a)$	超速、前进(高)
5	输入	制动	输出	$i_{1,2}=n_1/n_2=-a$	减速、倒挡
6	输出	制动	输入	$i_{2,1}=n_2/n_1=-1/a$	超速、倒挡
7	任两个相连,则第三个同转速			$i=1$	直接挡
8	不约束任何元件			自动转动	不传力、空挡

(2)多排行星齿轮机构组合。由表 11-1 可知:用一个单排行星齿轮机构作动力传动装置,可得到 5 个前进挡、2 个倒挡、1 个空挡。但深入研究会发现一个单排行星齿轮机构在汽车上根本无法完成上述 8 种传动方式,因为汽车变速器的输入轴、输出轴是固定的。这样用一个单排行星齿轮机构作为变速器的传力机构,只能设计成两个前进挡或一个前进挡、一个倒挡。为此,实际车辆使用的行星齿轮自动变速器往往是采用多个单排行星齿轮机构的组合,以得到汽车行驶所需的各种挡位。

2)拉维娜式(Ravigmeau)行星齿轮机构

图 11-25 所示为 01N 型 4 挡自动变速器的结构示意图。其复合行星轮系由大、小太阳轮,长、短行星轮,齿圈和行星架等组成。大、小太阳轮各自独立,短星轮分别与长行星轮和小太阳轮啮合,长行星轮分别与大太阳轮、齿圈和短行星轮啮合,经变矩器输入的发动机动力通过 3 个离合器(C2、C3、C4)分别传给小太阳轮、大太阳轮和行星架,最后由齿

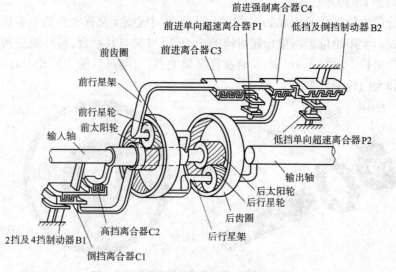

图 11-25　01N 型 4 挡自动变速器结构示意图

圈输出。制动器 B2 控制大太阳轮,单向离合器 F1 和制动器 B1 并联,用以控制行星架。各挡动力传递路线见后叙。

3.换挡执行元件

行星齿轮自动变速器中常采用的换挡执行元件有以下三类:离合器、制动器、单向离合器。

1)离合器

(1)作用。连接轴与轴、轴与架、轴与齿,与制动器、单向离合器构成不同组合,得到不同挡位。

(2)结构类型。结构组成如图 11-26 所示,由从动钢片、摩擦片、花键毂、离合器毂、活塞(带 O 形密封圈)、复位弹簧等组成。离合器钢片和摩擦片交叉安置,当彼此由活塞压紧时,处于接合状态(称挂挡);松开时处于分离状态,不传递动力。不工作时,离合器处于分离状态,这与配手动变速器的离合器相反。

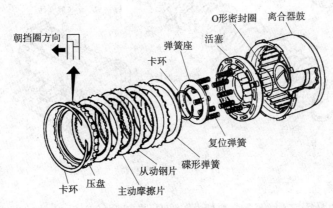

图 11-26 离合器分解图

(3)工作原理。和与手动变速器相配的离合器相似,只是采用液压作为压紧力源。

2)制动器

(1)作用。用来限制行星齿轮机构中的三元件,与离合器、单向离合器构成不同组合,得到不同挡位。

(2)结构类型。按摩擦元件结构不同分为片式和带式两种,片式使用较多。

①片式:与离合器类似,只是安装位置不同,且分固定摩擦片和转动摩擦片,如图 11-27 所示。

②带式:尺寸紧凑,但平顺性差,已逐渐减少,如图 11-28 所示。

有些制动器和离合器的推动活塞有大、小两只,这是为了改善接合平顺性,使换挡更加柔和。

3)单向离合器

作为换挡执行元件之一的单向离合器,其结构和原理与前述变矩器中控制导轮的单向离合器相同。其作用是:自动控制行星齿轮机构中的元件,和离合器、制动器构成不同组合,得到不同挡位。

4.行星齿轮自动变速器液压控制系统

1)作用

(1)供油、建立油压及调压以保证液压系统正常工作。
(2)控制不同的离合器和制动器,以实现自动换挡。
(3)冷却:保持变速器油(ATF)正常的工作温度(50~80℃)。
(4)润滑各零件,尤其是制动器和离合器(润滑不良会损坏)。
(5)减轻换挡时的冲击,降低零件磨损,提高汽车行驶平顺性。

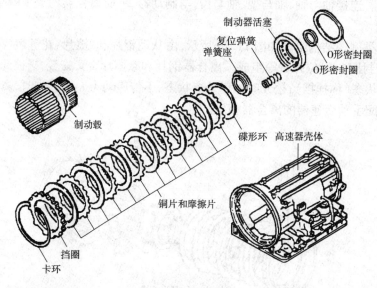

图 11-27 片式制动器

2)液压控制系统主要元件

(1)油泵。油泵用来供给液力变矩器、液压控制系统以及换挡执行元件所需的液压油,并保证行星齿轮机构、换挡执行元件等零件的润滑。它是保证自动变速器正常工作的主要部件。

(2)主调压阀。主要作用是将液压油泵输出压力精确调节到所需值后再输入主油路。

(3)次调压阀。是把主调压阀泄出的油压调节变成变矩器油压。

(4)手动阀。手动阀与驾驶室中的变速杆(自动变速器操纵杆)连接,由驾驶人操纵,以改变换挡油路,实现挡位变换,如图 11-29 所示。

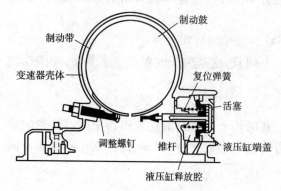

图 11-28 带式制动器

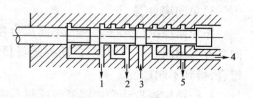

图 11-29 A40 液控自动变速器手动阀(N位)

课题四　变速器的拆装

一、作业需要的工具、设备和材料的准备

(1) 卡罗拉轿车专用工具一套，工具车，工具架，工作台。

(2) 卡罗拉变速器台架或整车一辆。

(3) 油液回收盆一个。

(4) 卡罗拉轿车维修手册。

二、作业前的准备

(1) 变速器台架或整车进入工位前，将工位清理干净。

(2) 将工具车、工具架、工作台摆放到位。

(3) 将卡罗拉变速器台架或整车进入工位。

(4) 在维修手册中查找相关资料及操作标准。

三、变速器的拆装（以手动变速器拆装为主）

变速器的分解图如图 11-30、图 11-31 所示。

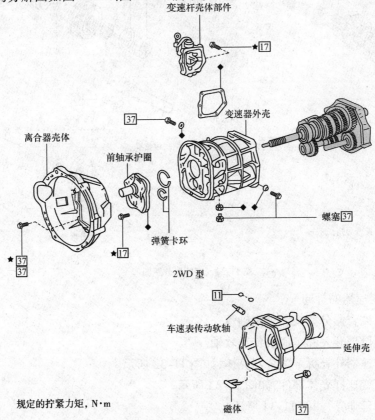

图 11-30　变速器分解图(1)

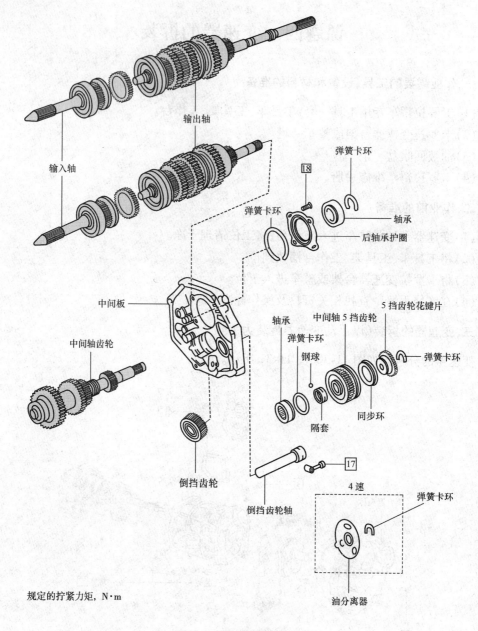

规定的拧紧力矩，N·m

图 11-31 变速器分解图(2)

1. 手动变速器的拆卸

(1) 拆下离合器分离叉和分离轴承。

(2) 拆下倒挡开关和车速表传动软轴。

(3) 从变速器外壳拆下离合器壳体，如图 11-32 所示。

(4) 拆下变速杆壳体部件，如图 11-33 所示。

(5) 拆下延伸壳，如图 11-34 所示。

(6) 拆下护圈，如图 11-35 所示。

(7)拆下轴承卡环,如图11-36所示。

(8)将中间板从变速器外壳分开,如图11-37所示。

①如图11-37所示固定变速器。

②使用塑料锤子小心地敲出变速器外壳。

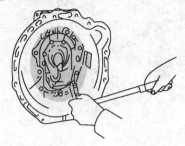

图11-32 拆离合器壳体

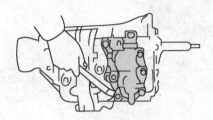

图11-33 拆变速杆壳体

图11-34 拆下延伸壳

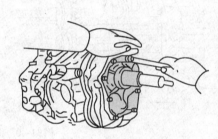

图11-35 拆护圈

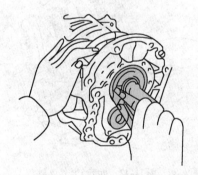

图11-36 拆下轴承卡环

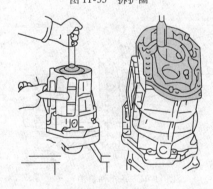

图11-37 分开变速器外壳

(9)将中间板固定在台虎钳上,如图11-38所示。

(10)拆下直螺塞、弹簧和钢球,如图11-39所示。

(11)拆下换挡叉轴的弹簧卡环,如图11-40所示。使用两把一字螺丝刀和锤子敲出弹簧卡环。

(12)用螺丝刀和锤子敲出带槽的弹簧销,如图11-41所示。

(13)拆下5挡的换挡叉轴,如图11-42所示。

①从5挡、倒挡换挡头取下钢球。

②取下5挡换挡叉轴。

（14）用磁棒取出5挡与倒挡换挡叉轴之间的钢球，如图11-43所示。

（15）使用销冲子敲出倒挡换挡叉轴上的弹簧销，如图11-44所示。取下倒挡换挡叉轴和倒挡换挡臂。

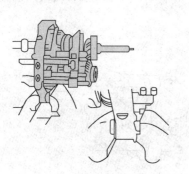

图11-38　固定中间板

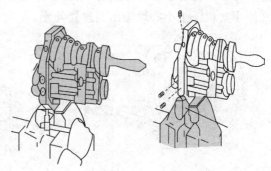

图11-39　拆下直螺塞

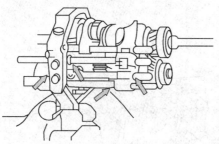

图11-40　拆下卡环

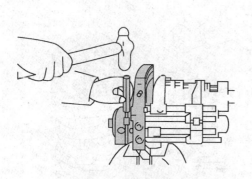

图11-41　敲出弹簧销

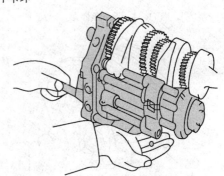

图11-42　拆下5挡拨叉轴

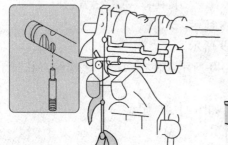

图11-43　拆互锁钢球

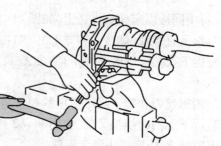

图11-44　敲出弹簧销

(16)用磁棒取下倒挡换挡轴与 3、4 挡换挡叉轴之间的互锁销,如图 11-45 所示。

(17)使用销冲子和锤子从 3、4 挡换挡叉上敲出带槽弹簧销,如图 11-46 所示。

(18)取下 3、4 挡换挡叉轴,同时用磁棒取出 3、4 挡换挡轴与 1、2 挡换挡轴之间的钢球,如图 11-47 所示。

(19)拆下 1、2 挡换挡叉上固定螺栓和 1、2 挡换挡叉轴,如图 11-48 所示。

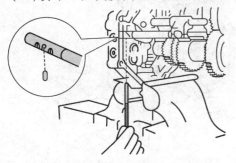 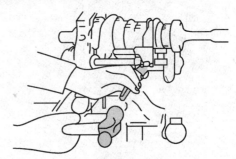

图 11-45　拆互锁销　　　　　　　　图 11-46　敲出弹簧销

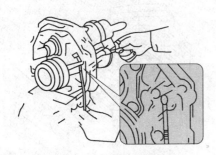 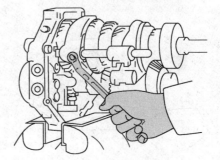

图 11-47　取下换挡拨叉轴　　　　　图 11-48　拆下拨叉轴固定螺栓

(20)拆下 5 挡齿轮花键片、同步环、滚针轴承和 5 挡中间轴齿轮。使用两把一字螺丝刀和锤子敲出弹簧卡簧,如图 11-49 所示。

(21)锁环式同步器由接合套、花键毂、滑块和弹簧圈组成。使用专用工具 SST 拆下 5 挡齿轮花键片,取下同步环、滚针轴承和 5 挡齿轮,如图 11-50 所示。

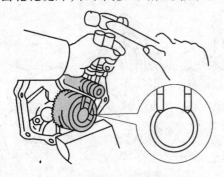 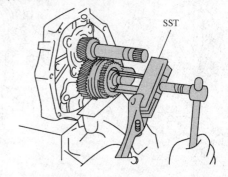

图 11-49　敲出卡簧　　　　　　　　图 11-50　拆下花键片

(22)拆下隔套和钢球,如图 11-51 所示。

(23)拆下倒挡换挡臂托架,如图 11-52 所示。

(24)拆下倒挡齿轮和轴,如图 11-53 所示。

①拧下倒挡齿轮轴挡块固定螺栓。
②拆下倒挡轴和齿轮。
(25)拆下后轴承护盖,如图11-54所示。

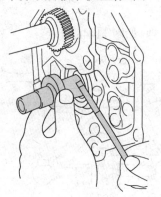

图11-51 拆下隔套与钢球

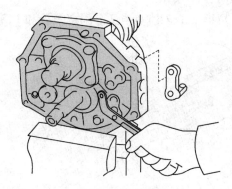

图11-52 拆下托架

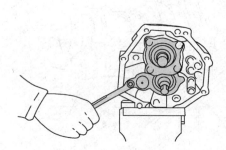

图11-53 拆下倒挡轴

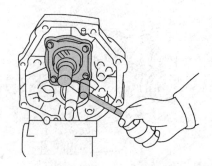

图11-54 拆下后轴承护盖

(26)用卡环钳拆下中间轴后轴承卡簧,如图11-55所示。
(27)使用轴承专用工具拉出中间轴后轴承,取下中间轴,如图11-56所示。
(28)拆下输入轴,如图11-57所示。

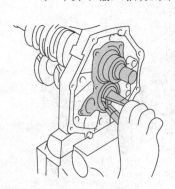

图11-55 拆下轴承卡簧

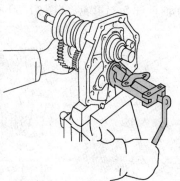

图11-56 拉出轴承

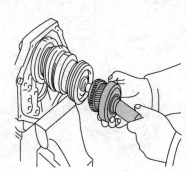

图11-57 拆下输入轴

(29)使用卡簧钳拆下输出轴后轴承弹簧卡环,如图11-58所示。
(30)向外拉输出轴同时用塑料锤子敲中间板,从中间板上拆下输出轴,如图11-59所示。

2. 手动变速器的装配

装配过程按照拆卸的相反顺序及手册中规定的力矩进行,并注意清洁与润滑。

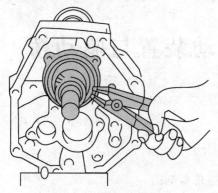 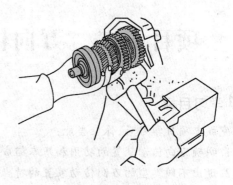

图 11-58　拆下后轴承弹簧卡环　　　　　　图 11-59　拆下输出轴

项目十二　万向传动装置与驱动桥

学习目标

完成本项目学习后,你应当能:
1. 明确万向传动装置的功用和基本组成;
2. 说出不同类型的万向传动装置的特点及适用车型;
3. 说出驱动桥的功用和基本组成;
4. 描述驱动桥各组成的作用和基本工作原理;
5. 正确地使用工具和设备对万向传动装置和驱动桥进行拆卸与安装;
6. 与同学密切合作规范、安全地更换万向传动装置与驱动桥总成。

建议课时:6课时。

课题一　万向传动装置及驱动桥的结构组成

一、万向传动装置

(一)万向传动装置的作用

万向传动装置的作用是连接具有轴间夹角和相对位置经常发生变化的两个转动轴,并传递动力。

(二)万向传动装置的组成

车用万向传动装置都是由万向节和传动轴两部分组成,如图 12-1 所示。当动力传递距离较远时,为了减小弯曲变形,提高传动轴的刚度和极限转速,常将传动轴分成二段或三段,并设置有中间支撑,如图 12-2 所示。

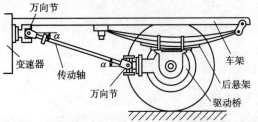

图 12-1　万向传动装置(FR 布置形式)

1. 万向节

万向节是一种用来连接两根具有一定夹角的转动轴并传递动力的元件。按万向节传递动力过程中,其输入输出的转速特性不同分为普通十字轴万向节、准等角速万向节和等角速万向节三类;按万向节受力时零件的变形不同分为刚性万向节和柔性万向节两类。

1)普通十字轴万向节

普通十字轴万向节又称十字轴式刚性万向节,其结构如图 12-3 所示。它允许被连接的两轴在运转时的最大夹角为15°～20°。

(1)结构组成。万向节叉上的孔分别套在十字轴的四个轴颈上。在十字轴颈与万向节叉孔之间装有滚针和套筒,用带有锁片的螺钉和轴承盖来使之轴向定位。为了润滑轴承,十字轴内钻有油道,如图12-4所示,且与润滑脂嘴、安全阀相通。

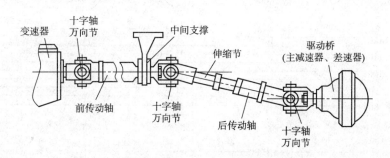

图12-2 传动轴为两段的万向传动装置(FR布置形式)

为避免润滑脂流出及灰尘进入轴承,十字轴轴颈的内端套装带金属壳的毛毡油封(或橡胶油封)。

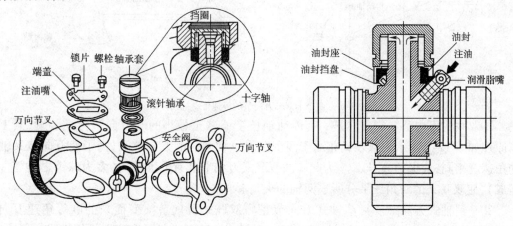

图12-3 十字轴式万向节　　　　图12-4 十字轴润滑油道及密封装置

◇**小提示**：安全阀的作用是当十字轴内腔润滑脂压力超过允许值时,阀打开润滑脂外溢,使油封不会因润滑脂压力过高而损坏。现代汽车多采用橡胶油封,多余的润滑脂从油封内圆表面与十字轴轴颈之间的间隙处溢出,故无需安装安全阀。

(2)普通十字轴万向节的速度特性——不等速性。当十字轴式刚性万向节的主动叉以等角速转动时,从动叉却以不等角速转动,这种现象称为十字轴万向节的不等速性,如图12-5所示。

要使普通十字轴万向节的不等速传动变为等角速传动,可采用两个普通十字轴万向节。其排列方式有平行和等腰式两种,如图12-6所示。

2)准等角速万向节和等角速万向节

(1)准等角速万向节。准等角速万向节是根据两个普通万向节实现等速传动的原理制成的,常见的有双联式和三销轴式万向节。

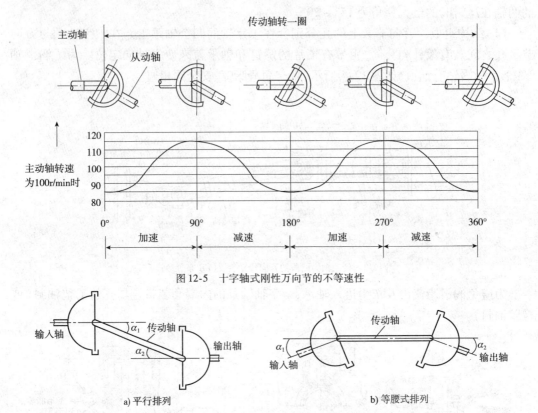

图 12-5 十字轴式刚性万向节的不等速性

图 12-6 两个十字轴万向节的等速传动排列方式

① 双联式万向节。它实际是一套传动轴长度缩减至最小的双万向节传动装置,其工作原理如图 12-7 所示。双联叉相当于两个在同一平面内的万向节叉,为了使万向节叉轴的角速度相同,应保证 $\alpha_1 = \alpha_2$。为此有的双联式万向节装有分度机构(多为球销之类零件组成),使双联叉的对角线平分所连两轴的夹角。

② 三销轴式万向节。三销轴式万向节是由双联式万向节演变而来的准等角速万向节,如图 12-8 所示。由两个偏心轴叉、两个三销轴、六个滑动轴承和密封件等组成。每一

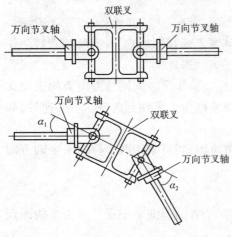

图 12-7 双联式万向节的原理图

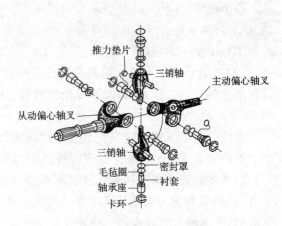

图 12-8 三销轴式万向节

偏心轴叉的两叉孔通过轴承和三销轴大端的两轴颈配合,两个三销轴的小端面互相插入对方的大端轴承孔内,形成了三根轴线。采用此万向节的转向驱动桥可使汽车获得较小的转弯半径,提高了汽车的机动性。缺点是外形尺寸较大,零件形状复杂,制造困难,由万向节连接的两轴将承受附加弯矩和轴向力。

(2)等角速万向节。能使被连接的两轴的角速度在两轴具有夹角且变化的条件下仍保持相等的万向节称为等角速万向节。

等角速万向节的等角速传动原理可用图 12-9 所示的一对大小相同的锥齿轮传动原理来说明。两个大小相同的锥齿轮的接触点 P 位于两齿轮轴线交角 α 的平分面上,由 P 点到两轴的垂直距离都等于 r。P 点处两齿轮的圆周速度相等,因此两齿轮的角速度

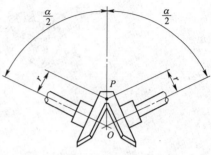

图 12-9　等角速万向节的工作原理

也相等。可见,若万向节的传力点在其交角变化时,始终位于两轴夹角的平分面上,就能保证被连接的两轴的角速度永远相等。

等角速万向节的常见结构类型有球笼式和球叉式两类。

①球笼式等角速万向节。球笼式等角速万向节分圆弧槽滚道型(固定型球笼式)和直槽滚道型(伸缩型球笼式)两种结构类型,图 12-10 所示为圆弧槽滚道型球笼式等角速万向节。星形套与传动轴用花键连接在一起,星形套外表面有六条弧形凹槽滚道,球形壳与另一传动轴连接,其内表面有相应的六条凹槽滚道,六个钢球分别装在各个凹槽中。

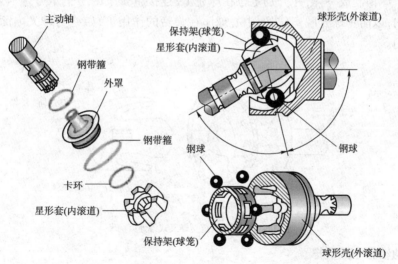

图 12-10　圆弧槽滚道型等速万向节

球笼式万向节工作时六个钢球都参与传力,故承载能力及耐冲击能力强、传动效率高、结构紧凑、安装方便、磨损小、寿命长,工作角度大(可达 42°)。因此被广泛应用于各种形式的转向驱动桥和独立悬架的驱动桥上。

②球叉式等角速万向节。球叉式等角速万向节和球笼式相同,也有圆弧槽滚道型和直槽滚道型两种。前者结构如图 12-11 所示,在两叉上各有四个侧向圆弧槽滚道,装配时

两叉的滚道分别相对,其间各装一个钢球用来传力;另有一个定心钢球装在两叉中心的球形凹臼内,用以确定两叉之间相互摆动的中心 O。

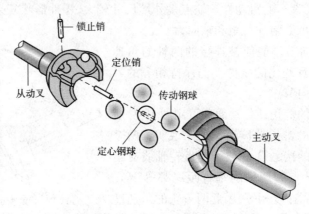

图 12-11　圆弧槽滚道型球叉式等速万向节

这种万向节结构简单、紧凑,工作角度不超过 32°。由于正反转传动中仅有两个钢球传力,单位压力大,易磨损,且只有在一定的安装预紧力时才能保证等角速度传动,否则因两叉之间产生轴向窜动而破坏等速性,该万向节大多用于中小型越野汽车的转向驱动桥上。

直槽滚道型球叉式等速万向节如图 12-12 所示,球叉上的三个直槽与三个传力球配合传力。三个球销制成一体,并分别定位在球笼上;连接卡簧上的三个爪分别卡入球叉的三个菱形槽内,以防止球笼脱离球叉;中心球座在弹簧的作用下,始终与球叉内凹面接触,起到定心作用。

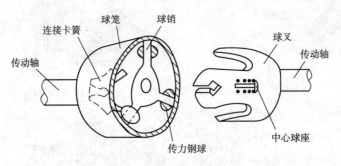

图 12-12　直槽滚道型球叉式等速万向节

2. 传动轴和中间支撑

1)传动轴

(1)功用。传动轴是万向传动装置中的主要传力部件,通常用来连接变速器(或分动器)和驱动桥,在转向驱动桥和断开式驱动桥中,则用来连接差速器和驱动轮。

(2)结构组成。传动轴有实心轴和空心轴之分。

(3)传动轴排列形式。受汽车总体结构布置类型、用途以及等速传动要求,传动轴通常有以下几种排列方式:

①越野车的传动轴。越野汽车传动轴的布置包括从变速器到分动器,又从分动器到各驱

动桥,如图12-13所示。后桥传动轴分为中间传动轴和主传动轴,中间支撑装在中驱动桥上。

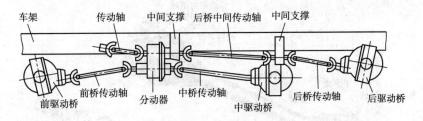

图12-13 三桥越野汽车传动轴的布置

②前置发动机后轮驱动汽车的传动轴。

由于发动机前置后轮驱动汽车的传动距离过大,根据需求传动轴有以下几种结构形式:

a. 单节式传动轴。普通汽车最简单的传动轴只有一节,其两端用普通万向节分别与变速器和驱动桥连接。装配时传动轴两端的万向节叉在同一平面内就保证满载时实现等速传动。

b. 双节式传动轴。传动轴分为两段,与三个万向节组成万向传动装置。

c. 三节式传动轴。当汽车的轴距很长时,传动轴制成三节,以提高其刚度,如图12-14所示。前两节为中间传动轴,分别用中间支撑固定在车架上。每节传动轴两端万向节叉都应在同一平面内。

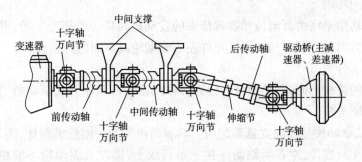

图12-14 三节式传动轴

③前置发动机前轮驱动汽车的传动轴。对于前置发动机前轮驱动的汽车,由于发动机、变速器、主减速器和差速器等装配在一起,并固装于车架或车身上。动力由主减速器传给左右两侧驱动轮。因此万向传动装置制成两套,每套由一根传动轴和两个万向节组成。两个万向节采用等角速万向节,且内侧的采用伸缩型,如图12-15所示。

2)中间支撑

传动轴分段时需加中间支撑与车架固定;中间支撑通常安装在车架横梁上,并能补偿传动轴轴向和角度方向的安装误差,以及汽车行驶过程中因发动机窜动或车架变形等引起的位移。

中间支撑常用弹性元件来满足上述要求,它主要由轴承、带油封的盖、支撑座(支架)、缓冲垫(弹性元件)等组成,图12-16所示为常见的中间支撑结构。

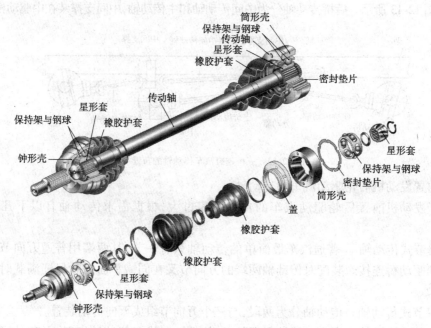

图 12-15　前置发动机前轮驱动汽车的万向传动装置

二、驱动桥

1. 驱动桥的功用

驱动桥的功用是将由万向传动装置传来的发动机转矩传给驱动车轮,并经降速增矩、改变动力传动方向,使汽车行驶,而且允许左右驱动轮以不同的转速旋转。

2. 驱动桥的分类

按照悬架的结构不同,驱动桥可以分为整体式驱动桥和断开式驱动桥,整体式驱动桥又称非断开式驱动桥。

(1) 整体式驱动桥与非独立悬架配用。其驱动桥壳为一刚性的整体,驱动桥两端通过悬架与车架或车身连接,左右半轴始终在一条直线上,即左右驱动轮不能相互独立跳动。当某一侧车轮通过地面的凸出物或凹坑升高或下降时,整个驱动桥及车身都要随之发生倾斜,车身波动大。

(2) 断开式驱动桥与独立悬架配用。其主减速器固定在车架或车身上,驱动桥壳制成分段并用铰链连接,半轴也分段并用万向节连接;驱动桥两端分别用悬架与车架或车身连接,这样两侧驱动车轮及桥壳可以彼此独立地相对于车架或车身上下跳动。

3. 驱动桥的结构组成

驱动桥是传动系统的最后一个总成,一般由主减速器、差速器、半轴和桥壳等组成,如图 12-17 所示。驱动桥的主要部件都装在驱动桥的桥壳内。

1) 主减速器

(1) 作用。主减速器的功用是将由变速器或万向传动装置输入的转速降低、转矩增大,以获得足够的驱动力推动汽车前进;对发动机纵置的汽车,还改变转矩的传递方向。

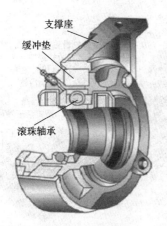
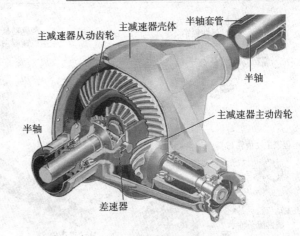

图 12-16 中间支撑　　　　　　　　图 12-17 驱动桥总成

（2）类型。主减速器有不同的结构类型：按参加传动的齿轮副数目，可分为单级式主减速器和双级主减速器；按齿轮结构形式，可分为圆柱齿轮式主减速器（图 12-18），普通锥齿轮式主减速器、双曲面锥齿轮式主减速器（图 12-19）；按主减速器传动比个数，可分为单速式和双速式主减速器。

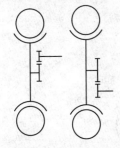

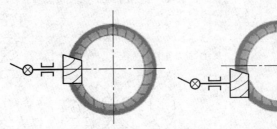

图 12-18 圆柱齿轮式主减速器　　　　图 12-19 锥齿轮式和双曲面锥齿轮式主减速器

（3）基本原理。其降速增扭的原理与手动变速器的齿轮传动原理相同，而对于发动机纵置的汽车的主减速器，通过锥齿轮来改变动力传递方向。

（4）单级主减速器。单级主减速器结构简单，质量小，传动效率高，主要用于轿车及中型以下的客货车，图 12-20 所示为桑塔纳 2000 型轿车主减速器。

主减速器的齿轮是一对双曲面螺旋锥齿轮；双曲面齿轮与普通锥齿轮相比，不仅具有同时参加的齿数多、传动平稳、噪声小、承载能力大的特点，还具有主动锥齿轮的轴线可相对从动锥齿轮轴线偏移的特点。当主动锥齿轮轴线向下偏移时，在保证一定离地间隙的情况下，可降低主动锥齿轮及传动轴的位置，从而使汽车质心降低，提高了行驶的稳定性。

2）差速器

（1）差速器的功用。差速器的功用是将主减速器传来的动力传给左右两半轴，并在必要时允许左右半轴以不同转速旋转，以满足两侧驱动轮差速的需要。

（2）差速器的分类。差速器的类型按其工作特性分为普通行星齿轮式差速器和防滑差速器两大类。

（3）差速器的结构组成。差速器主要由差速器壳、行星齿轮轴、2 个行星齿轮、2 个半轴齿轮、球面垫片和垫圈等组成，如图 12-21 所示。

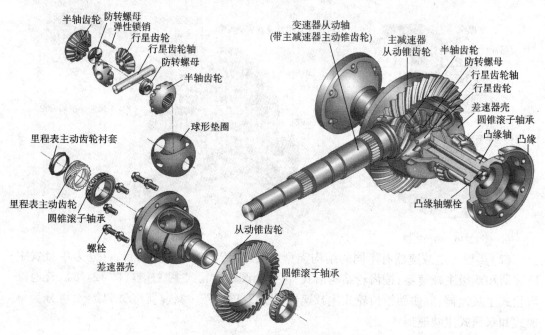

图 12-20 桑塔纳 2000 型轿车主减速器和差速器结构

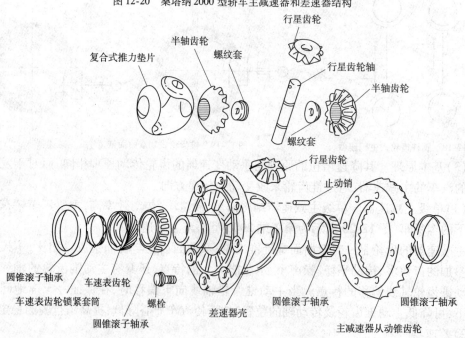

图 12-21 差速器结构

(4) 差速器工作原理。如图 12-22 所示,两齿条 a、b 和行星齿轮啮合,且两齿条质量相等,当向上拉起行星齿轮时,两齿条一起被拉起;当 a 齿条受到阻力时,向上拉起行星齿轮必导致齿条 b 向上移动。齿条 a、b 相当于差速器中的半轴齿轮。

差速器的差速原理如图 12-23 所示。主减速器传来的动力带动差速器壳转动,经过行星齿轮轴、行星齿轮、半轴齿轮、半轴,最后传给两侧驱动轮。

项目十二 万向传动装置与驱动桥

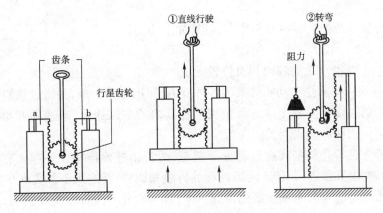

图 12-22 差速器工作原理

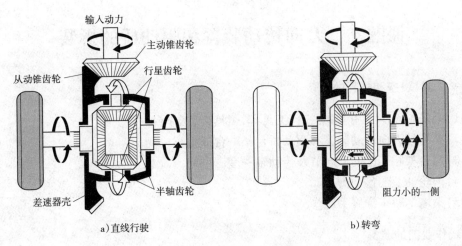

a) 直线行驶 b) 转弯

图 12-23 差速器的差速原理

驱动轴在差速器内分成左右两段,并装上半轴齿轮。差速器壳固定在从动锥齿轮上,半轴齿轮和行星齿轮啮合,行星齿轮支撑在差速器壳上;当从动锥齿轮旋转时,行星齿轮公转。当单侧半轴齿轮受到阻力时,行星齿轮一边公转一边自转。

直线行驶:行星齿轮公转,没有自转。

左/右转弯:行星齿轮一边公转,一边绕着左/右侧半轴齿轮自转。

3) 半轴

半轴的功用是将差速器传来的动力传给驱动轮(前驱动形式传给万向节)。其内端一般通过花键与半轴齿轮连接,外端与轮毂连接。根据其支撑形式不同,有全浮式和半浮式两种。

所谓"浮"即指卸除半轴的弯曲载荷而言。全浮式半轴在汽车静止时是不受力的,因而不用支起车桥就可以卸下半轴。只需拧下半轴凸缘上的螺栓即可抽出半轴,而车轮与桥壳照样能支撑汽车,从而给汽车维护带来方便。

半浮式半轴即传递转矩又承受全部反力和弯矩。它的支撑结构简单、成本低,因而被广泛用于反力弯矩较小的各类轿车上;但这种半轴支撑拆取麻烦,且汽车行驶中若半轴折断则易造成车轮飞脱的危险。

4）桥壳

桥壳是行驶系统的主要组成件之一,具有如下功用:

(1)和从动桥一起承受汽车质量。

(2)使左、右驱动车轮的轴向相对位置固定。

(3)汽车行驶时,承受驱动轮传来的各种反力、作用力和力矩,并通过悬架传给车架。

驱动桥壳的主要作用是支撑并保护安装在其内的主减速器、差速器和半轴等。驱动桥壳可分为整体式和分段式两类。

整体式桥壳是桥壳与主减速器壳分开制造,两者用螺栓连接在一起。它的结构特点是具有较强的刚度和强度,且便于主减速器的拆装和调整,普遍用于各类汽车。

分段式桥壳是桥壳与主减速器壳铸成一体,且一般分为两段由螺栓连成一体,现已很少使用。

课题二　万向传动装置和驱动桥的拆装

一、工具、设备和材料的准备

(1)桑塔纳轿车专用工具一套,工具车,工具架,工作台。

(2)桑塔纳万向传动装置和驱动桥台架一台或整车一辆。

(3)与台架相匹配的万向节及传动轴一套。

(4)齿轮油及油盆一套。

(5)桑塔纳轿车维修手册。

二、作业前的准备

(1)实习台架或车辆进入工位前,将工位清理干净。

(2)将工具车、工具架、工作台摆放到位。

(3)将实习台架或车辆摆放到位。

(4)在维修手册中查找相关资料及操作标准。

三、万向传动装置和驱动桥的拆卸

(一)万向传动装置总成拆卸

(1)在车轮着地时,旋下轮毂的紧固螺母。

(2)旋下传动轴凸缘上的紧固螺栓,如图12-24箭头所示。将传动轴与凸缘分开。

(3)从车轮轴承壳内拉出传动轴,或利用V.A.G1389压力装置拉出传动轴。

◇小提示:拆卸传动轴时轮毂绝对不能加热,否则会损坏车轮轴承,原则上应使用拉具。拆掉传动轴后,若要移动车辆,应装上一根连接轴来代替传动轴,以防止损坏前轮轴承总成。

(4)万向节的分解。

①用钢锯将等速万向节防尘罩上的夹箍锯开,如图12-25箭头所示,拆下防尘罩。

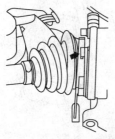
图12-24 旋下半轴凸缘上的紧固螺栓

图12-25 拆下万向节防尘罩(带金属环)

②用一把软金属锤子用力从传动轴上敲下外万向节外圈,如图12-26所示。
③拆卸弹簧锁环,如图12-27所示。
④压出万向节外圈,分解外等速万向节。

注意:拆散之前在钢球球笼和外星轮上标出内星轮的位置。

a. 旋转内星轮与球笼,依次取出钢球,如图12-28所示。
b. 用力转动球笼直至两个方孔(图12-29箭头所示)与外星轮对齐,连内星轮一起拆下球笼。
c. 把内星轮上扇形齿旋入球笼的方孔,然后从球笼中取出内星轮,如图12-30所示。

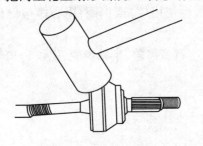
图12-26 拆卸万向节外圈

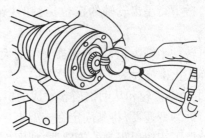
图12-27 拆卸弹簧销环

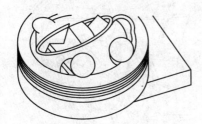
图12-28 取出钢球

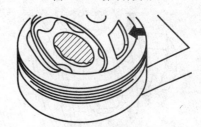
图12-29 拆下球笼

⑤分解内等速万向节。
拆散之前在钢球球笼和外星轮上标出内星轮的位置。

a. 转动内星轮与球笼,如图12-31所示,按箭头所示方向压出球笼里的钢球。内星轮与外星轮一起选配,不能互换。
b. 从球槽上面(图12-32箭头所示)取出球笼里的内星轮。

(二)万向节的安装
万向节总成的安装按照上述拆卸的相反顺序进行装配。

图 12-30 取出内星轮

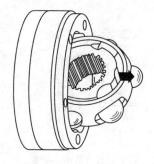

图 12-31 压出钢球

(三)驱动桥总成的拆卸

1. 主减速器、差速器的拆卸

(1)拆去左、右半轴的固定螺栓,抽出左、右半轴。

(2)拆去变速器侧盖螺栓,取下主减速器、差速器及侧盖总成。

(3)用拉器拉出车速表主动齿轮(涡轮)及差速器支撑轴承(用拉器拉外圈、油封垫片)。

(4)拧出差速器壳和主减速器从动锥齿轮的连接螺栓,拆下从动锥齿轮。如果不换齿轮,应做上标记。

(5)拆下行星齿轮轴的定位销(弹性销为一次性使用件)或挡圈,用心棒敲出行星齿轮轴。

(6)转动半轴齿轮,从差速器壳体的大孔中取出行星齿轮、半轴齿轮、螺纹套和球形垫片(复合式止推垫片为一次性使用件)。

2. 主动锥齿轮和从动锥齿轮总成的拆卸

(1)拆卸变速器,将其固定在支架上。拆下轴承支座和后盖。

(2)取下车速里程表的传感器,如图 12-33 所示。

图 12-32 取出内星轮

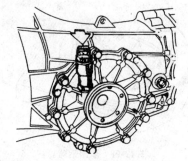

图 12-33 取下车速里程表传感器

(3)锁住传动轴(半轴),拆下紧固螺栓,如图 12-34 所示。取下传动轴。

(4)取下车速里程表的主动齿轮导向器和齿轮。

(5)拆下主减速器盖,如图 12-35 所示。从变速器壳体上取下差速器。

(6)用铝质的夹具将差速器壳固定在台虎钳上,拆下从动齿轮的紧固螺栓。从动锥齿轮的紧固螺栓是自动锁紧的,一经拆卸就必须更换。

(7)取下从动锥齿轮,如图 12-36 所示。

（8）拆下并分解变速器输出轴。仔细检查所有零件，尤其是同步器环和齿轮，对于损坏和磨损的，应进行更换。

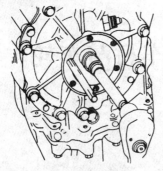

图12-34　拆卸紧固螺栓

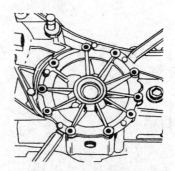

图12-35　拆下主减速器盖

3.半轴齿轮和行星齿轮的拆卸

（1）拆卸变速器，拆下差速器，拆下从动锥齿轮。

（2）拆下行星齿轮轴的夹紧套筒，如图12-37所示。

（3）取下行星齿轮轴，再取下行星齿轮和半轴齿轮。

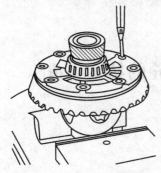

图12-36　拆卸从动锥齿轮

图12-37　拆下行星齿轮轴的夹紧套筒

（四）驱动桥总成的安装

驱动桥总成的安装按照拆卸时的相反顺序进行。

项目十三 车架、车桥与车轮

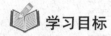学习目标

完成本项目学习后,你应当能:
1. 说出车架的结构组成及要求;
2. 说出车桥、车轮的结构组成;
3. 说出轮胎的作用、类型及国产轮胎规格的表示方法;
4. 正确地使用工具和设备拆装车轮总成;
5. 与同学密切合作安全、规范地进行轮胎换位。

建议课时:4课时。

课题一 车架、车桥与车轮的结构组成

一、车架

(一)车架的功用

车架是构成整个汽车的骨架,是汽车各部分总成的装配基础,如发动机、变速器、传动机构、操纵机构、车桥、车身等总成和部件都直接或间接地安装在车架上。

(二)车架的类型

汽车用车架按其结构形式不同可分为无梁式、边梁式、中梁式(脊梁式)、综合式车架。

1. 无梁式车架

无梁式车架没有实体的车架,而以车身兼起车架的作用,又称承载式车身,一般用在轿车和一些客车上,如图 13-1 所示。

2. 边梁式车架

边梁式车架是用铆接或焊接法将两边的纵梁和若干横梁连接在一起的刚性构架,如图 13-2 所示。

3. 中梁式车架

中梁式车架只有一根位于汽车中央的纵梁;纵梁断面为圆形或矩形,其上固定有横向的托架或连接梁,使车架成鱼骨状,如图 13-3 所示。

4. 综合式车架

综合式车架是综合了边梁式和中梁式车架的结构特点而形成,如图 13-4 所示。

项目十三　车架、车桥与车轮

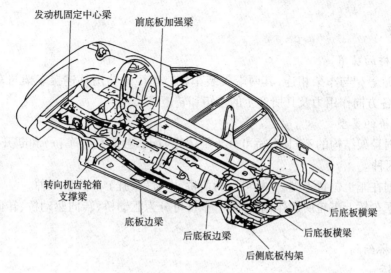

图 13-1　无梁式车架结构

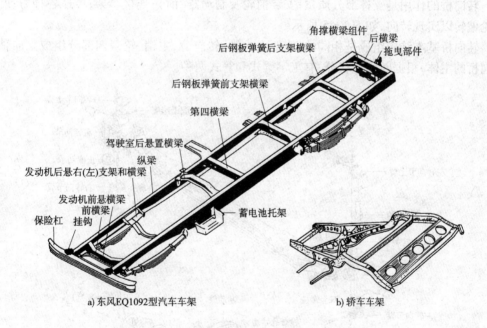

a) 东风EQ1092型汽车车架　　　　b) 轿车车架

图 13-2　边梁式车架结构

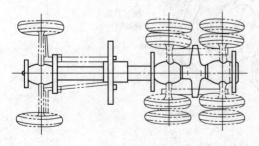

图 13-3　中梁式车架结构

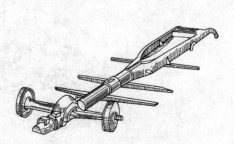

图 13-4　综合梁式车架结构

二、车桥

（一）车桥的功用

车桥通过悬架与车架相连,其两端安装车轮。车桥的功用是连接车架与车轮并传递两者之间的各方向作用力及其所产生的弯矩和转矩。

（二）车桥的类型

(1) 根据悬架结构的不同,车桥可分为整体式（配非独立悬架车桥）和断开式（配独立悬架）车桥两种。

(2) 根据在车上位置不同,车桥可分为前桥、中桥（半挂）和后桥三种。

(3) 根据车桥上车轮所起作用的不同,车桥可分为驱动桥、转向驱动桥、转向驱动桥和支持桥四种。

（三）车桥结构

1. 转向桥

转向桥的作用是支撑部分质量；安装前轮及制动器（前）；连接车架；传递各种力；能使前轮偏转以实现转向,如图13-5所示。

转向桥基本结构组成是相同的,主要由前轴、转向节、主销、轮毂四部分组成。前轴是转向桥的主体,根据断面形状分,有工字梁式和管式两种。

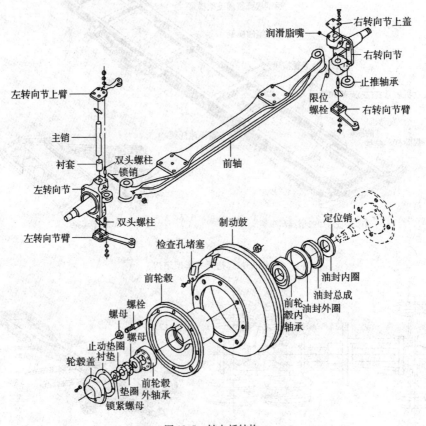

图13-5 转向桥结构

2. 转向驱动桥

转向驱动桥具有一般驱动桥所具有的主减速器、差速器和半轴；也具有一般转向桥所具有的转向节、主销和轮毂等。

由于转向的需要，半轴被分成两段，即内半轴（与差速器相连）和外半轴（与轮毂相连），两者用等角速万向节连接起来；同时主销也因此分成上、下两段，分别固定在万向节的球形支座上，转向节轴颈部分制成空心的，外半轴从中穿过。转向节的连接叉是球状壳体，既能满足转向的需要，又适应了转向节的传力需求，如图13-6所示。

3. 支持桥

桑塔纳2000GSI轿车后桥是纵向摆臂式非驱动桥即支持桥，其结构如图13-7所示。

该车桥轮毂、制动鼓以及车轮与车桥的连接方式与转向桥一样，通过轴承支撑，轴向定位；车桥只向其传递横、纵向推力或拉力，不传递转矩。

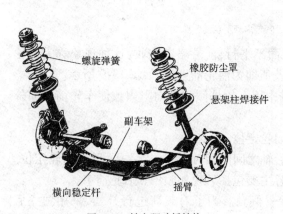

图13-6 转向驱动桥结构

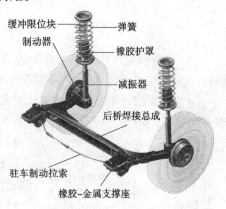

图13-7 桑塔纳2000GSI轿车后桥结构示意图

（四）车轮定位

车轮定位根据内容和所起作用的不同可以分为转向轮定位（前轮定位）和非转向轮定位。

1. 转向轮定位

转向轮定位是指转向轮、转向节和前轴三者之间的相对安装位置关系。它包括主销后倾、主销内倾、前轮外倾和前轮前束四个参数。

转向轮定位的基本作用是：使汽车直线行驶稳定、转向后能自动回正，提高了汽车行驶的安全性，并使转向轻便、减少轮胎及转向系统零件的磨损等。

（1）主销后倾。主销装在前轴上后，其轴线上端相对车轮与路面的法线略向后倾斜，这种结构形式称为主销后倾。在汽车纵向铅垂面内，主销轴线和车轮相对路面法线之间的夹角 γ 称为主销后倾角，如图13-8a)所示。

主销后倾的作用是保持汽车直线行驶的稳定性，并使汽车转弯后车轮能自动回正，即汽车能回到直行位置。

（2）主销内倾。主销安装到前轴上后，其上端略向内倾斜，称为主销内倾。在汽车横向铅垂面内，主销轴线与铅垂线之间的夹角 β 称为主销内倾角，如图13-8 b)所示。

主销内倾的作用是使车轮转向后能自动回正，且转向操纵轻便。

（3）前轮外倾。前轮上方相对汽车纵向铅垂面略向外倾斜,称为前轮外倾;前轮旋转平面与汽车纵向铅垂面之间的夹角 α 称为前轮外倾角,如图 13-8 b)、c)所示。前轮外倾的作用是提高前轮行驶的安全性和转向操纵轻便性。

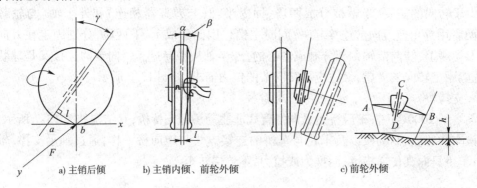

图 13-8　主销后倾与内倾示意图

（4）前轮前束。汽车两个前轮的旋转平面不平行,前端略向内收,这种现象称为前轮前束。两轮前端距离 B 小于后端距离 A,其差值即为前轮前束值,如图 13-9 所示。

前轮前束的作用是减小或消除汽车前进中因车轮外倾和纵向阻力致使车轮前端向外滚开所造成的滑移。

2. 非转向轮定位

后轮与后轴之间的相对安装位置关系,称为后轮定位。后轮定位内容主要包括后轮外倾角和后轮前束。

（1）后轮外倾角。为了对载荷进行补偿,采用独立后悬架的大多数车辆常带有一个较小的正后轮外倾角。

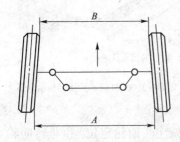

图 13-9　前轮前束示意图

（2）后轮前束。后轮前束的作用与前轮前束基本相同。一般前驱汽车,前驱动轮宜采用正前束,后从动轮宜采用负前束;对于后驱汽车,前轮宜采用负前束,后驱动轮宜采用正前束。

三、车轮

（一）车轮的功用

车轮是汽车唯一与地面接触的部位,在汽车行驶中起着至关重要的作用,具体如下:

（1）支撑汽车的总质量。

（2）吸收及缓和汽车行驶时受到的冲击和振动。

（3）保证汽车与路面有良好的附着性,以提高汽车的牵引性和制动性。

（4）保证汽车正常转向行驶的同时,通过轮胎产生自动回正力矩、使汽车保持稳定的直线行驶方向。

（二）车轮的组成

车轮一般由轮毂、轮盘、轮辋和轮胎四部分组成,如图 13-10 所示。轮毂通过圆锥滚子轴承套装在半轴套管或转向节轴颈上;轮辋用以安装轮胎;轮盘是轮毂与轮辋连接件。

1. 轮毂

轮毂用于连接制动鼓、轮盘和半轴凸缘,如图 13-11 所示。一般由圆锥滚子轴承套装在半轴套管或转向节轴颈上。

图 13-10 车轮结构

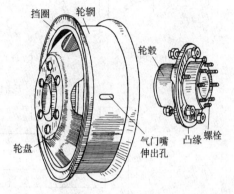

图 13-11 辐板式轮盘

2. 轮盘

轮盘一般可分为辐板式和辐条式两种。

(1)辐板式轮盘。目前汽车上广泛应用辐板式轮盘,如图 13-11 所示。轮盘与轮辋有的采用组合式结构,有的采用整体式结构。

轮盘上的中心孔及其周围的螺栓孔用于与轮毂连接。为便于对正中心和车轮互换,轮盘上螺栓孔的两端面呈球面凹坑状,紧固螺母的端部呈球面凸起状。轮盘上开有几个大孔,以减小质量、便于拆装和制动器散热。

(2)辐条式轮盘。重型汽车多采用辐条式轮盘,如图 13-12 所示,即采用几根轮辐将轮毂和轮辋连接在一起。轮辐与轮毂可制成一体,也可以用螺栓连接;轮辋则通过螺栓和特殊形状的衬块安装到轮辐上。为了使轮辋与轮辐很好地对中,在两者连接处都制有配合锥面。大型车辆的后轮负荷较大,为使前后轮胎寿命近似相同,后桥一般使用双式车轮,即在同一轮毂上安装两套轮盘和轮辋。

3. 轮辋

1)轮辋的类型与结构

轮辋也称钢圈,按其结构特点,目前轮辋类型主要有 7 种:即深槽轮辋,代号 DC;深槽宽轮辋,代号 WDC;半深槽轮辋,代号 SDC;平底轮辋,代号 FB;平底宽轮辋,代号 WFB;全斜底轮辋,代号 TB;对开式轮辋,代号 DT。其中以深槽轮辋、平底轮辋和对开式轮辋(图 13-13)最为常见。

2)国产轮辋规格的表示方法

国产轮辋规格用一组数字、符号和字母表示,分为五部分,各部分的含义及具体内容如下:

图 13-12 辐条式车轮

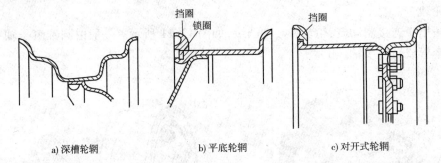

a) 深槽轮辋　　b) 平底轮辋　　c) 对开式轮辋

图 13-13　轮辋结构形式

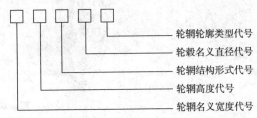

（1）轮辋名义宽度代号：以数字表示，一般取小数点后两位，单位为英寸（当以 mm 表示时，要求轮胎与轮辋的单位一致）。

（2）轮辋高度代号：用一个或几个拉丁字母表示，常用代号及相应高度值（mm）见表 13-1。

轮辋高度代号及相应高度值（单位：mm）　　　　　表 13-1

C	D	E	F	G	H	J	K
15.88	17.45	19.81	22.23	27.94	33.73	17.27	19.26
L	P	R	S	T	V	W	
21.59	25.40	28.58	33.33	38.10	44.45	50.80	

（3）辋结构形式代号：用符号"×"表示一件式轮辋；用"-"表示多件式轮辋。

（4）轮辋名义直径代号：以数字表示，单位英寸（当以 mm 表示时，要求轮胎与轮辋单位一致）。

（5）轮辋轮廓类型代号：用几个字母表示，每个代号所表示的轮辋轮廓类型见表 13-2。

对于不同形式的轮辋，以上代号不一定同时出现。例如，上海桑塔纳轿车轮辋规格为 5.5J×13，表示其轮辋名义宽度和名义直径分别为 5.5 英寸和 13 英寸，轮辋高度为 17.27mm，属一件式轮辋。

轮辋轮廓类型代号　　　　　表 13-2

深槽轮辋	深槽宽轮辋	半深槽轮辋	平底轮辋	平底宽轮辋	全斜底轮辋	对开式轮辋
DC	WDC	SDC	FB	WFB	TB	DT

4. 轮胎

1）轮胎的分类

轮胎根据分类标准不一样，分别有以下一些类型：

（1）根据气压高低的不同分为：高压胎（0.5～0.7MPa）、低压胎（0.2～0.5MPa）、超低压胎(小于0.2MPa)。

(2) 根据花纹不同分为:普通花纹轮胎、混合花纹轮胎、越野花纹轮胎,如图13-14所示。

(3) 按内胎有无分为:有内胎轮胎、无内胎轮胎。

a) 普通花纹轮胎　b) 普通花纹轮胎　c) 混合花纹轮胎　d) 越野花纹轮胎　e) 越野花纹轮胎

图13-14　各种花纹的轮胎

(4) 根据帘线材料不同分为:人造丝(R)轮胎、棉帘线(M)轮胎、尼龙(N)轮胎、钢丝(G)轮胎。

(5) 根据帘线排列方式的不同分为:普通斜交胎、子午线轮胎,如图13-15所示。

(6) 按轮辋宽度分:标准宽轮胎、宽轮辋轮胎。

2) 充气轮胎的结构组成

充气轮胎按结构不同,可分为有内轮胎和无内胎轮两种。

(1) 有内胎轮胎。有内胎轮胎由外胎、内胎和垫带组成。以下按照外胎、内胎和垫带来介绍。

① 外胎是轮胎的主要组成部分,它是用耐磨橡胶以及帘线制成的强度较高而又有弹性的外壳,直接与地面接触,保护内胎使其不受损伤,主要由胎面、胎圈和胎体等组成,如图13-16所示。

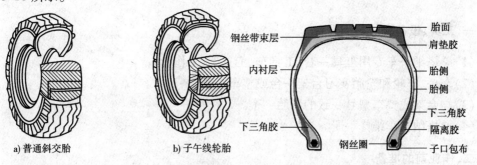

a) 普通斜交胎　b) 子午线轮胎

图13-15　普通斜交轮胎与子午线轮胎

图13-16　有内胎的轮胎结构

② 内胎。内胎是一个环形的橡胶管,上面装有气门嘴,以便充入或排出空气,其自由尺寸稍小于外胎内壁尺寸,主要起密封作用,强度很低,单独几乎不能承载。

③ 垫带。垫带是一个环形的橡胶带,它垫在内胎与轮辋之间,保护内胎不被轮辋和胎圈磨坏,还可防止尘土及水汽侵入胎内。

(2) 无内胎轮胎。无内胎轮胎的内壁上有一层橡胶密封层,在胎圈外侧也有一层橡胶密封层,用以增加胎圈与轮辋之间的气密性。气门嘴固定在轮辋一侧,用橡胶垫圈和螺母旋紧密封,如图13-17所示。

3）轮胎规格的表示方法

一般用轮胎的外径 D，轮辋的直径 d，断面宽度 B 和断面高度 H 的公称尺寸来表示轮胎的基本尺寸，如图 13-18 所示。基本尺寸的单位有英制、公制和公英制混合三种。轮胎的其他性能用字母表示。目前，常用的表示方法有：高压胎一般用两个数字中间加"×"号表示，可写成 $D×B$。由于 B 约等于 H，故选取轮辋直径 d 时可按 $d=D-2B$ 来计算。

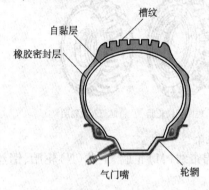

图 13-17　无内胎轮胎结构

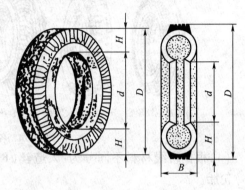

图 13-18　一般轮胎的基本规格尺寸含义

对于一般汽车轮胎，$B≈H$，断面呈圆形。但扁平轮胎断面 $H<B$，有的甚至差别很大。因此必须加以表示。通常以轮胎断面高度和宽度的比值 H/B 作为一个参数标注在轮胎上，称为扁平率；也有的把用途标在最前面。例：P175/70R13 含义如下：P——乘用车用轮胎；175——轮胎名义断面宽度（mm）；70——轮胎扁平率；R——子午线轮胎；13——轮辋名义直径（英寸）。

课题二　车桥、车轮和轮胎的拆装

一、工具、设备和材料的准备

(1) 桑塔纳轿车专用工具一套，工具车，工具架，工作台。
(2) 车桥、车轮和轮胎实习台架一台或整车一辆。
(3) 与台架或整车型号一致的备胎一个。
(4) 桑塔纳轿车维修手册。

二、作业前的准备

(1) 实习操作台架或整车进入工位前，将工位清理干净。
(2) 将工具车、工具架、工作台摆放到位。
(3) 将实习操作台架或整车进入工位。
(4) 在维修手册中查找相关资料及操作标准。

三、车桥（后桥主要零部件）的拆装

1. 后桥轮毂轴承的拆卸

(1)用千斤顶支起后轮,撬下后轮毂盖。
(2)取下开口销及开槽垫圈。拧下六角螺母,取出止推垫圈。
(3)拆下一个车轮螺栓,用一把螺丝刀通过车轮螺栓孔,向上拨动楔形块(图13-19),使制动蹄摩擦片与制动鼓松开。
(4)拉出车轮和制动鼓,并带出车轮外轴承。
(5)取出车轮内轴承和油封,用铜冲头敲出内外轴承外圈。

2.后桥轮毂轴承的安装
(1)用专用工具将内、外轴承外圈压入轮毂,如图13-20和图13-21所示。

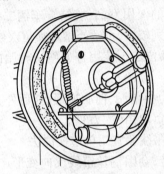

图13-19 用螺丝刀向上拨动楔形块

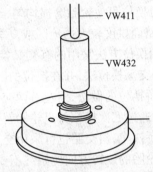

图13-20 压入车轮外轴承的外轴承圈

(2)放上油封,用橡胶锤均匀地敲入。
(3)将内轴承装入,并涂以适量的锂基润滑脂。
(4)将制动鼓装入,注意不能使制动鼓内表面沾上油脂。
(5)装上外轴承和止推垫圈,旋上六角螺母。
(6)调整车轮轴承间隙,正确的间隙是用一字螺丝刀在手指的加压下,刚好能够拨动止推垫圈,如图13-22所示。

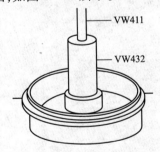

图13-21 压入车轮内轴承的外轴承圈

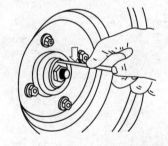

图13-22 车轮止推轴承预紧度的调整

(7)装上开槽垫圈,换上新的开口销,在轮毂盖内加入适量的润滑脂,用橡胶锤轻轻敲入。

四、轮胎的维护

1.充气
(1)轮胎充气应按照该型汽车使用说明书上规定的标准气压执行,并在冷态时用气压表测量,若在热态时测量,应略高于标准气压,取适当的修正值。气压表应定期校准,以保证读数准确。

(2)轮胎装好后,先充入少量空气,待内胎充气伸展后再继续充至要求气压。

(3)充气前就检查气门芯与气门嘴是否配合平整,并擦净灰尘。充气后应检查是否漏气,并将气门帽装紧。

(4)充入的空气不得含有水汽和油雾。

(5)充气时应注意安全防护,充气开始时用手锤轻击锁圈,使其平稳嵌入轮辋圈槽内,以防锁圈跳出。

2. 轮胎换位

(1)按时换位可使轮胎磨损均匀,约可延长20%的使用寿命,应结合车辆二级维护定期换位。在路面拱度较大的地区或夏季,轮胎磨损差别较大,可适当增加换位次数。

(2)轮胎换位方法常用的有交叉换位法和循环换位法。装用普通斜交轮胎的六轮二桥汽车,常用交叉换位法,并在换位的同时进行翻面。

六轮二桥换位的做法是:左右两交叉,主胎(后内)换前胎,前胎换帮胎(后外)、帮胎换主胎。这样,通过三次换位每只轮胎就可轮到一次担负内档(主力)胎。

四轮二桥汽车,斜交胎也可采用交叉换位法。子午线胎宜用单边换位法。

子午线轮胎的旋转方向应始终不变。若反向旋转,会因钢丝帘线反向变形产生振动,汽车平顺性变差。所以一些轿车使用手册推荐单边换位法。

(3)轮胎换位后,应按所换的胎位要求,重新调整气压。

(4)轮胎换位后须做好记录,下次换位仍要按上次选定的换位方法换位。

项目十四 悬 架

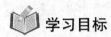学习目标

完成本项目学习后,你应当能:
1. 明确悬架系统的功用、组成、类型、结构;
2. 说出不同类型的悬架适用车型;
3. 说出电控悬架系统的功用及类型;
4. 正确地使用工具和设备对悬架系统进行拆卸与安装;
5. 与同学密切合作规范、安全地更换悬架系统总成。

建议课时:4课时。

课题一 悬架的结构与工作原理

一、悬架概述

(一)悬架的功用

悬架的功用是弹性地连接车桥和车架(或车身),缓和行驶中车辆受到的冲击力,保证货物完好和人员舒适;衰减由于弹性系统引进的振动,使汽车行驶中保持稳定的运行状态,改善操纵稳定性;同时悬架系统承担着传递垂直反力、纵向反力(牵引力和制动力)和侧向反力以及这些力所造成的力矩作用到车架(或车身)上,以保证汽车行驶平顺;并且当车轮相对车架跳动时,特别在转向时,车轮运动轨迹要符合一定的要求,对车轮起一定的导向作用。

(二)悬架的组成

悬架系统一般由弹性元件、减振器和导向装置三部分组成,如图14-1所示。
(1)弹性元件:承受并传递垂直载荷,缓和不平路面引起的冲击,使车架(或承载式车身)与车桥(或车轮)之间保持弹性连接。
(2)减振器:用于衰减振动,提高乘坐舒适性。
(3)导向装置(包括横向导杆和纵向推力杆):用来传递除垂直力以外的各种力和力矩,并确定车轮相对于车架(或车身)的运动关系。

(三)悬架的类型

汽车悬架系统根据结构和左右车轮的振动的相互影响的不同,可以分为独立悬架和

非独立悬架,如图 14-2 所示。

1. 独立悬架

如图 14-2a)所示,两侧的车轮分别安装在断开式车桥两端,每边车桥单独通过弹性元件与车架相连,这样当一侧车轮跳动时不会影响另一侧车轮的工作。

2. 非独立悬架的结构特点

如图 14-2b)所示,是两侧的车轮分别安装在同一整体式车桥上,车桥通过弹性元件与车架相连。这种悬架当一侧车轮因道路不平而跳动时,将影响另一侧车轮的工作。

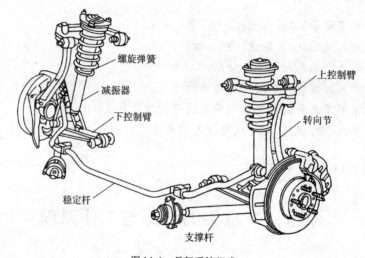

图 14-1 悬架系统组成

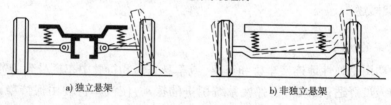

a) 独立悬架　　　　　　　b) 非独立悬架

图 14-2 悬架

二、悬架主要元件介绍

(一)弹性元件

汽车悬架系统中常用的弹性元件主要有钢板弹簧、螺旋弹簧、扭杆弹簧、油气弹簧和橡胶弹簧等几种。

1. 钢板弹簧

钢板弹簧又称叶片弹簧,其结构如图 14-3 所示,在车桥靠近车架或车身时靠钢板弹簧的弹性变形来起缓冲作用,并在车桥靠近和离开车架或车身的整个过程中,由于各片之间存在相对滑动而产生摩擦,可以部分地起衰减路面冲击的作用。

一副钢板弹簧通常由很多曲率半径不同、长度不等、宽度一样、厚度相等的弹簧钢板片叠成,在整体上近似等强度的弹性梁。第一片最长的钢板弹簧,称为主片,其两端或一端弯成卷耳状,内装衬套以便用钢板销与车架连接,卷耳的形式如图 14-4 所示。

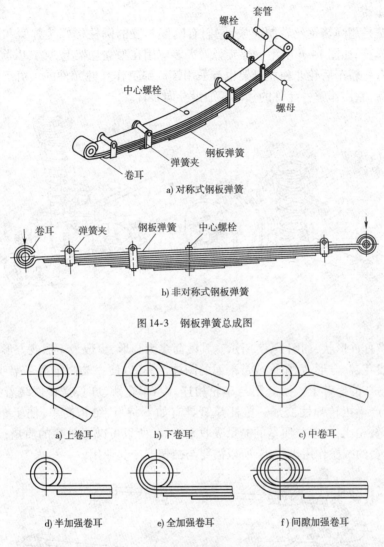

图 14-3 钢板弹簧总成图

图 14-4 卷耳的形式

钢板弹簧的中部通过 U 形螺栓和压板与车桥刚性固定,两端用销子铰接在车架的支架和吊耳上。钢板弹簧各片装成整体后,其断面各位置的受力是不同的,为了改善其受力状况,采用不同形状的断面,如图 14-5 所示。

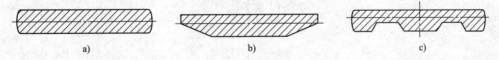

图 14-5 几种常见钢板弹簧断面形状

钢板弹簧作为悬架弹性元件既起弹性元件的作用,又起导向装置的作用,自身可以在车桥和车架或车身之间传递纵向和横向力矩,可不必单设导向装置,使结构简化,不足之处是占用空间较大。目前主要是一些货车和一些高级轿车的后悬架采用钢板弹簧作弹性元件。

2. 螺旋弹簧

螺旋弹簧是用弹簧钢丝卷制而成,它们有刚度不变的圆柱形螺旋弹簧和刚度可变的圆锥形螺旋弹簧,如图 14-6 所示。螺旋弹簧大多应用在独立悬架上,尤其以前轮独立悬架应用广泛。有些轿车后轮非独立悬架也有采用螺旋弹簧作弹性元件的。由于螺旋弹簧只承受垂直载荷,它用作弹性元件的悬架要加设导向装置。

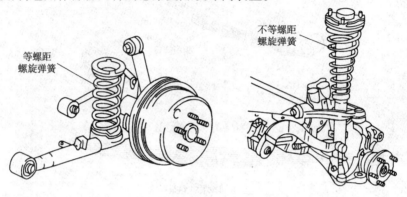

图 14-6　螺旋弹簧结构

3. 扭杆弹簧

扭杆弹簧杆件形状,如图 14-7 所示。其截面多为圆形,少数为矩形或方形。扭杆弹簧两端可以做成花键、方形、六角形或带平面的圆柱形等,以便一端固定在车架或车身上,另一端固定在悬架的摆臂上。摆臂则与车轮相连。当车轮跳动时,摆臂便绕着扭杆轴线而摆动,使扭杆产生扭转弹性变形。扭杆弹簧具有如下特点:结构简单,便于布置,维修方便;与其他弹簧相比,其单位质量的能量吸收率较高,所以可减轻悬架的质量;与螺旋弹簧一样,扭杆弹簧的减振作用也很小,所以需要与减振器一起使用。

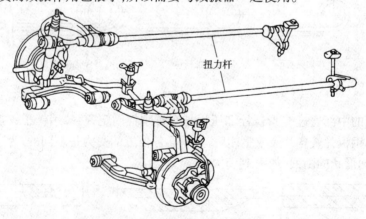

图 14-7　扭杆弹簧

4. 橡胶弹簧

橡胶弹簧是利用橡胶本身的弹性来起作用的弹性元件,如图 14-8 所示,它可以承受压缩载荷和扭转载荷。橡胶弹簧的优点是:可以制成任何形状;使用时无噪声;不需要润滑。但橡胶弹簧不适于支撑重载荷。所以,橡胶弹簧主要用作辅助弹簧,或悬架部件的衬套、垫片、垫块、挡块等。

(二)减振器

1. 功用

减振器在汽车中的功用是迅速衰减由车轮通过悬架弹簧传给车身的冲击和振动,提高汽车行驶的平顺性。

2. 类型

液力减振器按其结构形式可分为筒式液力减振器和摇臂式液力减振器。

按作用方式可分为双向作用式减振器和单向作用式减振器。双向作用式减振器在伸张行程和压缩行程都具有阻尼减振作用;单向作用式减振器只在伸张行程内起阻尼减振作用。

3. 结构与工作原理

减振器之所以能减振,是它能将汽车车身和车架振动的能量迅速转化为热能,并由减振器内油液吸收,进而再通过减振器壳体散发到大气中去。

下面以双向筒式减振器为例简单介绍减振器的结构与工作原理。

(1)双向筒式减振器结构如图14-9所示,一般由若干同心钢筒和阀门及一些密封件等组成。

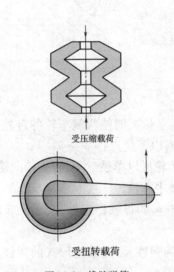

图14-8 橡胶弹簧

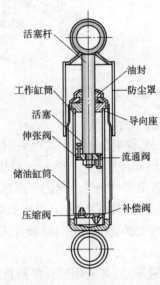

图14-9 双向作用筒式减振器示意图

(2)双向作用筒式减振器的工作情况,可分为压缩和伸张两个行程。

①压缩行程。当车轮靠近车架,减振器被压缩时,活塞下移,使工作腔下方容积减小,油压升高,这时油液经过流通阀进入活塞上方腔室。由于活塞杆占去上方腔室一部分容积,故上腔室增加的容积小于下腔室减少的容积,致使下腔室油液不能全部流入上腔室,而多余的油液则压开压缩阀进入储油缸筒,使弹性元件充分发挥缓冲作用。

②伸张行程。当车轮离开车架,减振器被拉长时,活塞上移,使工作腔上方腔室容积减小油压升高,这时上腔室油液推开伸张阀流入下腔室(流通阀早已关闭)。同样由于下腔室形成一定的真空度,使储油缸筒内的油液推开补偿阀补偿到下腔室。减振器在伸张行程内产生的最大阻尼远远超过了压缩行程内的最大阻尼。减振器可充分发挥减振作用,保护弹性元件不被拉坏。

三、非独立悬架

非独立悬架结构简单,工作可靠,货车的前、后悬架大多属于这种类型。在一些轿车的后悬架中也有采用这一结构类型的。

以螺旋弹簧作为弹性元件的非独立悬架多用于轿车的后悬架,图14-10所示为典型的螺旋弹簧非独立悬架。

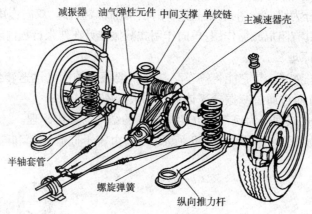

图14-10 螺旋弹簧非独立悬架

四、独立悬架

1. 独立悬架的特点

现代汽车,特别是轿车上广泛采用独立悬架,独立悬架能使两侧车轮各自独立地与车架或车身弹性元件连接。与非独立悬架相比,它具有以下优点:

(1)在悬架弹性元件一定的变形范围内,两侧车轮可以单独运动,防止转向轮的偏转。

(2)汽车的非簧载质量小,可以提高汽车的行驶平顺性。

(3)与独立悬架相配用的是断开式车桥,提高汽车的行驶稳定性,改善汽车的行驶平顺性。

在独立悬架中,多采用螺旋弹簧和扭杆弹簧作为弹性元件,其他形式的弹性元件用得很少。

2. 独立悬架的类型

独立悬架的结构类型很多,一般可按照车轮的运动形式分为三类。

(1)车轮在汽车横向平面内摆动的悬架,称为横臂式独立悬架,如图14-11a)所示。

(2)车轮在汽车纵向平面内摆动的悬架,称为纵臂式独立悬架,如图14-11b)所示。

(3)车轮沿主销轴线移动的悬架,包括烛式悬架和麦弗逊式悬架,如图14-11c)、d)所示。

五、多轴汽车的平衡悬架

多轴汽车全部车轮如果都是单独地刚性悬挂在车架上,则在不平路面上行驶时,将不能保证所有车轮同时接触地面,如图14-12 a)所示;若采用弹性悬架且道路比较平,但有凹坑时,车轮虽不一定出现悬空的现象,但各个车轮间垂直载荷的分配比例会有很大的变化。当垂直载荷变小甚至为零时,车轮与地面的附着力也随之变小甚至等于零。

为了解决这个问题,可将两个车桥(如三轴汽车的中桥和后桥)装在平衡杆件的两侧,而将平衡杆件与车架铰接,如图14-12b)所示。这种能保证中、后桥车轮垂直载荷相等的悬架称为平衡悬架,三轴和四轴越野汽车普遍采用这种结构原理的平衡悬架。其中能绕铰支点转动的平衡杆,就是纵向布置的钢板弹簧。

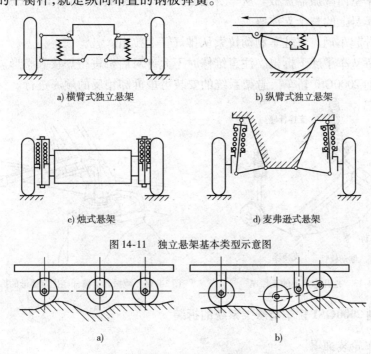

a) 横臂式独立悬架　　　　　　b) 纵臂式独立悬架

c) 烛式悬架　　　　　　d) 麦弗逊式悬架

图 14-11　独立悬架基本类型示意图

a)　　　　　　b)

图 14-12　三轴汽车在不平路面上行驶情况示意图

课题二　悬架的拆装

一、工具、设备和材料的准备

(1) 桑塔纳轿车专用工具一套,工具车,工具架,工作台。
(2) 桑塔纳悬架台架或整车一辆。
(3) 桑塔纳轿车维修手册。

二、作业前的准备

(1) 实训台架进入工位前,将工位清理干净。
(2) 将工具车、工具架、工作台摆放到位。
(3) 在维修手册中查找相关资料及操作标准。

三、桑塔纳2000GSI轿车后桥与悬架系统总成的拆装

(1) 将驻车制动拉索1从拉杆上吊出,如图14-13所示。必要时脱开制动蹄。

(2)分开轴体上的制动管和制动软管如图14-13所示。

(3)松开车身上的支撑座如图14-13所示,仅留一个螺母支撑。

注意:如要把支撑座留在车身上,需拆出支撑座与横梁上的固定螺栓。安装时要绝对注意:为了避免金属橡胶支座在行驶中橡胶扭曲,在旋紧螺栓之前,横梁须平放。

(4)拆下排气管吊环。用专用工具撑住后桥横梁。

(5)取下车室内减振器盖板。从车身上旋下支撑杆座螺母,如图14-14所示。

(6)拆卸车身上的整个支撑座。

(7)慢慢升起车辆。将驻车制动拉索从排气管上拉出。

(8)将后桥从车子底下拆出。注意维修时不允许对后桥进行焊接和整形。

(9)桑塔纳2000GSI轿车后悬架系统的安装可按拆卸相反的顺序进行。

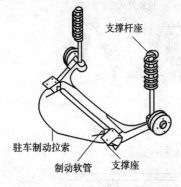
图14-13 松开车身上的支撑座

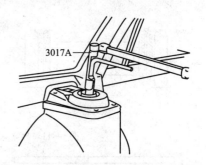
图14-14 减振器支撑杆座固定螺母的拆卸

四、桑塔纳2000GSI轿车前悬架系统的拆装

(1)取下车轮装饰罩。

(2)旋下轮毂与传动轴的紧固螺母(力矩为230N·m),车轮必须着地,如图14-15所示。

(3)卸下垫圈。旋松车轮紧固螺母(力矩为110N·m),拆下车轮。

(4)旋下制动钳紧固螺栓(力矩为70N·m),如图14-16所示。旋下制动盘。

(5)取下制动软管支架,并用铁丝将制动钳固定在车身上,如图14-16上部箭头所示,注意不要损坏制动软管。拆下球形接头紧固螺栓,如图14-16下部箭头所示。

图14-15 拆下轮毂与传动轴紧固螺母

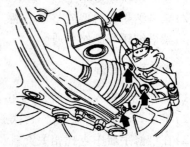
图14-16 旋下制动钳紧固螺栓

(6)压出横拉杆接头(力矩为30N·m),如图14-17所示。

(7)旋下稳定杆的紧固螺栓(力矩为25N·m),如图14-18所示。

(8)向下掀压下臂,从车轮轴承壳内拉出传动轴。或利用两个固定车轮凸缘上的螺孔,将压力装置 V.A.G1389 固定在轮毂上,用液压装置从轮毂中压出传动轴,如图 14-19 所示。

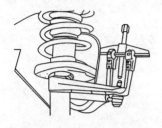 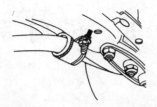 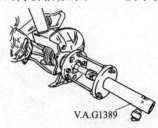

图 14-17　压出横拉杆接头　　　图 14-18　拆卸稳定杆的紧固螺栓　　　图 14-19　压出传动轴

(9)拆掉压力装置。取下盖子,支撑减振器支柱下部,旋下活塞杆的螺母,用内六角扳手阻止活塞杆的转动,如图 14-20 所示。

(10)安装按照拆卸时的相反顺序进行,各螺栓螺母按规定力矩拧紧,同时注意以下两点:

①不允许对前悬架总成进行焊接或整形处理,不合格的零部件要更换新的零部件。

②安装传动轴时,应擦净传动轴与轮毂花键齿面上的油污,去除防护剂的残留物。将外等速万向节(RF 节)花键面涂上一圈 5mm 宽的防护剂 D6,进行装配,如图 14-21 所示。涂防护剂 D6 装车后应停车 60min 之后才可使用。

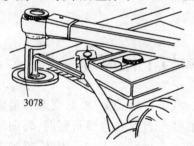 

图 14-20　旋下活塞杆螺母　　　图 14-21　等速万向节花键轴安装前涂防护剂

项目十五　转向系统

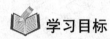
学习目标

完成本项目学习后,你应当能:
1. 明确转向系统的类型、基本组成及工作原理;
2. 说出转向系统各部件的装配关系及动力传递路线;
3. 说出转向操纵机构的组成及功用;
4. 掌握转向器的作用及工作原理;
5. 说出转向传动机构的主要类型及结构组成;
6. 正确地使用工具和设备分解转向器总成;
7. 与同学密切合作规范、安全地拆装转向系统各总成。

建议课时: 8课时。

课题一　转向系统的结构与工作原理

汽车转向系统是汽车底盘的一个重要组成部分。汽车在行驶中,根据交通和道路情况的变化,驾驶人需要经常改变汽车的行驶方向;同时,由于汽车在直线行驶时,转向轮往往会受到路面侧向干扰力的作用而自行偏转,从而改变汽车的行驶方向。因此,驾驶人需要通过一套专门的机构,来控制汽车的行驶方向,这套专设的机构,即为汽车转向系统。

一、转向系统概述

(一)转向系统的作用

根据交通和道路情况变化的需要,驾驶人通过操纵转向盘,以改变汽车行驶的方向或使汽车保持稳定的直线行驶。

(二)转向系统的类型、组成及特点

汽车转向系统按转向动力源的不同,常用的可分为机械式转向系统、液压式助力转向系统和电控电动式助力转向系统三类。

1. 机械式转向系统

机械式转向系统一般由转向操纵机构、转向器和转向传动机构三部分组成,如图15-1所示。

机械式转向系统以驾驶人的体力作为转向动力,具有结构简单、工作可靠、路感好、维修方便等优点,但驾驶人操纵较费力。

项目十五 转向系统

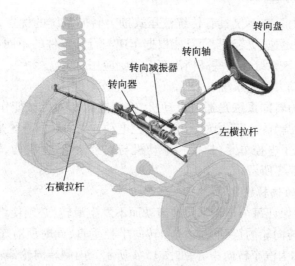

图 15-1 机械式转向系统

2. 液压式助力转向系统

液压式助力转向系统,又称液压式动力转向系统。按照控制方式的不同,又可分为传统液压式助力转向系统和电控液压式助力转向系统两种类型。

(1)传统液压式助力转向系统。它是在原有的机械式转向系统基础上,加设了一套液压助力装置。液压助力装置主要由储油罐、油泵、油管、控制阀和动力缸等组成,如图 15-2 所示。

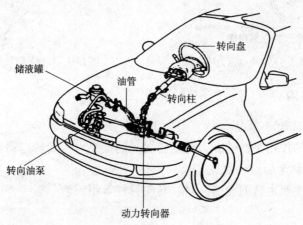

图 15-2 传统液压式助力转向系统

汽车转向时,驾驶人只需在转向盘上用一个较小的力,此时,由发动机驱动油泵建立的高压油在控制阀的控制下进入动力缸,推动转向轮偏转,实现汽车转向。

由于增加了液压助力装置,使驾驶人转向既轻便又灵敏;同时,由于液压系统工作时无噪声、滞后时间短,而且能吸收来自不平路面的冲击。所以该系统在轿车上得到广泛应用。

(2)电控液压式助力转向系统。电控液压式助力转向系统是在传统液压式助力转向系统的基础上,增加了电子控制部分。其助力系统主要由 ECU、车速传感器、电磁阀、分流阀及油泵、储油罐、油管、控制阀和动力缸等组成。

电控液压式助力系统不仅具有传统液压式助力转向系统的优点,能够减轻驾驶人的操作强度,使转向更迅速、更轻便,而且能根据车速与行驶条件的不同产生相应的、合适的转向力。因此,目前该系统在一些高档汽车上得到应用。

3. 电控电动式助力转向系统

电控电动式助力转向系统是通过电动机,将电能转变为机械能作为转向助力的动力源。并利用 ECU 来调节转向助力的大小。电控电动式助力转向系统是在原有的机械式转向系统基础上,增加了电控单元(ECU)、电动机与离合器、减速机构、转矩传感器、转向角度传感器等,如图 15-3 所示。

(三)转向车轮的偏转规律

汽车转向时,要保证每个车轮都是纯滚动而不发生滑转,必须使汽车车轮转向轨迹符合一定的规律。即转向轮的行驶方向应和转向半径垂直,同时所有车轮的转向中心必须是同一点,该点 O 称为汽车转向中心,如图 15-4 所示。内侧转向轮偏转角 β 大于外侧转向轮偏转角 α。从转向中心到外侧转向轮中心的距离称为转弯半径,用 R 表示。当外侧转向轮偏转到最大允许转角时的转弯半径,称为最小转弯半径,因此转弯半径越小,汽车转向机动性越好。

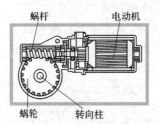

图 15-3 电控电动助力转向机

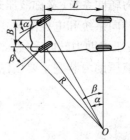

图 15-4 转向轮偏转规律

二、转向操纵机构

(一)转向操纵机构的作用

转向操纵机构的作用是将驾驶人转动转向盘的操纵力传给转向器。

(二)转向操纵机构的结构组成

转向操纵机构主要由转向盘、转向轴、转向管柱等组成。

1. 转向盘

1)对转向盘的要求

(1)不反光。

(2)不易燃烧。

(3)有良好的耐磨性能。

(4)不妨碍驾驶人观察仪表。

(5)发生车祸时,减少驾驶人受到伤害。

2)结构组成

转向盘由轮圈、轮辐和轮毂组成,如图 15-5 所示。

轮辐一般为 2~4 根辐条。轮毂孔具有细牙内花键,借此与转向轴连接。转向盘内部是由成形的金属骨架构成,骨架外面一般包有柔软的合成橡胶或树脂,也有包皮革的,以具有良好的手感,并防止手心出汗时转向盘打滑。当汽车发生碰撞时,转向盘骨架能产生变形,以吸收冲击能量,减轻对驾驶人的伤害程度。转向盘上都装有喇叭按钮,有些轿车的转向盘上还装有车速控制开关和安全气囊。

2. 转向轴和转向柱管

转向轴是连接转向盘和转向器的传动件,并传递它们之间的转矩。转向柱管安装在车身上,用来支撑转向轴。转向轴从转向柱管中穿过,通过轴承和衬套支撑在转向柱管中。转向柱管上端装有喇叭接触环、转向灯开关、刮水器开关总成、转向盘锁总成等。

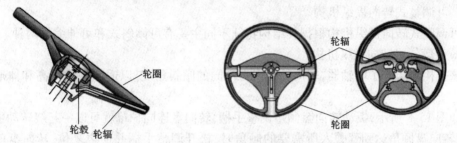

图 15-5 转向盘结构

桑塔纳 2000-LX 轿车的转向柱采用瑞典沃尔沃公司专利,其组成结构如图 15-6 所示。分为上、下两段,转向柱上端装有一只球轴承,通过套管和车身相连,轴承下面的转向柱上焊有由两个半圆合成的凸环,起轴向定位作用,凸环上铣有两条相隔 180° 的轴向槽,与锁配合起锁止转向柱及转向盘的作用。上段转向柱的下部弯曲,其端部焊有近似于半月形

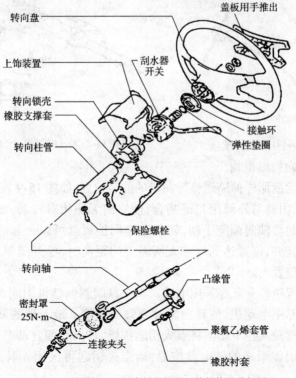

图 15-6 桑塔纳-LX 轿车转向操纵机构结构及分解图

的凸缘,上面有两个驱动销与下段转向柱上端的凸缘的两孔配合,孔中还压装有尼龙衬套和橡胶圈,以起到减摩缓冲的作用。下段转向柱的下端铣有一纵向键槽,与转向器齿轮轴的平键相连接,并用夹头紧固。外部用橡胶密封罩密封,防止灰尘进入,以减少零件磨损,延长使用寿命。

该两段式转向柱的优点是结构简单、安全性好,如图15-7所示。当汽车发生碰撞时,转向盘和转向柱管受到双向压力,驾驶人因惯性对转向盘施压,迫使转向柱上段向下运动,安全装置压缩、折叠,同时使两个销子迅速从下段孔中退出,以缓和冲击,减轻对驾驶人的伤害。同理,转向柱后移时,也可减轻对驾驶人的伤害。

3.可调整式转向操纵机构

可调整式转向操纵机构根据其结构特征不同主要有可倾斜式和可伸缩式两种。

1)可倾斜式转向操纵机构

该机构由于有了联轴器,转向轴可以有不同的倾斜角度,以适应各种身高和体形的驾驶人。

如图15-8所示,扳动转向盘倾角调整手柄,转向盘连同护罩就可以一起绕转动中心转动,当转向盘倾角达到驾驶人所需要的倾角时,松开调整手柄并使之复位,转向盘就固定在此时的倾角位置上,机械式调整机构的调整是分段的,一般按棘爪的数目分成相应的数段档位。

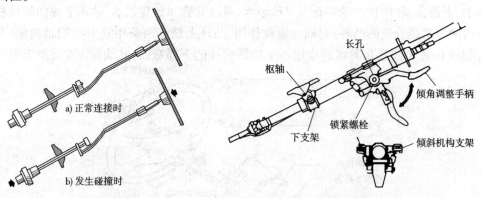

图15-7 安全转向柱工作原理　　图15-8 手动可倾斜式转向操纵机构

2)可伸缩式转向操纵机构

该机构可像望远镜那样伸缩调整转向盘的前后位置,如图15-9所示;同时它也像望远镜一样有双重结构,内筒与外筒用花键啮合,使它们无法相对转动,而只能沿键槽方向做伸缩运动。扳动转向盘轴向调整手柄,转向盘连同护罩就可以一起沿转向管柱的轴线方向滑动,当转向盘的轴向位置达到驾驶人所需要的距离时,松开调整手柄,转向盘就固定在此时的轴向距离位置上。

现在的一些高级轿车上已经采用电动式转向盘倾斜调整机构或全自动伸缩式转向机构。转向轴内装有专用电动机,使转向轴改变倾斜角度。最新型的调整机构是全自动式由计算机控制的。驾驶人在下车前将点火钥匙拔出,转向盘便自动升起,以便驾驶人顺利下车。但计算机会记住原来的转向盘位置,当点火钥匙再次插入时,转向盘会自动恢复原位。

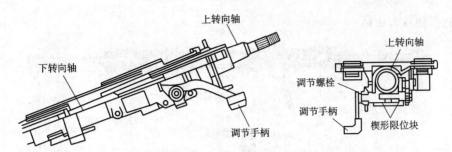

图 15-9　手动可伸缩式转向操纵机构

三、转向器

转向器是转向系统中的重要部件,转向器的发展方向注重于提高转向系统的传动效率,以及减少零件磨损和使驾驶人转向轻便。因此,早期的蜗杆滚轮式、曲柄指销式等转向器已逐渐趋于淘汰,齿轮齿条式、循环球式转向器在汽车上得到广泛的应用。

1. 转向器的功用

是通过降低转向盘转速,增大驾驶人作用在转向盘上的转矩,并改变转矩的传递方向,然后将转矩传给转向传动机构。

2. 转向器的类型

车用转向器类型较多,根据结构和力源不同有以下分类。

(1)按其结构不同可分为:蜗杆蜗轮式、齿轮齿条式、循环球式、曲柄指销式等几种。

(2)按所采用动力源不同可分为:机械式转向器、液压助力转向器和电动助力转向器三大类。

3. 转向器结构组成

1)齿轮齿条式转向器

齿轮齿条式转向器具有传动效率高、结构简单紧凑、质量轻、刚性大、转向灵敏、成本低、制造方便等优点。目前在汽车上,尤其在轿车上得到广泛应用。

该转向器采用一级传动副,主动副是齿轮,从动副是齿条。主要由壳体、转向齿轮及齿轮轴、齿条、转向减振器、转向补偿机构、橡胶防尘套等组成,如图 15-10 所示。

转向齿轮与转向齿轮轴制成一体,转向齿轮轴通过衬套和球轴承装于壳体上,其伸出端和下转向柱连接。齿条由右端壳体装入,其右端孔由螺母、盖、密封圈及卡簧密封。齿条左端伸出,其伸出端通过转向支架和左、右横拉杆及转向减振器连接,并安装有防尘套,以防灰尘进入转向器。

为了衰减由于道路不平而传递给转向盘的冲击、振动,防止转向盘打手,稳定汽车行驶方向,许多轿车上均装有转向减振器。如图 15-10 所示,缸筒一端固定在转向器壳体上,另一端则与转向横拉杆支架连接。转向减振器的结构如图 15-11 所示,其工作原理与悬架中的减振器相类似,这里不再复述。

2)循环球式转向器

循环球式转向器的最大优点是传动效率高,传动效率一般都在 75% 以上,最高可达 90%~95%。故操纵轻便,而且工作可靠,使用寿命长。其主要缺点结构复杂,制造精度要求高,且逆效率也高。

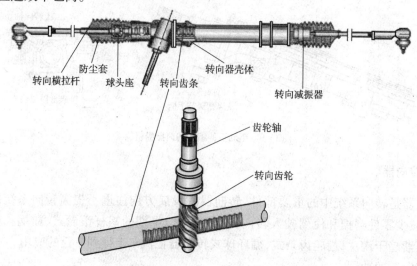

图 15-10 齿轮齿条式转向器结构示意图

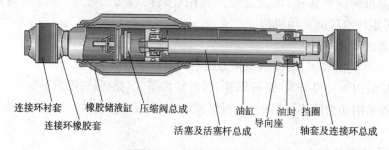

图 15-11 转向减振器结构

（1）结构组成。循环球式转向器由侧盖、底盖、壳体、钢球、带齿扇的垂臂轴、圆锥轴承、制有齿形的螺母、转向螺杆等组成,如图 15-12 所示。

该转向器采用两级传动副,第一级是螺杆与螺母,第二级是齿条与齿扇。螺杆通过一对向心球轴承安装于壳体内,其上装有制成方形的螺母,形成第一级传动副。在螺杆和螺母之间形成的螺旋形通道内和螺母侧面的两根 U 形导管内装有很多钢球,螺杆转动时钢球在球道内作循环运动,形成"球流"。以提高传动效率,并减少螺杆螺母的磨损。

垂臂轴通过滚针轴承装于壳体内,齿扇与垂臂轴制成一体并与螺母上的齿相啮合,形成第二级传动副。当螺杆转动时,螺母不能转动,只能沿螺杆轴线做轴向移动,并通过螺母下端面的齿条带动齿扇及垂臂轴转动。

转向器通过托架安装于车架上,其侧盖上装有调整螺栓和锁紧螺母,用来调整齿扇和螺母齿的啮合间隙;其底盖与壳体之间装有调整垫片,以调整螺杆两端轴承的预紧度。壳体上

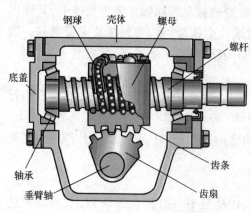

图 15-12 循环球式转向器结构

方装有通气螺塞,兼作加油用;下方装有放油螺塞。

(2)工作原理。当驾驶人向左或向右转动转向盘时,经转向柱使转向螺杆转动,带动钢球在球道内作循环运动,形成"球流",并推动齿形螺母沿螺杆轴线前、后移动,然后通过齿条带动齿扇摆动,并使垂臂轴旋转带动垂臂摆动,最后由传力机构传至转向轮,使其偏转,从而实现转向。

四、转向传动机构

转向传动机构的作用是将转向器输出的转向力传递给转向轮,并推动转向轮发生偏转,以实现汽车转向;同时,还衰减因路面不平引起的振动,以稳定汽车行驶方向,避免转向盘打手。转向传动机构的组成结构和布置形式因所选择的转向器和前悬架结构类型的不同而异。

(一)与独立悬架配用的转向传动机构

当汽车前悬架采用独立悬架时,由于这种悬架能够在一侧转向轮因路面不平而产生振动时不影响另一侧车轮的运动。因此,转向传动机构中与两边转向轮相连的转向横拉杆必须分成若干段,才能保证转向系统正常工作。图 15-1 所示为与独立悬架相配的转向传动机构结构示意图,主要由左、右转向横拉杆、转向轴等组成。由于采用了齿轮齿条式转向器,转向传动机构中省略了垂臂、直拉杆等零件,使得该转向传动机构结构尤为简单。上海桑塔纳、一汽奥迪、神龙富康等轿车的转向传动机构就采用了上述结构。

转向横拉杆如图 15-1 所示,转向横拉杆分成左、右两件,其内端为与杆身一体的不可调的圆孔接头,孔内压装有橡胶—金属缓冲环,与转向齿条通过支架用螺栓连接。

横拉杆外端为带球头的可调式球接头,又称球头销,球头销与转向臂相连。通过调节横拉杆长度可调整前轮前束值。

(二)与非独立悬架配用的转向传动机构

与非独立悬架配用的转向传动机构主要由转向垂臂、横拉杆、直拉杆、转向节臂和左右梯形臂等零件组成,如图 15-13 所示。

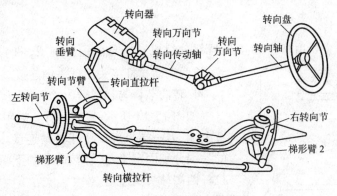

图 15-13 非独立悬架转向传动机构

1. 转向垂臂

转向垂臂一般由中碳合金钢锻制而成,其大端具有三角锥形细花键孔,与转向垂臂轴连接,并用螺母固定。其小端固定有球头销,然后与直拉杆铰接。转向垂臂安装后,从中间往两边的摆角范围应大致相等,所以,安装时应对准记号,或者按轴和孔的特殊花键位置安装。

2. 转向直拉杆

为了减缓转向轮偏转和悬架弹性变形时产生的车轮相对车架的跳动,CA1092汽车转向传动机构中转向直拉杆、转向垂臂、转向节臂的相对运动都采用空间运动。因此,为了防止运动干涉,转向直拉杆两段均采用球头销连接。

转向直拉杆主要由直拉杆杆身和两端球头销组成。直拉杆体由两端扩大的钢管制成,在两端扩孔部位装有球头销装置。球头销装置由球头销、球头座、弹簧及弹簧座、螺塞、开口销、油嘴等零件组成,如图15-14所示。

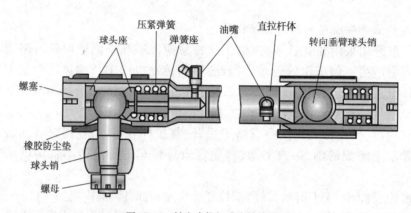

图15-14 转向直拉杆球头销结构图

压紧弹簧随时补偿球头与球碗的磨损,保证两者无间隙配合,缓和冲击力,所以,两端弹簧应分别装在球头同一侧。

弹簧座用以支撑弹簧,同时限制弹簧超载过度变形或弹簧折断时,避免球头从管孔中脱出。

螺塞主要作用是调节弹簧的预紧力。调整时,将螺塞拧到底再退转1/4圈,调好后必须用开口销锁定螺塞。

3. 转向横拉杆

转向横拉杆主要由杆身和接头两部分组成。杆身由钢管制成,两端加工有左、右螺纹,与两端横拉杆接头用球头销连接。

4. 转向节臂与梯形臂

如图15-13所示,转向节臂一端用螺母固定在转向节上端,另一端与直拉杆球头销连接。而左、右梯形臂的一端分别固定于左、右转向节的下端,另一端则与横拉杆两端球头销连接。

转向梯形:对于非独立悬架所配的整体式转向系统,其梯形机构由前轴、横拉杆、左梯形臂、右梯形臂等构成,如图15-15所示。

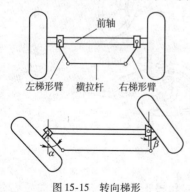

图15-15 转向梯形

五、传统液压式助力转向系

(一)作用

利用液体的压力差,对驾驶人的转向操纵力进行助力,使转向轻便灵敏,以减轻驾驶人的疲劳强度。

(二)类型

1. 按助力装置布置不同分为

(1) 整体式。动力缸、控制阀、转向器合为一体,结构紧凑,质量轻,但转向助力较小,故常用于轿车或15t以下的载货汽车上。

(2) 分置式。动力缸与转向器分开布置,结构简单,便于布置,可使转向助力增大,故常用于重型汽车上。

2. 按助力装置液流形式不同分为

(1) 常压式。是指汽车不转向时,控制阀处于关闭状态,油泵排出的高压油储存在储能器中,达到一定压力后,油泵自动卸载而空转,系统内油压始终处于较高状态。

(2) 常流式。是指汽车不转向时,控制阀处于开启状态,油泵排出的高压油,经控制阀回到储油罐,一直处于常流状态,此时系统内油压较常压式的低。由于其结构简单、油泵寿命较长、消耗功率较少,目前应用较广。

3. 按助力装置控制阀形式不同分为

(1) 滑阀式。转向助力系统控制阀采用滑阀式。所谓滑阀式控制阀,是指驾驶人在转动转向盘时,通过阀体的轴向移动来控制油液流量的大小和方向,如图15-16所示。

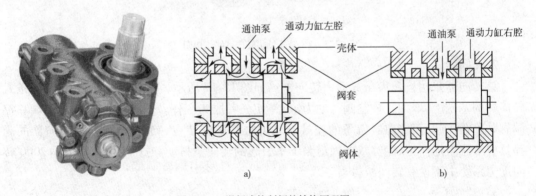

图15-16 滑阀式控制阀的结构原理图

滑阀式控制阀又分为常流式和常压式两种。图15-16a)为常流式滑阀,当阀体处于中间位置时,其两个凸棱边与阀套环槽形成四条缝隙。此时,来自油泵的压力油经阀体与阀套之间的间隙分别进入动力缸活塞两端并回到储油罐。因动力缸活塞两端液体压力相等,故不起助力作用;而当阀体向左或向右移动一个很小的距离时,其中凸棱一侧与阀套环槽抵住,另一侧产生缝隙。则来自油泵的压力油经此缝隙进入动力缸一端,而动力缸另一端的油液则回到储油罐,油压下降。由于动力缸活塞两端油压不等而产生压力差,使动力缸活塞产生移动,从而起到转向助力作用。图15-16b)所示为常压式滑阀,当阀体处于中间位置时,其两个凸棱边与阀套环槽均贴合。此时,来自油泵的压力油充入储能器,当储能器内油压达到规定值时,液压泵即卸荷空转。

(2)转阀式。助力转向系统控制阀采用转阀式。所谓转阀式控制阀,是指驾驶人在转动转向盘时,通过带动转阀阀芯绕其轴线转动来控制油液流量的大小和方向。转阀也有常压式和常流式两种。

(三)结构组成

1. 油泵

采用叶片泵,由发动机通过带轮驱动。其作用是将储液罐内的油液泵入控制阀,并产生一定的油压,作为转向的助力源。如图15-17所示,在叶片泵内还设有溢流阀和限压阀,防止系统因油压过高或泵油量过多而损坏。液压泵(叶片泵)的额定流量为6L/min,额定工作压力为(104 ± 4)kPa,为了保证轿车在高速行驶时有一定的路感,泵的流量随发动机转速的提高呈下降趋势。

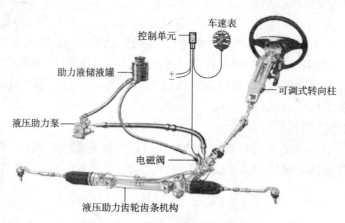

图15-17 液压助力转向系统结构图

2. 转向器

该转向器采用齿轮齿条式动力转向器。如图15-17所示,它在普通机械式齿轮齿条式转向器的基础上,增加了控制阀与动力缸,并使三者成为一体。即转向器的齿轮轴端和控制阀装配在一起,而转向器齿条的左端与动力缸活塞安装在一起。由于动力转向器的阀孔具有节流阻尼作用,能够减轻因道路不平引起的转向盘抖动和打手,所以桑塔纳2000转向助力系统中不设有转向减振器。

3. 控制阀

桑塔纳2000轿车转向控制阀采用的是常流转阀式结构,如图15-18所示。这种转阀在转向盘位于中间位置时,工作液压油一直处于常流状态。

转阀由壳体、扭杆、阀芯、阀套等零件组成,如图15-18所示。扭杆上端通过销子与转向齿轮连接,其下端通过销子与阀芯连接,而阀芯又与转向轴的末端固定在一起。因而,转动转向盘时,转向轴便通过扭杆带动转向齿轮转动。扭杆的主要作用是当驾驶人刚转动转向盘时,由于路面阻力较大,转向齿轮暂时不能随转向轴转动时,通过扭杆的弹性变形使阀芯得以相对阀套转过少许角度,从而使压力油进入动力缸活塞一侧,起转向助力作用。同时当转向盘停止转动时,又通过扭杆弹性变形,使阀芯回到中间位置,动力缸即停止工作。

如图15-18所示,转阀壳体上具有四个互相连通的进油通道C,与油泵来的管路相连;而每个进油通道C两侧的通道A、B,则分别与动力缸的左、右腔连通。压力油进入动力缸活塞一侧,从而使动力缸产生压力差,起到转向助力作用。

(四)工作原理

如图15-19所示,发动机工作时,油泵将储油罐液体泵入分配阀。

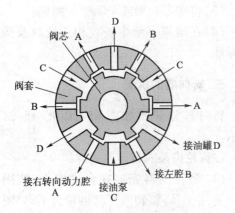

图15-18 转向控制阀

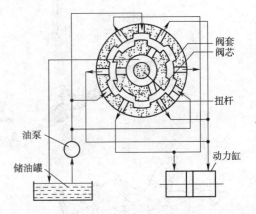

图15-19 液压助力转向系工作原理图

1. 汽车直行

当汽车直行时,转向盘处于中间位置。由于转阀内进油通道与左右两侧通道均相通,因此储油罐内的油液经油泵泵入转阀进油口及阀套、阀芯和扭杆之间的缝隙回到储油罐,动力缸左、右腔均为低压油,故不起助力作用。

2. 汽车左右转向

当汽车要向左右转向时,由于驾驶人刚转动转向盘时,轮胎受路面阻力较大,因而转向齿轮暂时不能随转向轴转动,由于动力缸一腔油压大于另一腔油压,从而推动活塞由高压油腔向低压油腔一侧移动,并带动齿条一起移动,起转向助力作用。而且随着转向盘转角增大,助力也增大。

3. 汽车停止转向

当转向盘转至某一位置不动时,车轮转角也就保持一定。而当转向盘继续转动时,转向动力缸又继续工作。

课题二 转向系统主要零部件的拆装

一、工具、设备和材料的准备

(1)卡罗拉轿车专用工具一套,工具车,工具架,工作台。

(2)卡罗拉转向系统台架一台或整车一辆。

(3)与台架相匹配的转向器及转向传动机构一套。

(4)齿轮油及油盆一套。

(5)卡罗拉轿车维修手册。

二、作业前的准备

(1)实习台架或车辆进入工位前,将工位清理干净。

(2)将工具车、工具架、工作台摆放到位。

(3)将实习台架或车辆摆放到位。

(4)在维修手册中查找相关资料及操作标准。

三、转向器的拆装

转向器分解图如图 15-20、图 15-21 所示。

1. 齿轮齿条式转向器的拆卸

(1)将转向器壳夹在台虎钳上;使用 SST(专用工具)将转向传动齿轮拆下,如图 15-22 所示。

(2)拆下转向横拉杆尾端。

①在转向横拉杆和齿条后端上做上配合标记,如图 15-23 所示。

②拧松锁紧螺母,并拆下横拉杆尾端。

(3)拆下齿条保护罩。拆下螺钉、卡夹和保护罩。

(4)拆下防尘罩。

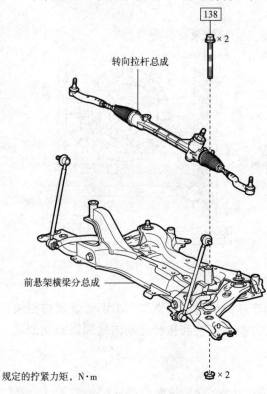

图 15-20 转向器分解图(1)

(5)拆下齿条尾端和带齿垫圈。

①凿松带齿垫圈,如图 15-24 所示。带齿垫圈的作用:用于齿条尾端的防松,确保行车安全。

②使用专用工具和 24mm 扭力扳手拆下齿条尾端,如图 15-25 所示。

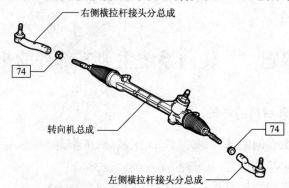

图 15-21 转向器分解图(2)

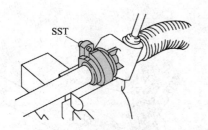
图15-22 固定转向器壳

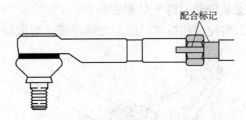
图15-23 在转向横拉杆与齿条后端做标记

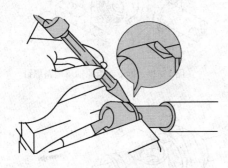
图15-24 凿松带齿垫圈

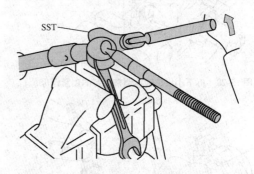
图15-25 拆下齿条尾端

③拆下带齿垫圈。

(6)使用专用工具拆下齿条导套弹簧帽锁紧螺母,如图15-26所示。

(7)拆下齿条导套弹簧帽和齿条导套弹簧。使用17mm六角套筒扳手拆下弹簧帽,拆下弹簧,如图15-27所示。

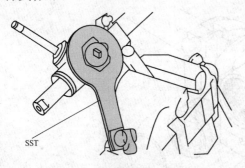
图15-26 拆下锁紧螺母

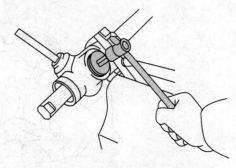
图15-27 拆下弹簧帽和弹簧

(8)拆下小齿轮轴承调整螺钉的锁紧螺母。使用专用工具拆下锁紧螺母,如图15-28所示。

(9)拆下小齿轮轴承调整螺钉。使用专用工具拆下调整螺钉,如图15-29所示。

(10)拆下带有轴承的小齿轮。

①从壳体侧拉出齿条,并使齿条的槽口部分与小齿轮对准。

②与上轴承一起拆下小齿轮,如图15-30所示。

(11)拆下齿条。不要转动齿条,并从壳体侧将它拆下,如图15-31所示。

(12)拆下齿条导套。

①拆下齿条导套,如图15-32所示。

②从导套上拆下O形密封圈。
2. 装配按照拆卸时的相反顺序进行装配即可。

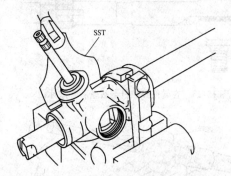

图15-28 拆下小齿轮轴承调整螺钉的锁紧螺母

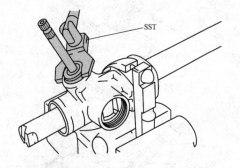

图15-29 拆下小齿轮轴承调整螺钉

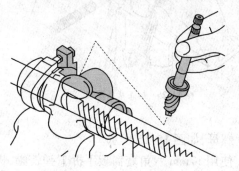

图15-30 拆下小齿轮

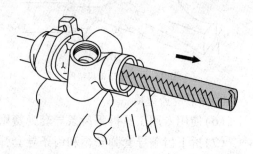

图15-31 拆下齿条

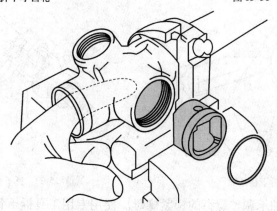

图15-32 拆下齿条导套

项目十六　制动器系统

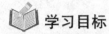学习目标

完成本项目学习后,你应当能:
1. 明确制动系统的功用及要求;
2. 说出制动系统的组成及类型;
3. 说出制动器的结构组成及类型;
4. 描述制动器的功用及工作原理;
5. 说出制动传动装置的功用、类型、组成及工作情况;
6. 说出辅助制动系统的功用、组成及工作情况;
7. 描述 ABS 的功用、类型、组成及工作情况;
8. 正确地使用工具和设备分解盘式及鼓式制动器总成;
9. 与同学密切合作规范、安全地更换制动器摩擦片及制动传动装置。

建议课时:10 课时。

课题一　制动系统的结构与工作原理

一、制动系统概述

(一)制动系统的功用与原理

1. 制动系统的功用

汽车作为现代社会主要的运输工具之一,一方面为了提高其生产效率,需尽可能地提高其运行速度,另一方面汽车所行驶的道路交通情况复杂多变,且车辆常常处于混合交通状况下。因此车辆行驶中需随时控制车速、减速以至紧急停车。这就需要一个能使其减速以至稳妥停放的系统——制动系统。

制动系统功用主要有以下几个方面:
(1)能控制汽车的运行速度,及时减速以至在最短距离内停车。
(2)能稳妥地停放汽车,不致自动滑溜。
(3)对于挂车,行驶中万一和主车脱钩,能自动制动停车。

2. 汽车制动的基本原理

当汽车滑行时:由于轮胎处于自由转动状态下,因此由地面提供的制动力($F_{制}$)只要克服其滚动阻力和轮毂轴承的摩擦阻力就能使轮胎转动。也就是说滑行时,阻止汽车运

行的力只是滚动阻力 F_f、空气阻力 F_w 和轮毂轴承的摩擦阻力 M_2。由于这些力都很小,故车辆需滑行较长距离才能停住。如图 16-1a)所示。

当汽车制动时:由制动装置作用于轮胎一个阻力矩($M_制$),迫使车轮趋向停转,这样由地面提供的($F_制$)将随($M_制$)的增大而相应增加,直至达到最大值($F_附$),此时轮胎停转处于抱死滑行状态。由于有了($M_制$),从而使($F_制$)大大增加,以至车辆在短距离内就能迅速减速直至停车。如图 16-1b)所示。

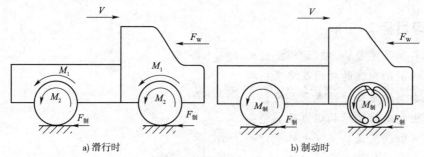

a) 滑行时　　　　　　　　　b) 制动时

图 16-1　汽车制动原理

综上所述:汽车制动原理是通过制动装置作用于车轮一个阻止其转动的力矩(可转化为制动器制动力 F),从而使地面对轮胎产生一驱使轮胎转动的力,即汽车制动力 $F_制$,在汽车制动力 $F_制$ 的作用下使汽车减速以至停车;制动力越大,则汽车的减速度也越大,制动效能就越好。

通过大量试验表明:汽车最大制动力和最短制动距离并不是在车轮抱死时出现,而是在车轮将要抱死又未完全抱死时出现(制动力接近附着力),达到最大值。

(二)制动系统的基本组成和类型

1. 制动系统的基本组成

现代汽车制动系统虽然其结构各有不同,但主要由制动传动装置和车轮制动器两大部分组成。

2. 制动系统的类型

(1)按制动系统的作用不同分:有行车制动系统、驻车制动系统、应急制动系统和辅助制动系统。

(2)按制动能量传输方式不同分:有机械式、液压式、气压式。同时采用两种以上传能方式的制动系统称为组合式制动系统。

(3)按制动管路控制关系不同分:单回路制动系统、双回路制动系统、三管路和四管路(各轮独立控制)制动系统。

(4)按紧急制动时车轮运动状态不同分:普通制动系统(又称常规制动系统,制动时前、后轮可能会抱死)、车轮防抱死制动系统(简称 ABS)。

(三)对制动系统的要求

为保证汽车在安全条件下发挥高速行驶能力,必须对其制动系统提出严格要求,具体如下。

1. 具有良好的制动效能

制动效能是指汽车迅速降低行驶速度直至停车的能力。评价制动效能的指标有:制动距离、制动减速度、制动力和制动时间。

2.具有良好的制动恒定性

汽车制动恒定性主要指的是其抗热衰退性。制动器升温后,由于制动摩擦片的摩擦系数降低,导致制动器的摩擦力矩下降,这种现象称为制动器的热衰退。

3.制动稳定性好

即制动时,前后车轮制动力分配合理,左右车轮上的制动力矩基本相等,以免制动时汽车跑偏或甩尾;在制动过程中要求汽车仍维持按预定的方向减速或停车。

4.操纵轻便、灵敏,调整维护方便

即操纵制动系统所需的力不应过大,越小越好。

5.稳定停放,不滑溜

通常要求车辆能在坡度为20%的坡道上稳定停放,不发生自行滑溜现象。

6.挂车制动系统

对于带有挂车的汽车制动系统,还要求能使挂车先于主车产生制动,后于主车解除制动;挂车自行脱挂时能自动进行制动。

二、车轮制动器

(一)车轮制动器概述

1.车轮制动器的作用

将气压或液压转变为制动器制动力,以迫使车轮停转,从而使路面对车轮产生一与汽车行驶方向相反的汽车制动力,在该力作用下,达到汽车迅速减速、维持一定的车速或停车的目的。

2.车轮制动器的基本组成和工作原理

1)基本组成

车轮制动器主要由旋转元件和固定元件两大部分组成。

2)车轮制动器的基本工作原理

图16-2所示为常用的鼓式和盘式制动器制动原理示意图。当制动摩擦片或制动摩擦块压紧旋转元件时,两接触面之间产生摩擦,通过摩擦将汽车的动能转变为热能,并将热量散发到空气中,最终使车辆减速以至停车。

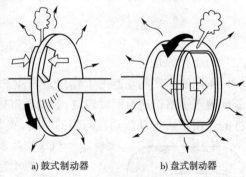

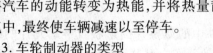

图16-2 车轮制动器的基本原理

3.车轮制动器的类型

(1)按摩擦副中旋转元件的结构形式不同分为:鼓式制动器和盘式制动器两种。

①鼓式车轮制动器——摩擦副中的旋转元件为制动鼓,其工作表面为圆柱面。

②盘式车轮制动器——摩擦副中的旋转元件为圆盘状的制动盘,以其端面为工作表面。

(2)按旋转元件安装位置不同分为:车轮制动器和中央制动器

①车轮制动器——旋转元件安装在车轮或半轴上,即制动力矩作用于两侧车轮上的

制动器称为车轮制动器(行车制动系统的制动器、部分驻车制动系统中的制动器——和行车制动共用的制动器)。

②中央制动器——旋转元件固装在传动系统的传动轴上,其制动力矩经过传动系统作用到两侧车轮上的制动器称为中央制动器(装于变速器后的驻车制动器、缓速制动装置)。

(二)盘式制动器

1. 盘式制动器的基本组成和工作原理

1)基本组成

车用盘式制动器通常由旋转元件和固定元件两部分组成。旋转元件是以端面工作的金属圆盘为工作面,称为制动盘,制动盘都安装于车轮的内侧;固定元件由与车桥连接的制动底板、制动钳(盘或蹄)以及摩擦片等组成,如图 16-3 所示。

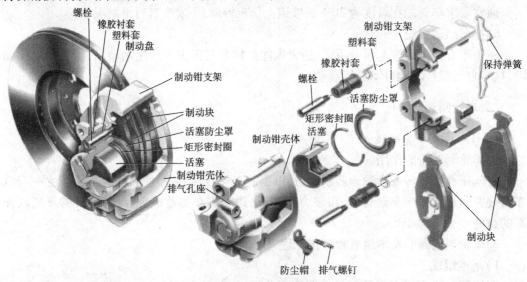

图 16-3 盘式制动器结构图

2)工作原理

不同的盘式制动器的工作原理基本相同。当驾驶人踩下制动踏板时,制动主缸的油压经液压管路传递给制动轮缸,制动轮缸内活塞在该油压作用下被顶出(或在拉索拉动杠杆的作用下),推动制动盘两侧的制动,夹紧制动盘,由于制动盘和车轮连接一起,从而使汽车产生制动,如图 16-4 所示。

2. 类型

根据固定元件中的摩擦片的形状及推动元件的结构不同,车用盘式制动器通常可分为:钳盘式、全盘式和蹄盘式三种。

1)钳盘式制动器

固定元件是位于制动盘两侧的摩擦片,这些摩擦片与其金属背板组成的制动块,每个制动器中有 2~4 个制动块,这些制动块及其促动装置都装在横跨制动盘两侧的夹钳形支架中,总称为制动钳。这种由制动盘和制动钳组成

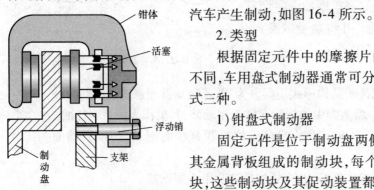

图 16-4 盘式制动器工作原理

的制动器称为钳盘式制动器。

钳盘式制动器根据制动钳在支架上的安装结构形式不同，又可分为固定钳盘式制动器(图16-5a)和浮动钳盘式制动器(图16-5b)两类。

(1)固定钳盘式制动器。固定钳盘式制动器旋转元件为固定在轮毂上随车轮一起旋转的制动盘；固定元件为制动钳，其上有制动轮缸、活塞、制动块等。制动钳体相对制动盘不能移动，因而两侧都装有制动轮缸，以便将带有摩擦片的制动块压向制动盘，如图16-5a)所示。

(2)浮动钳盘式制动器。浮动钳盘式制动器与固定钳盘式制动器的不同之处在于：制动时，制动钳体可以相对制动盘沿滑销做轴向滑动，而且制动轮缸只装在制动盘的内侧，如图16-5b)所示，即制动轮缸只有一只。

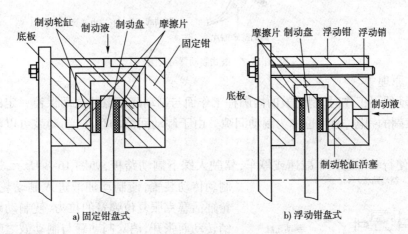

图 16-5　钳盘式制动器

与固定钳盘式制动器相比，浮动钳盘式的优点是：它的外侧无液压件，单侧的制动轮缸结构不需要设置跨越制动盘的油道，故不仅轴向和径向尺寸小，能够布置的更接近车轮轮毂，而且不易产生气阻。浮动钳盘式的缺点是：刚度较差，摩擦片易产生偏磨。

2)全盘式制动器

摩擦副的固定元件和旋转元件都是圆盘形，分别称为固定盘和旋转盘，制动盘全部工作面可同时与摩擦片接触，这种制动器称为全盘式制动器，如图16-6所示。其结构原理与摩擦式离合器相似。

3)蹄盘式制动器

和钳盘式制动器类似，固定元件是位于制动盘两侧的一对或数对制动块，常用于驻车制动器。

(三)鼓式制动器结构组成及工作原理

1.基本组成

鼓式车轮制动器主要由制动鼓、制动蹄、制动轮缸(液压制动系统)或制动凸轮(气压制动系统)、复位弹簧、支撑销、制动底板等元件构成，如图16-7所示。

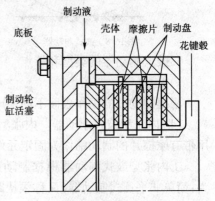

图 16-6　全盘式制动器

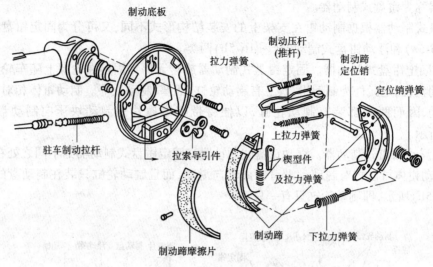

图 16-7 鼓式制动器结构图

2. 工作原理

（1）制动器不工作时，制动鼓的内圆柱工作面与制动蹄摩擦片之间保留一定的间隙即为制动摩擦副的间隙，通常也称为制动间隙。由于制动间隙的存在，制动鼓可以随车轮一起旋转。

（2）要使行驶中的汽车减速或停车，驾驶人踩下制动踏板，如图 16-8 所示，通过液压制动传动装置，使制动油液进入制动轮缸，推动轮缸活塞克服复位弹簧的拉力，使制动蹄绕支撑销转动而张开，消除制动蹄与制动鼓之间的间隙后压紧在制动鼓上。这样，不旋转的制动蹄摩擦片对旋转着的制动鼓就产生一个摩擦力矩，其方向与车轮旋转方向相反，其大小取决于制动轮缸的张开力、摩擦系数及制动鼓和制动蹄的尺寸。

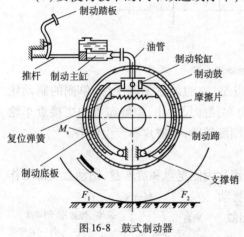

图 16-8 鼓式制动器

（3）当放松制动踏板时，在复位弹簧的作用下，将制动蹄拉回原位，摩擦力矩和制动力消失，制动蹄与制动鼓的间隙又得以恢复，从而解除制动。

3. 鼓式制动器的类型和特点

1）类型

根据制动鼓的工作表面不同，分为内张型和外束型两种。

（1）内张型鼓式制动器。内张型鼓式制动器的制动鼓以其内圆柱面为工作表面，都采用带有摩擦片的制动蹄作为固定元件，在汽车上得到广泛应用。

①内张型鼓式制动器根据制动过程中两制动蹄对制动鼓产生的制动力矩的不同分为：简单非平衡式制动器（又称领从蹄式制动器，图16-9）、平衡式制动器（图16-10）和自增力式制动器（图16-11）等三种形式。

②内张型鼓式制动器按制动蹄促动装置不同可分为：轮缸式、凸轮式和楔块式制动器三种。

（2）外束型鼓式制动器。外束型鼓式制动器的制动鼓工作表面则是外圆柱面，目前只有少数汽车应用于驻车制动器。

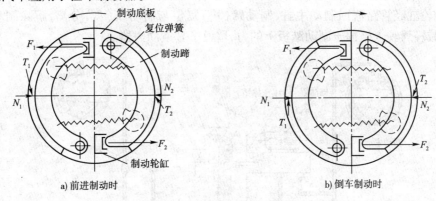

图 16-9 简单非平衡式制动器

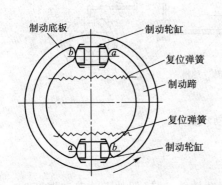

图 16-10 双向平衡式制动器工作过程示意图

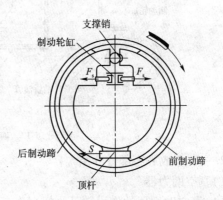

图 16-11 双向自增力式制动器工作过程示意图

2）鼓式制动器的特点

鼓式制动器就制动效能而言，在基本结构参数和制动轮缸工作压力相同的条件下，自增力式制动器由于对摩擦助势作用利用得最为充分而居首位，以下依次为双领蹄式、领从蹄式、双从蹄式。但蹄鼓之间的摩擦系数本身是一个不稳定的因素，随制动鼓和摩擦片的材料、温度和表面状况（如是否沾水、沾油，是否有烧结现象等）的不同可在很大范围内变化。自增力式制动器的效能对摩擦系数的依赖性最大，因而其效能的热稳定性最差。

三、液压制动传动装置

1. 结构组成和工作原理

1）组成

图 16-12 所示为液压制动系统的组成和布置形式。它属于一轴对一轴式（Ⅱ型）双管路回路布置，主要由带真空助力器的串联式双腔制动主缸、制动踏板、前后车轮制动器及储液罐、制动管路、制动灯开关、液位过低指示灯等组成。

2)工作原理

驾驶人踩下制动踏板,如图16-12所示,制动主缸内的制动液在驾驶人和真空助力器的作用下,产生液压并通过制动管路进入制动轮缸,制动轮缸活塞被推开,从而使制动蹄(块)压向制动鼓(盘),产生制动;当驾驶人松开制动踏板时,在各复位弹簧的作用下,制动液由制动轮缸经管路流回制动主缸,制动蹄(块)复位与制动鼓(盘)分离,解除制动。同时,为了减轻驾驶人施加于制动踏板上的力,增设了真空助力器。

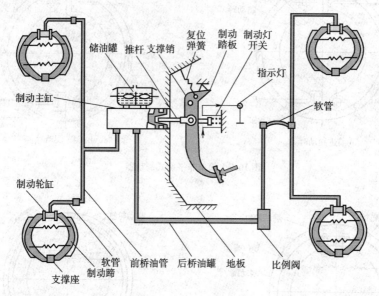

图16-12 液压制动系统组成

2. 主要总成和零部件介绍

1)真空助力器

(1)真空助力器的作用。是为提高汽车的制动效能,减轻驾驶人的劳动强度。

(2)基本组成及结构特点。真空助力器的结构如图16-13所示。主要由前外壳、后外壳、膜片、控制阀体、推杆、控制阀组件等组成。

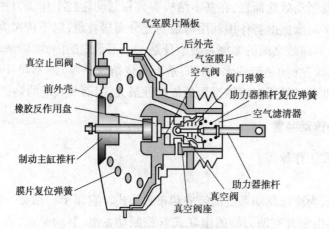

图16-13 真空助力器结构示意图

真空助力器通过螺栓装于转向盘前发动机罩下的车身上。如图16-14所示,其前部装有制动主缸,通过推杆与制动踏板连接。左、右壳体和膜片三者构成左气室和右气室。左气室通过一止回阀接发动机进气歧管,右气室经其上的控制阀和大气及左气室能接通。未制动时右气室和左气室相通,和外界大气不通,膜片在弹簧作用下靠向右壳体。制动时通过控制阀关闭左右气室,而右气室和大气接通。

(3)真空助力器主要过程经历以下三个阶段:

①当未踩下制动踏板时,如图16-15a)所示,控制阀处于非工作状态,控制阀推杆弹簧将推杆推向右端,此时真空阀开启,空气阀关闭,使阀体内腔与外界隔绝,加力气室的前后腔相互连通,两腔室的真空度绝对值与发动机进气室相同。

②当踩下制动踏板时,如图16-15b)所示,推杆克服弹簧力而左移,并通过控制阀柱塞推动膜片,使顶杆和后活塞左移,制动主缸产生一定的液压。在加力气室前后腔间产生压差,使气室内膜片带动真空控制阀总成以及顶杆和后活塞一起向左移动,形成推动力。

③放松制动踏板,推杆在复位弹簧的作用下右移,如图16-15a)所示,使空气阀关闭,真空阀开启。加力气室前后腔相互连通,成为真空状态,膜片在复位弹簧的作用下复位,解除制动。

图16-14 真空助力器结构

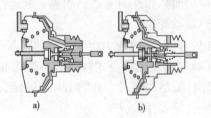

图16-15 真空助力器工作原理图

2)液压制动主缸

(1)作用:将由踏板输入的机械推力转换成液压力。

制动主缸内部不可分解,如图16-14所示,上面的储液罐可单独更换,储液罐上有液位开关,通过指示灯来表明制动液是否需添加。另外在制动主缸上还装有两只制动灯开关(并联),只要踩下制动踏板制动灯就亮。

(2)组成及结构特点。制动主缸主要由储液罐、缸体、第一活塞及复位弹簧、第二活塞及复位弹簧、进油孔、补偿孔(各两个)、出油阀、密封圈等构成。如图16-16所示。

(3)工作过程主要经历以下三个阶段:

①制动时。踩下制动踏板,驾驶人作用于推杆的力和助力器的力一起作用于推杆,并传至第一活塞,使其移动,如图16-16所示。首先关闭后腔的进油孔,使液压升高。同时该液压和复位弹簧弹力一起作用在第二活塞上使第二活塞移动,关闭前腔的进油口,使该腔液压升高,前后腔升高的液压油经前后管路进入前后车轮制动轮缸起制动作用。

②解除制动时。放松制动踏板,第一、二活塞在复位弹簧作用下回到原来的位置,进油和前后腔通,液压油回流,解除制动。

③某条管路损坏时。当与前出油孔相连的管路泄漏时:则前腔液压下降,第二活塞被

推至最左端,第一活塞在推杆作用下,左移,以保持后腔的液压,从而保证了与后出油孔相连的管路仍能起到制动作用。

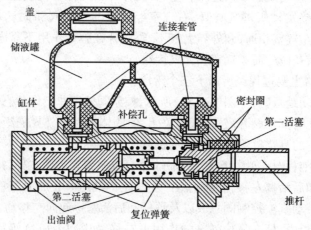

图 16-16　制动主缸的结构示意图

当与后出油孔相连的管路泄漏时:则后腔液压下降,第一活塞在推杆作用下左移,其头部的螺栓顶住第二活塞,以防其后退而造成前腔液压下降而使全车制动失效,从而保证了与前出油孔相连的管路仍能起到制动作用。

3)制动轮缸

(1)作用:将液压力转变为制动蹄张开的机械推力。

(2)结构组成。盘式制动器与鼓式制动器用制动轮缸有所不同。这里主要介绍鼓式制动轮缸的结构组成。如图 16-17 所示,制动轮缸主要由:缸体、柱塞、密封圈、复位弹簧、放气螺钉等零件组成。

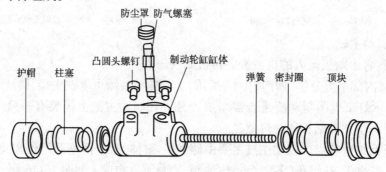

图 16-17　制动轮缸结构

(3)工作原理。制动时,制动液自油管接头和进油孔进入制动轮缸内,活塞在液压的作用下向外移动,通过顶块推动制动蹄,产生制动作用。解除制动时,液压油回流储液室,在制动蹄的复位弹簧作用下,顶块和活塞退回,制动解除。

四、驻车制动装置

(一)驻车制动装置的功能

驻车制动装置的功能:使汽车停放可靠,防止车辆停驶后滑溜,便于在坡道上顺利起步,配合车轮制动装置进行紧急制动或在行车制动装置失效后临时应急制动。

(二)基本组成和类型

1.组成

驻车制动系统由制动器和制动传动装置两部分组成。

2.类型

(1)按驻车制动器在汽车上安装位置的不同,驻车制动装置分中央制动式和车轮制动式两种。

(2)驻车制动器按其结构形式可分为鼓式、盘式、带式和弹簧作用式,盘式制动器的旋转部分是制动盘,鼓式和带式制动器旋转部分是制动鼓。

3.驻车制动装置的工作原理

驻车制动装置的工作原理和行车制动装置基本类似,主要是通过操纵机构的拉动,如图 16-18 所示,使得驻车制动器内的制动蹄与制动鼓(或制动盘)压紧,产生摩擦力矩,形成制动力矩,产生制动效果。

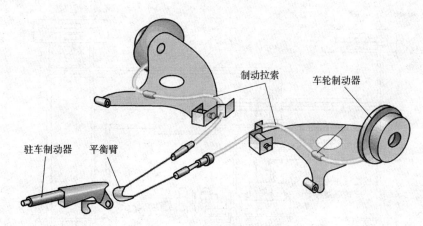

图 16-18 驻车制动系统结构图

五、防抱死制动系统——ABS

(一)概述

防抱死制动系统是一种主动安全装置,英文名称是 Anti-lock Braking System,简称 ABS。对于传统的制动系统,当紧急制动时,车轮在车辆停止之前一定会抱死。这样将有可能导致车辆失去控制。实践表明汽车达到最佳的制动状态是在车轮未被完全抱死而即将抱死的时候,即发生边滚动边滑动的状态,此时车轮存在双重阻力,因此制动效能达到最佳状态。

(二)ABS 的作用

ABS 的作用就是在紧急制动时控制车轮的滑移率,如图 16-19 所示,使制动车轮处于即将抱死而又未抱死的状态,从而提高汽车的制动性。

(三)ABS 的优点

(1)制动时保持汽车行驶方向的稳定性。

(2)制动时保持转向控制能力,特别是在当两侧车轮与路面间附着系数不一致时,该优点更明显,如图16-19所示。

(3)缩短制动距离。如果以80km/h的初速度进行紧急制动,有ABS的汽车制动距离在干燥路面上可缩短3.9m,在湿路面上可缩短7.3m。

(4)减少轮胎磨损。

图16-19　ABS制动示意图

(四)ABS的结构组成

1. ABS的基本组成

ABS除原有的制动系统(真空助力装置有些没有)外,另增加了ABS执行器(液压调节器)、车轮转速传感器、电控单元(ECU)及电路等装置,如图16-20所示。

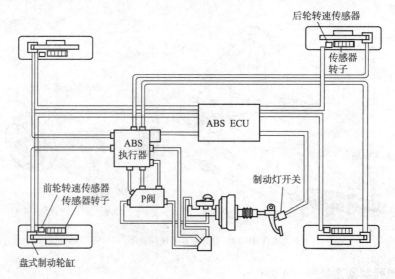

图16-20　ABS结构布置图

2. ABS的基本工作原理

对于不同厂家生产的车辆所选用的ABS来说,其组成略有差异,但其基本工作原理大致相同。即驾驶人踩下制动踏板,制动液进入轮缸,制动器产生制动力,车轮的转速下降。同时轮速传感器随时将车轮转速信号传给电控单元(不制动时也会传递信号),并由电控单元计算、分析、判断后,将结果和电控单元内事先设置好的条件相比较,然后发出控制信号给液压调节器,以控制各轮缸内制动液压的大小,防止车轮抱死,使制动时车轮的滑移率(S)始终保持在15%~30%,即达到最佳制动状态。

3. ABS各元件结构

如图16-21所示,为ABS各元件在车上的位置。

1)车轮转速传感器

(1)作用。检测车轮的转速,并将车轮转速信号输入电控单元,电控单元依据此信号通过液压调节器控制各制动轮缸的制动液压。

（2）安装位置。轮速传感器安装在车轮托架上。目前汽车上每个车轮一个，共四个，其安装位置如图16-21所示。有些汽车的两后轮共用一只转速传感器，安装在主减速器或变速器壳体上。

（3）结构类型。目前常用的有电磁感应式和霍尔式两种，工作原理在发动机中已介绍过，在此不再重复。

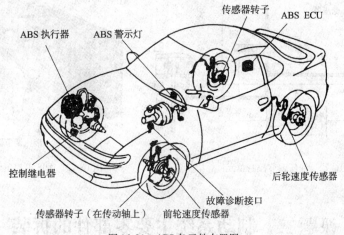

图16-21　ABS各元件布置图

2）液压调节器

普通液压制动系统通常包括真空助力器、制动主缸、储液罐、制动轮缸及双液压管路等。而ABS是在以上基础上，在制动主缸和制动轮缸之间增设了液压调节控制单元，即液压调节器，如图16-22所示。

（1）作用。液压调节控制单元装在制动主缸与制动轮缸之间，主要任务是转换执行ABS（ECU）的指令，自动调节制动器中的液压压力。

（2）结构组成。液压调节控制单元（液压调节器）由电动泵（回流泵）、储压器、电磁阀和控制开关等构成。

（3）类型。

①根据制动压力传递介质不同分为三类：气压式、液压式和气顶液压式。

②根据压力控制方式不同可分为循环式和可变容积式两类。

③根据调节器与制动主缸的安装关系不同可分为整体式和分离式两类。

3）ABS电控单元（ECU）

电子控制单元是ABS系统的控制中心，它实际上是一个微型计算机，所以又常称为ABS电脑，如图16-23所示，安装在液压调节器旁边。ABS ECU由输入电路、数字控制器、输出电路和警告电路组成。主要任务是连续监测接受4个车轮转速传感器送来的脉冲信号，并进行测量比较、分析放大和判别处理，计算出车轮转速、车轮减速度以及制动滑移率，再进行逻辑比较分析4个车轮的制动情况，一旦判断出车轮将要抱死，它立刻进入防抱死控制状态，通过电子控制单元向液压调节控制单元发出指令，以控制制动轮缸油路上电磁阀的通断和液压泵的工作来调节制动压力，防止车轮抱死。

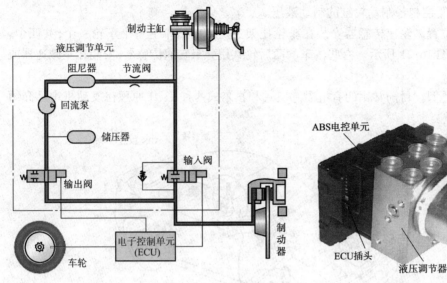

图16-22 液压调节控制单元　　　图16-23 ABS电控单元安装位置

课题二　制动系统主要零部件的拆装

一、作业需要的工具、设备和材料的准备

(1)卡罗拉轿车专用工具一套,工具车,工具架,工作台。
(2)卡罗拉轿车制动器台架或整车一辆。
(3)制动液回收盆一个。
(4)卡罗拉轿车维修手册。

二、作业前的准备

(1)制动器台架或整车进入工位前,将工位清理干净。
(2)将工具车、工具架、工作台摆放到位。
(3)卡罗拉轿车制动器台架或整车进入工位。
(4)在维修手册中查找相关资料及操作标准。

三、盘式制动器的拆装

盘式制动器的分解图如图16-24和图16-25所示。

1.盘式制动器的拆卸

(1)拆卸前轮。
(2)排净制动液。注意:立即冲洗与任何涂漆表面接触的制动液。
(3)断开前挠性软管。如图16-26所示,拆下接头螺栓和衬垫,并从盘式制动器制动轮缸总成上分离前挠性软管。

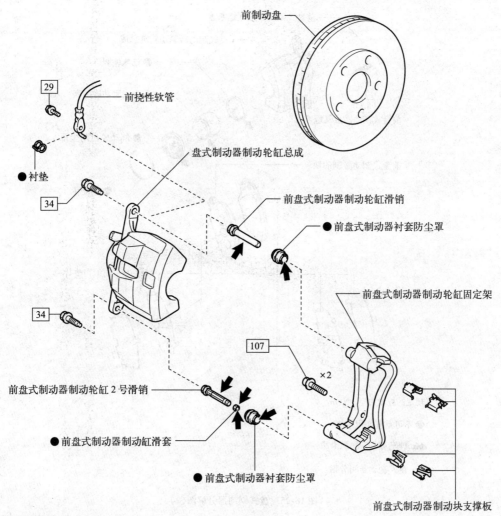

图 16-24 盘式制动器分解图(1)

(4)拆卸盘式制动器制动轮缸总成。如图 16-27 所示,固定前盘式制动器制动轮缸滑销,并拆下 2 个螺栓和盘式制动器制动轮缸总成。

(5)拆下前盘式制动器制动块。如图 16-28 所示,从前盘式制动器制动轮缸固定架上拆下 2 个盘式制动器制动块。

(6)拆卸前盘式制动器制动块支撑板。如图 16-29 所示,从前盘式制动器制动轮缸固定架上拆下 2 个盘式制动器制动块 1 号支撑板和 2 个前盘式制动器制动块 2 号支撑板。

注意:各前盘式制动器制动块支撑板的形状均不相同。确保在各前盘式制动器制动块支撑板上做好识别标记,以便将其安装至各自的原位。

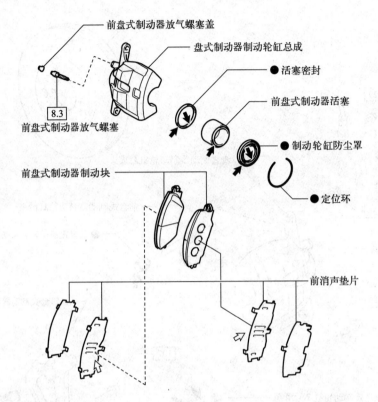

图 16-25 盘式制动器分解图(2)

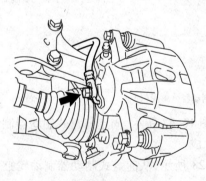

图 16-26 断开前挠性软管

图 16-27 制动缸总成的拆卸

(7)拆卸前盘式制动器制动轮缸固定架。如图 16-30 所示,从转向节上拆下 2 个螺栓和前盘式制动器制动轮缸固定架。

(8)拆卸制动盘,如图 16-31 所示。

◇小提示:在制动盘和车桥轮毂上做好装配标记。

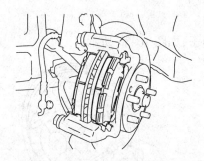

图16-28 制动器制动块的拆卸

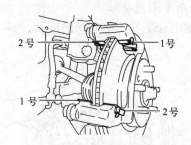

16-29 制动器制动块支撑板的拆卸

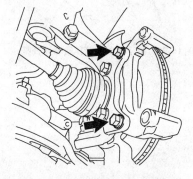

图16-30 制动轮缸固定架的拆卸

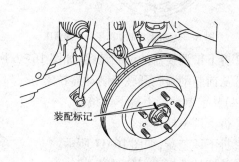

图16-31 制动盘的拆卸

2.制动盘的安装

按照拆卸的相反顺序安装。

四、鼓式制动器的拆装

1.鼓式制动器的拆卸

(1)拆下后车轮和制动鼓。

①穿过后挡板上的孔插入螺丝刀,将自动调整杆撬高调整螺栓。

②用另一把螺丝刀拧动调整螺栓以放松后制动蹄调整器,如图16-32所示。

(2)拆下后制动蹄。

①使用SST脱开复位弹簧,如图16-33所示。(拆卸时注意安全,以防弹簧突然飞出伤人)。

②使用SST拆下后制动蹄压簧、弹簧座和销子,如图16-34所示。

③拆下后制动蹄和制动蹄拉簧。

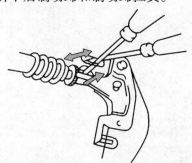

图16-32 拧松调整器

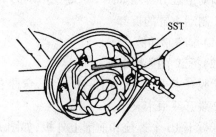

图16-33 脱开复位弹簧

(3) 拆下前制动蹄。

① 使用 SST 拆下前制动蹄压簧、弹簧座和销子，如图 16-35 所示。

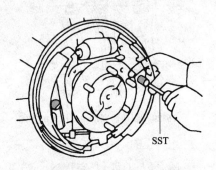

图 16-34　拆下后制动蹄压簧和弹簧座

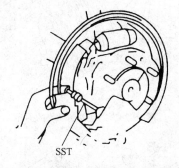

图 16-35　拆下前制动蹄压簧和弹簧座

② 拆下带调整器的前制动蹄，如图 16-36 所示。

③ 从前制动蹄脱开驻车制动器拉索。

(4) 从前制动蹄上拆下调整器。

① 拆下调整杆弹簧。

② 拆下调整器，如图 16-37 所示。

③ 从调整器拆下复位弹簧。

◇提示：如果制动轮缸的皮碗有渗漏的现象，应更换皮碗或制动轮缸总成。

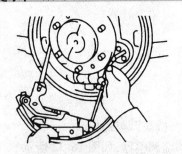

图 16-36　拆下前制动蹄

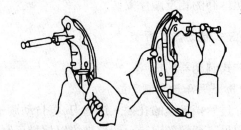

图 16-37　拆下调整器

2. 鼓式制动器的安装

鼓式制动器的安装按照拆卸的相反顺序安装即可。

五、制动主缸的拆装

制动主缸分解图如图 16-38、图 16-39 所示。

1. 制动主缸的拆卸

(1) 排净制动液。

(2) 拆卸前围上外板。

① 脱开卡夹，并如图 16-40 所示，弯曲右侧防水片。

② 脱开线束卡夹。

③ 拆下 10 个螺栓和前围上外板，如图 16-41 所示。

(3) 拆卸空气滤清器盖分总成。

项目十六 制动器系统

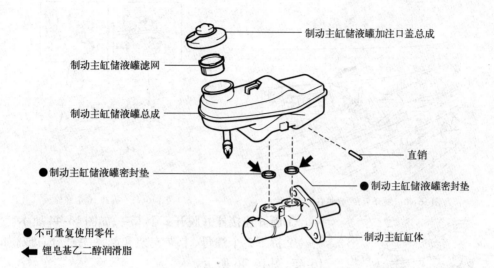

图 16-38 制动主缸分解图(1)

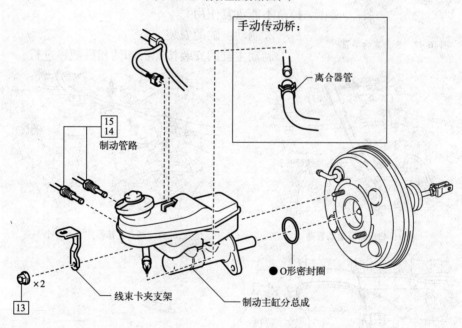

规定拧紧力矩，N·m
*配合连接螺母扳手使用
● 不可重复使用零件

图 16-39 制动主缸分解图(2)

(4)断开离合器管(手动变速器车型)，移动卡子并断开离合器管，如图16-42所示。

(5)断开制动管路，如图16-43所示，用连接螺母扳手（10mm）从制动主缸分总成上断开2个制动管路。

(6)拆卸制动主缸分总成。

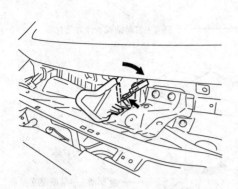

图16-40 脱开卡夹,弯曲右侧防水片

图16-41 拆卸10个螺栓

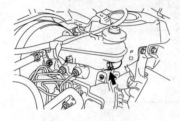

图16-42 断开离合器管

①断开连接器并脱开2个卡夹,如图16-44所示。
②拆下2个螺母、卡夹支架和制动主缸分总成,如图16-45、图16-46所示。
③从制动主缸分总成上拆下O形密封圈。(注意主缸掉落不能重复使用)

2. 制动主缸的安装

制动主缸的安装按照拆卸的相反顺序进行。

图16-43 断开制动管路

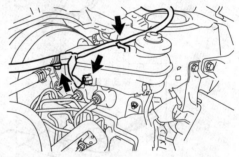

图16-44 断开连接器并脱开2个卡夹

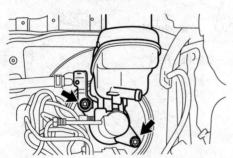

图16-45 拆下2个螺母、卡夹支架

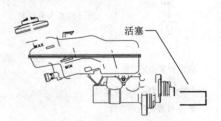

图16-46 拆下制动主缸总成

项目十七　蓄电池与充电系统

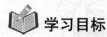学习目标

完成本项目学习后,你应当能:
1. 知道蓄电池的作用、结构组成及基本工作原理;
2. 知道蓄电池的选用方法、使用及维护常识;
3. 描述充电系统的作用及结构组成;
4. 说出发电机的基本结构组成及其作用;
5. 正确运用专业工具对发电机总成进行拆卸与装配;
6. 安全规范地就车更换蓄电池及发电机。

建议课时:6课时。

课题一　蓄电池的结构组成

汽车蓄电池是一种储存电能的装置,一旦连接外部负载或接通充电电路,便开始能量转换,如图17-1所示。

图17-1　蓄电池的实车布置

蓄电池运用极板与电解液之间的化学反应实现充放电,在放电过程中,化学能转变成电能;在充电过程中,电能被转变成化学能,如图17-2所示。

蓄电池的作用是:
(1)提供电能起动发动机(驱动起动机)。
(2)当发动机停止运行时,可以作为电源使用。
(3)当发动机运转时,它可以储存电能。

一、普通型汽车蓄电池的结构

汽车蓄电池由正极板、负极板、隔板、电解液、加液孔盖和电池外壳等组成,如图17-3所示。

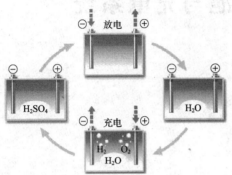

图17-2 蓄电池充放电过程

图17-3 蓄电池结构

(1)负极端子:蓄电池上连接负极电缆的部分。

(2)正极端子:蓄电池上连接正极电缆的部分。

(3)电解液:蓄电池内部发生化学反应的主要物质,由化学纯净硫酸和蒸馏水按一定的比例配制而成,密度一般为 $1.24～1.30g/cm^3$,使用过程中密度应根据地区、气候条件和制造厂的要求而定。

(4)蓄电池单格:每个蓄电池单格产生大约2V的电压,一般汽油机采用6个单格串联的12V蓄电池。

(5)极板:包括正负极板,在电解液中发生化学反应用于充电和放电,如图17-4所示。

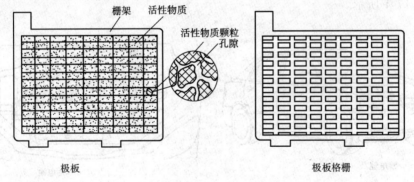

图17-4 极板

(6)蓄电池外壳:蓄电池的电解液和极板组装在外壳中,外壳应耐酸、耐热、耐振动冲击。外壳有硬橡胶外壳和聚丙烯塑料外壳两种,每个单格的底部制有凸起的肋条,用来搁置极板组。肋条之间的空隙可以积存极板脱落的活性物质,防止正、负极板短路,如图17-5所示。

(7)加液孔盖:每个单格电池都有一个加液孔,旋下加液孔盖可以加注电解液或检测电解液密度,旋入孔盖便可防止电解液溅出。孔盖上设有通气孔,该小孔应保持畅通,以便随时排出蓄电池内化学反应放出的氢气和氧气,防止外壳胀裂而发生事故,如图17-6所示。

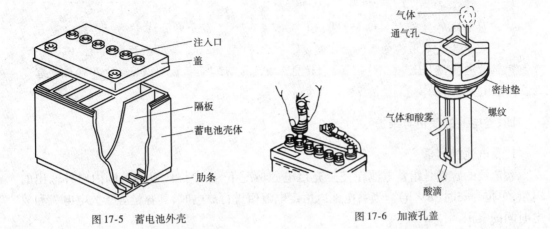

图 17-5 蓄电池外壳　　图 17-6 加液孔盖

二、免维护型汽车蓄电池的结构

现在汽车常装用免维护蓄电池,如图 17-7 所示。在整个使用期间不需添加蒸馏水,在充电系统正常情况下,也无需拆下进行补充充电。

大多数免维护蓄电池在盖上设有一个具有温度补偿功能的孔形液体密度计(观察镜),它会根据电解液密度的变化而改变颜色,并可以指示蓄电池的存放电状态和电解液液位的高度。当观察镜的指示眼呈绿色时,表明充电已足,蓄电池正常;当指示眼绿点很少或为黑色,表明蓄电池需要充电;当指示眼显示淡黄色,表明蓄电池内部有故障,需要修理或进行更换。

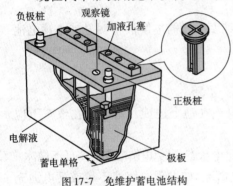

图 17-7 免维护蓄电池结构

三、蓄电池的型号与规格

"1"表示蓄电池总成由几个单个格电池组成,用阿拉伯数字表示。

"2"表示蓄电池用途,用大写字母表示,如汽车用蓄电池用"Q"表示,摩托车用蓄电池用"M"表示,船用铅蓄电池用"JC"表示,飞机用铅蓄电池用"HK"表示。

"3"表示蓄电池特征,用大写字母表示,干封普通极板铅蓄电池可省略写。

知识链接:

蓄电池特征代号:A 干荷电、H 湿荷电、W 免维护、S 少维护、J 胶体电解液、M 密闭式、B 半密闭式、F 防酸式、D 带液式、Y 液密式、Q 气密式、I 激活式。

"4"表示 20h 放电率的额定容量,用阿拉伯数字表示,单位是 A·h(安时)。

"5"表示特殊性能,用大写字母表示(无字母为一般性能蓄电池),如薄型极板的高起动率电池用"G"表示。

知识链接：

国产蓄电池的型号"6-QW-54"，"6"表示蓄电池总成由6个单格组成，额定电压为12V；"Q"表示为汽车用蓄电池（摩托车用蓄电池用"M"表示，船用铅蓄电池用"JC"表示，飞机用铅蓄电池用"HK"表示）；"W"表示免维护蓄电池；"54"表示20h放电率的额定容量为54A·h（安时）。

四、蓄电池的使用与维护

1. 蓄电池的容量

蓄电池的容量是指蓄电池在完全充足电的情况下，在允许放电的范围内对外输出的电量，单位为安时（A·h）。当蓄电池以恒定电流值进行放电时，其容量等于放电电流和放电时间的乘积。

2. 影响蓄电池使用的因素

（1）放电电流过大时，导致蓄电池容量减小。

（2）温度低时，电解液黏度增加，使蓄电池的放电容量下降。

（3）电解液密度过大时，缩短蓄电池的使用寿命。

（4）电解液应用化学纯硫酸和蒸馏水配制，使用纯度不好的电解液将明显减小蓄电池的容量，缩短电池的使用寿命。

3. 蓄电池使用常识

（1）不要连续使用起动机，每次起动的时间不得超过5s。

（2）安装和搬运蓄电池时，应轻搬轻放，不可敲打或在地上拖拽。蓄电池在汽车上应固定牢靠。

（3）冬季使用蓄电池时，应特别注意保持其处于充足电状态，以免电解液密度降低而结冰。

（4）要经常检查蓄电池的电解液和蓄电池的放电情况，如发现电解液不足或蓄电池充电不足，要及时进行补充和充电。

4. 蓄电池维护常识

（1）经常清除蓄电池表面的灰尘污物，电解液溅到蓄电池表面时应用抹布沾10%浓度的苏打水或碱水擦净，电极桩和电线夹头上出现氧化物时应及时清除。

（2）经常疏通加液孔盖上的通气孔。

（3）检查各单格内电解液的液面高度，如发现不足及时充电。

（4）放完电的蓄电池在24h内应及时充电。

（5）停驶车辆的蓄电池，每两个月应进行一次补电。

（6）常用车辆的蓄电池，放电程度冬季达25%，夏季达50%时即应充电。

（7）拆卸蓄电池电缆时，应先拆下蓄电池负极，再拆下蓄电池正极；安装蓄电池电缆时，应先安装蓄电池正极，再安装蓄电池负极，以免拆卸过程中造成蓄电池短路。

5. 使用充电机对蓄电池充电

充电方法一般有：定电流充电（充电机充电）、定电压充电（汽车发电机充电）以及脉冲快速充电三种方式，使用充电机充电方法如下：

（1）清除蓄电池盖上的脏污，疏通通风塞上的通气小孔，消除极桩和导线接头上的氧化物(如果是普通蓄电池需拧开加液孔塞)。
(2)将充电机正极接蓄电池正极,充电机负极接蓄电池负极。
(3)设定额定电压12V,设定蓄电池容量的十分之一左右为充电电流。
(4)打开电源进行充电。

注意事项:
(1)严格遵守充电规范。
(2)充电过程中要密切观察各单格电池的状况。
(3)充电过程中密切注意电池的温度。
(4)电解液含有硫酸,具有很强的腐蚀性,应远离身体、衣服和车身,操作时需常备清水并注意及时清洁。
(5)充电时远离明火、易燃、易爆物品,因为充电时有氢气排出,易发生爆炸。
(6)充电时应先接牢蓄电池电缆,停止充电时应先切断电源,防止充电器夹与极桩之间发生电火花,导致爆炸事故。

课题二　充电系统的结构组成

发电机是充电系统的主要设备,其功用是:在发动机怠速转速以上运转时,向除起动机以外的所有用电设备供电,同时还向蓄电池充电。

一、充电系统的结构

汽车充电系统的主要构成有:蓄电池、点火开关、充电指示灯、发电机,如图17-8所示。
(1)蓄电池:它是一种储存电能的装置,一旦连接外部负载或接通充电电路,便开始能量转换。当发动机停机或发电机不发电时,它作为电源向电气设备供电(包括给起动机供电)。
(2)充电指示灯:提示充电系统的状态或系统故障提示,当交流发电机因某种原因不能发电时,充电指示灯将亮起,如图17-9所示。

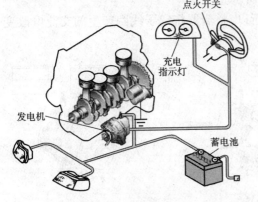

图17-8　充电系统图

图17-9　充电指示灯亮起

(3)点火开关:控制整个电路工作,起动发动机。

(4)发电机:将来自发动机的机械能转变成电能,在发动机运行时向除起动机以外的所有用电设备供电,同时还向蓄电池充电。

二、汽车发电机的基本知识

1. 发电的电磁学原理

如图17-10所示,当导体作切割磁力线运动,电流表的指针就会摆动,这种产生电流的现象称为电磁感应,也就是发电的过程。发电的过程简单地说有三大前提缺一不可:导体、磁场、导体与磁场的相对切割运动。所以,当一个线框在磁场间旋转(图17-11)就会产生感应电动势。当把导体做成一个线圈,将会产生更大的感应电动势,而且导体中匝数越多产生的感应电动势就越大。由于线圈在磁场中旋转产生的感应电动势的方向和大小是随着线圈的位置而变化的。因此这种设备产生的电流就称为交流电,这种设备就称为交流发电机。

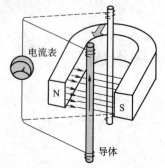
图17-10 电磁感应

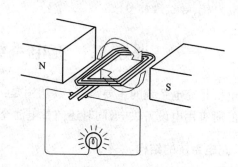
图17-11 发电的原理

当磁体在线圈内旋转时,线圈的两端会产生电压,形成交流电。为了更有效地发电,车辆的发电机使用了三个线圈,这种有三组交流电的电流被称为三相交流电。

2. 汽车发电机的功能

汽车发电机有三种功能:发电、整流、调节电压。

(1)发电:当发动机起动时,发动机的旋转通过传动带带动交流发电机的带轮,使转子旋转,在定子线圈中产生交流电,如图17-12a)所示。

(2)整流:汽车的电气系统使用直流电。所以,整流器将定子线圈产生的交流电改变为直流电,如图17-12b)所示。

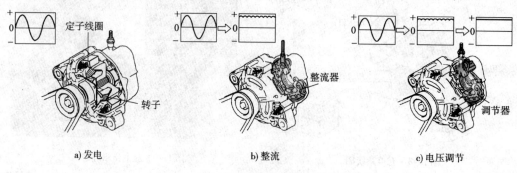
图17-12 汽车发电机功能

(3)电压调节:使发电机转速或各电气设备的工作电流发生变化时也能保持电压稳定,如图 17-12c)所示。

3.汽车发电机的结构

汽车发电机主要构成有:带轮、前机架、转子、后机架、整流器、调节器、电刷架、后端盖,如图 17-13 所示。

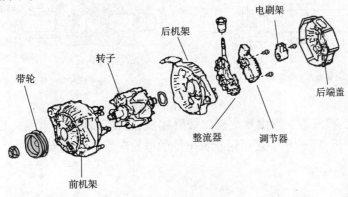

图 17-13 汽车发电机结构

(1)带轮:通常用铸铁或铝合金制成,发动机工作时,通过传动带驱动带轮转动,并带动发电机转子旋转。

(2)前后机架:前后机架上通常设有通风口,常用非导磁性材料铝合金制成,漏磁少并具有轻便、散热性好等优点。后机架上固定有整流器、电刷架和调节器等部件。

(3)转子:交流发电机的磁场部分,主要由转子轴、励磁绕组、两块爪形磁极、集电环等组成。当两集电环通入直流电时(通过电刷),磁场绕组中就有电流通过,并产生磁场。当转子转动时,就形成了旋转的磁场,如图 17-14 所示。

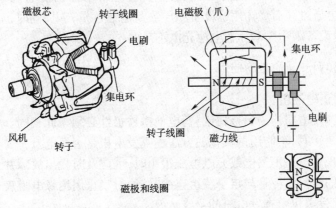

图 17-14 转子与磁场

(4)电刷和电刷架:两只电刷装在电刷架的方孔内,利用弹簧的压力使其与集电环保持良好的接触,如图 17-15 所示。

(5)定子:定子又称电枢,由定子铁芯和定子绕组组成,如图 17-16 所示。定子铁芯一般由一组相互绝缘的且内圆带有嵌线槽的圆环状硅钢片叠制而成,嵌线槽内嵌入三相对称的定子绕组。

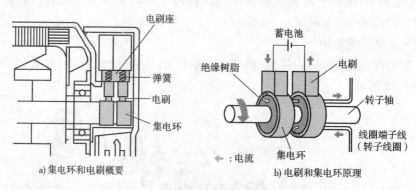

图 17-15　电刷和电刷架

（6）整流器：整流器一般由 6 个硅二极管接成，将定子绕组产生的三相交流电变成直流电输出，如图 17-17 所示。还可阻止蓄电池的电流向发电机倒流。

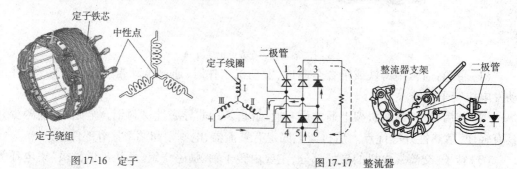

图 17-16　定子　　　　　　　　图 17-17　整流器

（7）电压调节器：电压调节器是把发电机输出电压控制在规定范围内的调节装置，其功用是：在发电机转速和发电机上的负载发生变化时自动控制发电机电压，使其保持恒定，防止发电机电压过高而烧坏用电设备和导致蓄电池过量充电，同时也防止发电机电压过低而导致用电设备工作失常和蓄电池充电不足。

三、发电机和调节器的正确使用

1. 发电机的正确使用

(1) 汽车交流发电机均为负极搭铁，蓄电池搭铁极性必须与此相同。

(2) 发电机运转时，不能用试火花的方法检查发电机是否发电。

(3) 一旦发现发电机不发电或充电电流很小时，就应及时找出故障并予以排除。

(4) 整流器的 6 只二极管与定子绕组连接时，绝对禁止用绝缘电阻表（又称兆欧表、摇表）或 220V 交流发电机检查发电机的绝缘情况。

(5) 发动机熄火时，应将点火开关断开，否则蓄电池将长期经磁场绕组和调节器放电。

(6) 发电机与蓄电池之间导线要连接可靠，如突然断开，将会产生过电压，易损坏电子元器件。

2. 调节器的正确使用

(1) 调节器与发电机的电压等级必须一致，否则电源系统不能正常工作。

(2) 调节器与发电机的搭铁形式必须一致，交流发电机的磁场电流方向为在调节器中的流动方向。
(3)交流发电机的功率不得超过调节器设计时所能配用的交流发电机的功率。
(4)线路连接必须正确。
(5)调节器必须受点火开关控制。
(6)汽车停驶时,应将点火开关断开。

课题三　蓄电池及充电系统的拆装

一、作业需要的工具、设备和材料的准备

(1)卡罗拉轿车专用工具一套,工具车,工具架,工作台。
(2)卡罗拉整车一辆。
(3)卡罗拉轿车维修手册。

二、作业前的准备

(1)清理工位。
(2)将工具车、工具架、工作台摆放到位。
(3)在维修手册中查找相关资料及操作标准。

三、蓄电池的就车更换

1. 操作注意事项

(1)拆卸蓄电池时,应先断开负极再断开正极(先断正极会产生火花并有短路的隐患)。
(2)断开蓄电池负极之前,需对以下的信息做记录:DTC(故障码)、车主设置的收音机频道、带记忆系统的座椅及转向盘位置。
(3)安装蓄电池时,应注意蓄电池的朝向。
(4)安装蓄电池时,应先连接正极再连接负极(后连接正极会产生火花并有短路的隐患)。
(5)电解液具有很强的腐蚀性,应远离身体、衣服和车身,操作时需常备清水并注意及时清洁。
(6)蓄电池取下及放置过程严禁倾覆,并应远离易燃、易爆物品。

2. 操作过程

(1)拧松负极端子电缆固定夹侧的固定螺母,如图17-18所示。断开蓄电池负极端子上的电缆,如图17-19所示。

◇小提示:拆卸蓄电池时,应先断开负极再断开正极。

(2)拧松正极电缆夹侧的螺母,断开蓄电池正极端子上的电缆,如图17-20所示。
(3)拧松蓄电池固定机构的螺栓、螺母各1只,拆卸蓄电池固定机构,如图17-21所示。

图 17-18 拧松负极电缆固定螺母

图 17-19 断开蓄电池负极

图 17-20 断开蓄电池正极端子

图 17-21 拆卸蓄电池固定机构

(4) 拆下蓄电池。

◇小提示：
①取下及放置过程严禁倾覆，并应远离易燃、易爆物品。
②电解液具有很强的腐蚀性，应远离身体、衣服和车身，操作时需常备清水并注意及时清洁。

(5) 更换并安装蓄电池，如图 17-22 所示。
①紧固螺母 C 和螺栓 D，安装蓄电池固定机构。
②安装蓄电池正极端子（B）。
③安装蓄电池负极端子（A）。

◇小提示：安装蓄电池时，应先安装正极再安装负极。

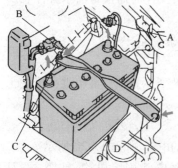

图 17-22 安装螺栓、螺母位置示意图

四、发电机的拆装

(1) 脱开蓄电池负极（-）端子电缆，断开蓄电池负极电缆之前，对 ECU 等元件内保存的信息作记录（详见课题二蓄电池的就车更换）。

(2) 脱开发电机电缆和连接器，如图 17-23 所示。
①取下防短路罩壳。
②拆卸发电机电缆（B 端子）固定螺母。
③脱开发电机电缆（B 端子）。

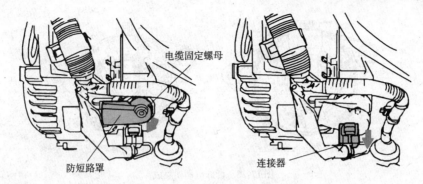

图 17-23　脱开发电机电缆和连接器

④断开发电机连接器。

(3) 拆卸发电机,如图 17-24 所示。

①拧松发电机安装螺栓。

②移动发电机,拆卸传动带。

③拆卸所有的发电机安装螺栓,拆下发电机。

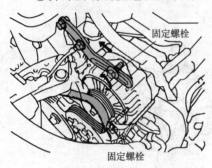

图 17-24　拆卸发电机

(4) 拆卸发电机带轮。

①如图 17-25a)所示,用螺丝刀拆下发电机带轮。

②如图 17-25b)所示,组装专用工具。

③如图 17-25c)所示,拆卸发电机带轮。

(5) 拆卸电刷架总成。

①如图 17-26a)所示,拆下发电机后端盖。

②如图 17-26b)所示,拆下电刷架总成。

(6) 拆卸发电机线圈总成,如图 17-27 所示。

(7) 拆卸发电机转子总成,如图 17-28 所示。

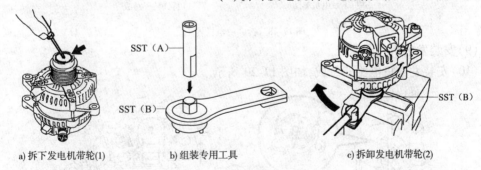

图 17-25　拆卸发电机带轮

①拆下发电机垫圈。

②拆卸转子总成。

(8) 安装发电机转子总成。

①将驱动端端盖放在离合器带轮上。

②将发电机转子总成安装到驱动端端盖上。

③将发电机垫圈放在发电机转子上。

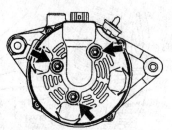
a) 拆下发电机后端盖

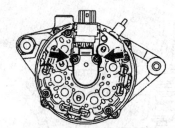
b) 拆下电刷架总成

图 17-26 拆卸电刷架总成

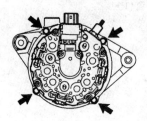

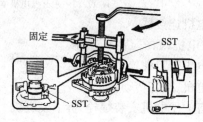

图 17-27 拆卸发电机线圈总成

a) 拆下发电机垫圈

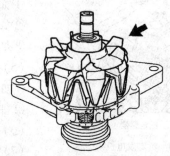
b) 拆卸转子总成

图 17-28 拆卸发电机转子

(9) 安装发电机线圈总成。

(10) 安装发电机电刷架总成,如图 17-29 所示。

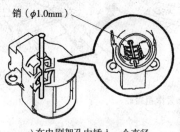
a) 在电刷架孔中插入一个直径
为1mm的销

b) 用2个螺钉将电刷架总成安装
到发电机线圈上

图 17-29 安装电刷架总成

①将 2 个电刷推入发电机电刷架总成的同时,在电刷架孔中插入一个直径 1.0mm 的销。

②用 2 个螺钉将电刷架总成安装到发电机线圈上(力矩为 1.8 N·m)。

③将销从发电机电刷架中拔出。

(11) 安装后端盖。

(12) 安装发电机带轮(力矩:84 N·m),如图 17-30 所示。

(13) 初步安装发电机。初步安装螺栓 A、初步安装螺栓 B,如图 17-31 所示。

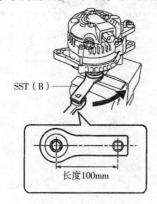

图 17-30　安装发电机带轮

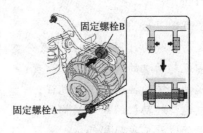

图 17-31　初步安装发电机

(14) 安装传动带。

①通过用锤子手柄等物移动发电机来调整传动带的张紧度。

②拧紧安装螺栓 A 和螺栓 B,固定发电机,如图 17-32 所示。

(15) 连接发电机电缆和连接器,如图 17-33 所示。

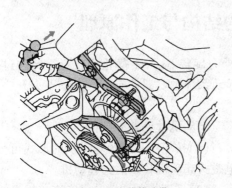

图 17-32　安装传动带

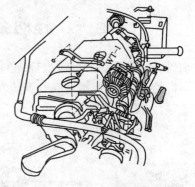

图 17-33　连接发电机电缆和连接器

(16) 连接蓄电池负极端子电缆。

(17) 恢复车辆信息(将工作前记下的车辆信息恢复)。

项目十八 起动系统

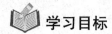

完成本项目学习后,你应当能:
1. 知道起动系统的作用、结构组成及分类;
2. 说出常规起动机的构成及基本原理;
3. 说出起动系统的控制及工作过程;
4. 描述减速型起动机的基本结构;
5. 安全规范地就车更换起动机;
6. 正确运用专业工具对起动机总成进行拆卸与装配;
7. 安全规范地拆装点火开关。

建议课时:4课时。

课题一 起动系统的结构与工作原理

发动机在以自身动力运转之前,必须借助外力旋转,这一由静止到自行运转的过程,称为发动机的起动,需要借助起动系统实现。起动系统主要部件有:蓄电池、点火开关、起动机总成等,如图18-1所示。

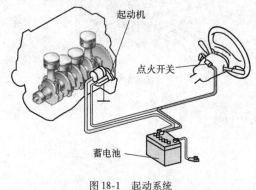

图18-1 起动系统

起动机常见类型有:
(1)按照所用直流电动机的形式可分为电磁式起动机和永磁式起动机。
(2)按照控制装置分类有直接操纵式起动机和电磁操纵式起动机(又称电磁控制式起动机)。
(3)按传动机构方式分类有常规啮合式起动机、齿轮减速型起动机和行星减速起动机三种。

一、常规起动机的构造

起动机主要由直流串励式电动机、传动机构、控制装置三个部分组成。直流电动机将蓄电池的电能转化为驱动齿轮的机械能;传动机构将驱动齿轮啮合入飞轮齿圈,同时能够在发动机起动后自动脱开;控制装置(又称电磁开关)控制齿轮啮合入、脱开飞轮齿圈和整个电路的通断。

1. 直流串励式电动机

直流串励式电动机将蓄电池的电能转化为机械能,驱动发动机飞轮旋转实现发动机的起动,主要部件有:励磁绕组、电枢、电刷与电刷架等,如图18-2所示。

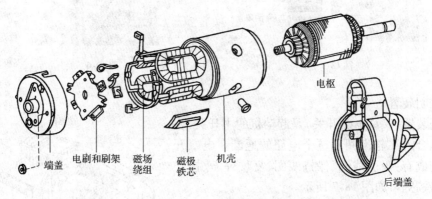

图18-2　起动机的结构

(1)励磁绕组:通电后产生磁场,形成磁路,如图18-3所示。

(2)电枢:它与励磁绕组串联,通电后产生磁场,与励磁绕组的磁场相互作用,形成旋转力,如图18-4所示。

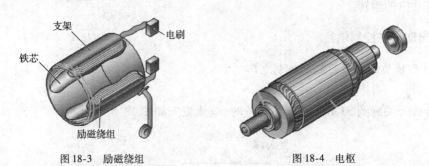

图18-3　励磁绕组　　　　　图18-4　电枢

(3)电刷与电刷架:电刷由电刷弹簧压在电枢换向器上,连接励磁绕组和电枢,使电枢轴上的电磁力保持固定方向。

2. 传动机构

传动机构的作用是将驱动齿轮啮合入飞轮齿圈,同时能够在发动机起动后自动脱开。主要部件有起动机单向离合器、啮合机构、脱开机构。

(1)起动机单向离合器:起动机单向离合器功用是防止发动机起动后高速旋转损坏起动机,它是一种带滚子的单向离合器。

(2)啮合机构:当小齿轮的端面通过磁性开关的吸引作用与齿圈接触时,同时弹簧被压缩,电枢旋转,如图18-5所示。

(3)脱开机构:当小齿轮转动齿圈时,这两个齿轮的齿上施加有很大压力。当发动机的转速(齿圈)比小齿轮快时,齿圈便开始旋转小齿轮。在旋转力和螺旋花键轴共同作用下小齿轮被脱开,电磁开关断开,如图18-6所示。

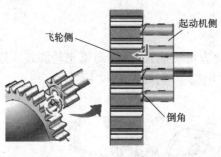

图18-5 啮合

图18-6 脱开

3. 控制装置

控制装置(又称电磁开关)是起动机的主开关,控制齿轮啮合入飞轮齿圈和整个电路的通断。电磁开关主要构成有:吸引线圈、保持线圈、复位弹簧、接触片、活动铁芯等,如图18-7所示。

吸引线圈和保持线圈主要控制活动铁芯和接触片的位置;活动铁芯通过拨叉控制小齿轮与飞轮齿圈啮合;复位弹簧用以活动铁芯和接触片的回位;接触片通过控制端子30和端子C的通断,控制主电路的通断及电动机的运转。

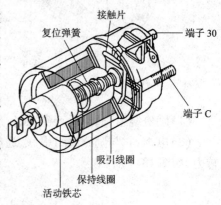

图18-7 电磁开关

二、起动系统控制电路

(一)无起动继电器的起动控制电路

1. 吸引

当点火开关旋到START(起动)位置时,电流流向如图18-8所示。

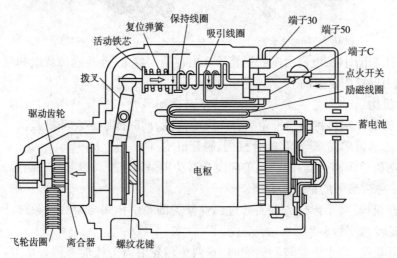

图18-8 吸引

控制电路:蓄电池"+"→点火开关起动位置→端子50→保持线圈→搭铁。

主电路:蓄电池"+"→点火开关起动位置→端子50→吸引线圈→励磁绕组→电枢→搭铁。

电流流到吸引线圈和保持线圈(吸引线圈与保持线圈并联,电磁力方向一致),又经励磁绕组到电枢(励磁绕组与电枢串联),于是电枢以低速旋转。

此时,保持线圈和吸引线圈通电,产生电磁力,吸引活动铁芯,通过拨叉推出小齿轮与齿圈啮合。

2. 保持

当小齿轮与齿圈完全啮合后,接触片接合端子30和端子C,主电路接通,电流流向如图18-9所示。

控制电路:蓄电池"+"→点火开关起动位置→端子50→保持线圈→搭铁。

主电路:蓄电池"+"→端子30→接触片→端子C→励磁绕组→电枢→搭铁。

此时,活动铁芯的位置由保持线圈保持,无电流流经吸引线圈。而蓄电池直接给励磁绕组和电枢供电,便开始高速旋转,发动机起动。

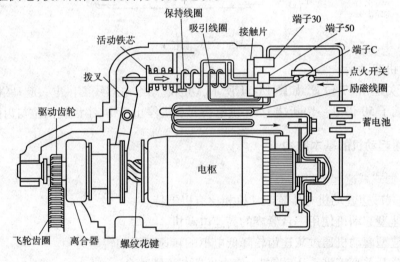

图18-9 保持

3. 回位

当发动机起动后,点火开关从START回到ON位置,电流流向如图18-10所示。

控制电路:蓄电池"+"→端子30→接触片→端子C→吸引线圈(反向供电)→保持线圈→搭铁。

此时,吸引线圈与保持线圈串联,由于吸引线圈被反向供电,所以两者产生的电磁力相互抵消,它们失去了保持住活动铁芯的力,在复位弹簧的作用下,活动铁芯回位,一方面拉动小齿轮分离,另一方面控制接触片分离,切断主电路,起动机停止工作。

(二)带起动继电器的控制电路

1. 点火开关在ST位置

蓄电池"+"→熔断丝→点火开关ST位置→起动继电器线圈→搭铁。

起动继电器线圈通电,吸合开关,接通电路:蓄电池"+"→熔断丝→起动继电器开关→起动机端子50→搭铁。

起动机端子50通电,电磁开关闭合,接通电路:蓄电池"+"→起动机端子30→搭铁。端子30通电,起动机运转,小齿轮与飞轮齿圈啮合。

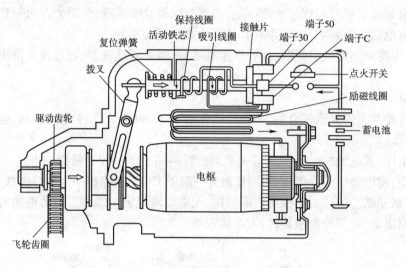

图18-10 回位

2.发动机起动后

点火开关退出ST位置,如图18-11所示,切断起动继电器线圈供电→起动继电器开关断开,切断端子50供电→切断端子30供电→起动机停止工作,小齿轮回位与齿圈分离。

三、减速起动机的基本结构

1.平行轴式减速起动机

平行轴式减速起动机与传统起动机相比有以下特点:

(1)减速型起动机使用一台紧凑的高速电动机。

(2)减速型起动机通过减速齿轮降低电枢的转速来增加转动力矩。

(3)电磁开关直接推动活动铁芯,使小齿轮与齿圈啮合。

(4)减速齿轮通过降低电动机的转速来增加力矩,传输到小齿轮,驱动飞轮旋转。

2.行星齿轮式减速起动机

行星齿轮式减速起动机与传统起动机相比最大的特点是减速机构采用一组行星齿轮,来降低电枢的转速增加转矩。它的电枢较小、转速较快;为了减少运行噪声,内齿圈使用塑料。还设有缓冲装置,防止过载,损坏内齿圈。如图18-12所示,减速机构采用一组行星齿轮,由太阳轮、行星齿轮、行星架、内齿圈组成,动力由太阳轮输入,经行星齿轮减速,最终通过行星架输出,一般情况下内齿圈不转动。

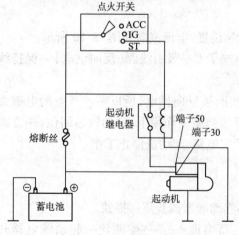

图18-11 带起动继电器的控制电路

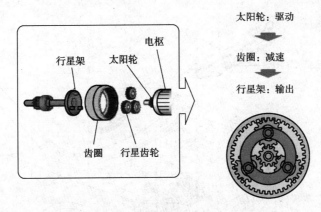

图 18-12　行星齿轮减速机构

课题二　起动机主要零部件的拆装

一、作业需要的工具、设备和材料的准备

(1)卡罗拉轿车专用工具一套,工具车,工具架,工作台。
(2)卡罗拉整车一辆。
(3)卡罗拉轿车维修手册。

二、作业前的准备

(1)清理工位。
(2)将工具车、工具架、工作台摆放到位。
(3)在维修手册中查找相关资料及操作标准。

三、起动机的拆装

(一)就车拆卸
(1)脱开蓄电池负极端子电缆,断开蓄电池负极电缆之前,对 ECU 等元件内保存的信息作记录,详见课题二蓄电池的就车更换。
(2)拆卸散热器上空气导流板,如图 18-13 所示。
(3)拆下起动机电缆。
①拆下防短路盖。
②拆下起动机电缆定位螺母。
③断开起动机端子 30 的起动机电缆,如图 18-14 所示。
(4)断开起动机连接器。按压连接器卡销,然后握住连接器,断开连接器,如图 18-15 所示。
(5)拆卸起动机。拆下起动机安装螺栓,然后滑动起动机,将其拆下,如图 18-16 所示。

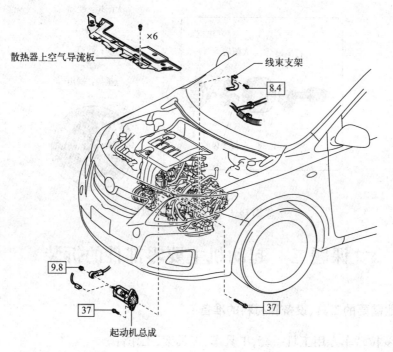

图 18-13　总体装配图

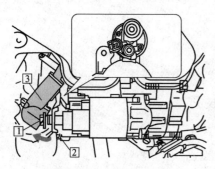

图 18-14　拆下起动机电缆

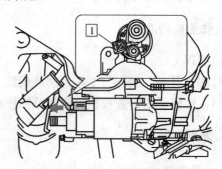

图 18-15　断开起动机连接器

(二)总成拆装

图 18-17 所示为起动机总成分解图。

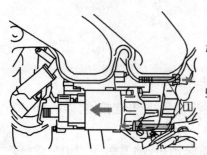

图 18-16　拆卸起动机

(1)拆卸电磁开关总成。

①拆下螺母,然后从电磁开关总成上断开端子 C 引线。

②从起动机驱动端壳总成上拆下 2 个电磁开关固定螺母。

③拉出电磁开关总成,并且松开活动铁芯挂钩。

(2)拆卸起动机励磁线圈总成。

①拆下 2 个机壳贯穿螺栓。

②将磁轭和换向器端架总成一起拉出。

③从换向器端架总成上拉出起动机磁轭总成。
(3)拆下起动机电枢总成。
(4)拆下起动机电枢板。
(5)拆卸起动机电刷架总成。
①拆下2个换向端架固定螺钉。
②拆下卡夹卡爪,然后从换向器端架总成上拆下电刷架总成。

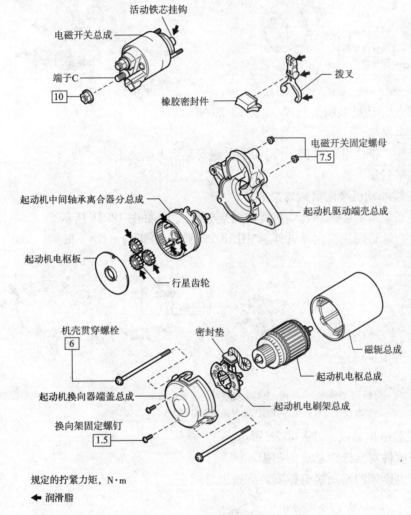

图18-17 起动机总成分解图

(6)从中间轴承离合器分总成上拆下3个行星齿轮。
(7)拆卸起动机中间轴承离合器。
①拆下中间轴承离合器分总成。
②拆下橡胶密封件和拨叉。
(8)安装起动机中间轴承离合器分总成,如图18-18所示。
①安装拨叉和橡胶密封件。
②将中间轴承离合器和拨叉一起安装至起动机驱动端壳总成。

(9) 安装3个行星齿轮,如图18-19所示。

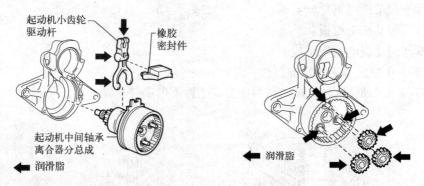

图18-18　安装承离合器分总成　　　图18-19　安装行星齿轮

(10) 安装起动机电刷架总成,如图18-20所示。
①安装电刷架。
②用螺丝刀抵住电刷弹簧,并将4个电刷安装到电刷架上。
③安装密封垫。
(11) 安装起动机换向器端盖总成。
①将电刷架卡夹装配到起动机换向器端架总成上,如图18-21所示。
②用2个螺钉安装换向器端架,如图18-22所示,力矩为1.5N·m。

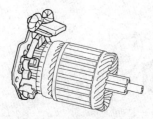 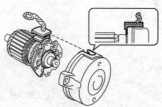 

图18-20　安装起动机电　　图18-21　电刷架卡夹装配到换　　图18-22　安装换向器端架
　　　　　刷架总成　　　　　　　　　向器端架总成上

(12) 安装电枢总成,如图18-23所示。
①将橡胶件对准磁轭总成的凹槽。
②将带电刷架的起动机电枢安装到磁轭总成中。

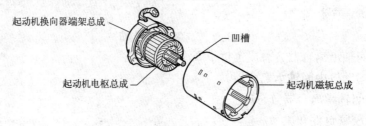

图18-23　安装电枢总成

(13) 安装起动机电枢板,如图18-24所示。
①将起动机电枢板安装至起动机磁扼总成。

②安装起动机板,使键槽位于键 A 和键 B 之间。

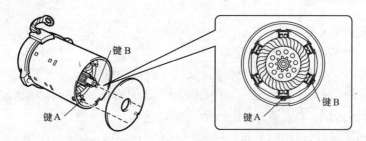

图 18-24　安装起动机电枢板

(14)安装起动机磁轭总成。

①将起动机磁轭键对准位于起动机驱动端壳总成上的键槽,如图 18-25 所示。

②用 2 个贯穿螺栓安装起动机磁轭总成,如图 18-26 所示,力矩为 6.0N·m。

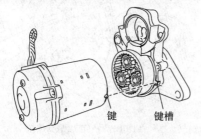

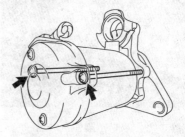

图 18-25　对准键槽　　　　　图 18-26　安装起动机磁轭总成

(15)安装电磁开关总成,力矩为 7.5N·m。

(16)连接端子 C 引线,如图 18-27 所示,力矩为 10N·m。

(三)就车安装

(1)安装起动机总成,如图 18-28 所示。

①用 2 个螺栓安装起动机总成,力矩为 37N·m。

②连接连接器。

③用螺母连接端子 30,力矩为 9.8N·m。

④合上端子盖。

⑤用螺栓安装线束支架,力矩为 8.4N·m。

(2)安装散热器上空气导流板。

(3)将电缆连接到蓄电池负极端子。

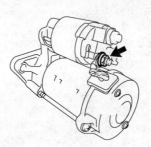

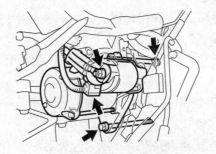

图 18-27　连接端子 C 引线　　　图 18-28　安装起动机总成

四、点火开关的拆装

（1）使前轮对准正前位置。

（2）从蓄电池负极端子断开电缆。

警示：从蓄电池的负极端子上断开电缆后，至少等待 90s，以防止气囊和安全带预紧器激活。

（3）拆卸转向盘左、右下盖，如图 18-29 所示。

（4）旋松扭矩螺钉，拉出喇叭按垫，如图 18-30 所示。

注意：按垫背面有气囊电缆，不要用力拉出。

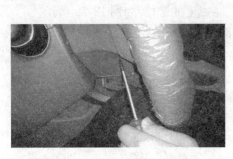

图 18-29　拆卸转向盘左、右下盖

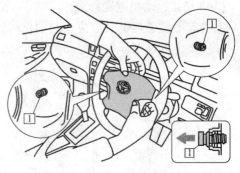

图 18-30　拉出喇叭按垫

（5）如图 18-31 所示，脱开气囊连接器，取下气囊。

图 18-31　脱开气囊连接器

◇小提示：先挑起并解开浅黄色副锁使其解锁，再挑起并解开橘黄色主锁。

警示：请注意气囊的正确存放方法是正面朝上放置。

（6）拆卸转向盘总成，如图 18-32 所示。

（7）拆卸上、下转向柱罩。

（8）拆下 2 个螺钉和点火开关，如图 18-33 所示。

（9）断开连接器并将连接器卡夹从点火开关上断开。

（10）安装点火开关总成。

①用 2 个螺钉安装点火开关。

②连接连接器。

③将连接器卡夹安装到点火开关上。

（11）安装上、下转向柱罩。

(12)调整螺旋电缆。逆时针转动螺旋电缆直到其锁定,再从螺旋电缆的锁定位置开始顺时针回转 2.5 圈并且校正插图中的中心标记。

◆小提示:如果螺旋电缆没有处于中心位置,在使用过程中可能会使螺旋电缆断裂。

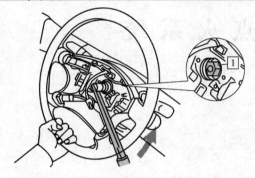
图 18-32 拆卸转向盘总成

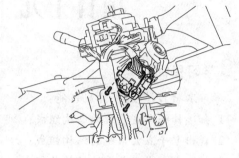
图 18-33 拆下点火开关

(13)安装转向盘总成。

(14)安装 SRS 空气囊。

(15)安装转向盘左、右侧盖。

(16)检查转向盘中心点。

(17)将电缆连接到蓄电池负极端子。

项目十九　点　火　系　统

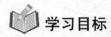学习目标

学习本项目学习后,你应当能:
1. 知道传统点火系统的结构组成;
2. 说出电子点火系统的结构组成;
3. 描述光电式点火系统的结构组成;
4. 描述微机控制点火系统的结构组成;
5. 正确运用专业工具安全规范的就车更换火花塞。

建议课时:4课时。

课题一　点火系统的功用及结构组成

按点火方式的不同,点火系统可分为传统点火系统、电子点火系统和计算机控制点火系统。

一、传统点火系统

点火系统的作用是将汽车电源提供的低压电转变为高压电,并按发动机各缸的点火顺序和点火时刻的要求,适时准确的将高压电送至各缸的火花塞,使火花塞点火,点燃汽缸内的可燃混合气体。

1. 传统点火系统的组成

传统点火系统的组成如图19-1所示。它主要由电源、点火开关、点火线圈、分电器(包括断电器、配电器、电容器和点火提前角调节装置等)、火花塞、附加电阻及附加电阻短接装置、高低压导线等部件组成。

(1)电源。点火系统的电源是蓄电池或发电机,作用是供给点火系统所需的电能,发动机起动时由蓄电池供电,正常工作时由发电机供电。

(2)点火开关。接通或断开点火系统初级电路,控制发动机起动、工作和熄火。

(3)点火线圈。点火线圈将汽车电源提供的12V低压电转变成能击穿火花塞电极间隙的15～20kV的高压直流电。

(4)分电器。由断电器、配电器、点火提前角调节装置和电容器等组成,其功用是接通和断开点火线圈初级电路,使点火线圈次级电路产生高压电,并按发动机点火顺序将高压电分送到各汽缸火花塞,随发动机转速、负荷和燃油牌号的变化,自动或人为地调节点火

提前角。电容器与断电触点并联,以减小触点分开时的火花,延长触点使用寿命。

①配电器。配电器由分火头和分电器盖组成,其作用是按发动机的工作顺序将高压电分配到各缸火花塞上。

②断电器。断电器由一对触点和凸轮组成,其作用是周期性地接通和切断初级(低压)电路。

③电容器。电容器安装在分电器的外壳上,它与断电器触点并联,其作用是当触点打开时,可以减小触点火化,延长触点的使用寿命,加快初级电流的衰减速度,提高次级电压。

④点火提前角调节装置。点火提前角调节装置可分为离心式点火提前角调节装置和真空式点火提前角调节装置。

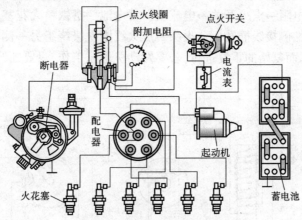

图 19-1　传统点火系统的组成

离心式点火提前角调节装置的作用是当发动机负荷发生变化时自动调整点火提前角,当发动机转速升高时,点火提前角增大。反之,当转速降低时,使点火提前角减小。

真空式点火提前角调节装置的作用是当发动机负荷发生变化时自动调整点火提前角。当发动机负荷小时,点火提前角增大;当发动机负荷增大时,使点火提前角减小;怠速时,点火提前角位于最小值。

(5)高压导线。它用于连接点火线圈与分电器中心插孔以及分电器旁电极和各缸火花塞。由于工作电压很高(一般在15kV以上),电流较小。因此高压导线的绝缘包层很厚,耐压性能好,但线芯截面积很小。汽车用高压线有铜芯线和阻尼线两种。

(6)火花塞。火花塞的作用是将高压电引入汽缸燃烧室,产生电火花点燃可燃混合气。火花塞的结构如图 19-2 所示,它主要由接线帽、瓷绝缘体、中心电极、侧电极和壳体等部分组成。火花塞电极一般采用耐高温、耐腐蚀的镍锰合金钢或铬锰氮、钨、镍锰硅等合金制成,也有采用镍包铜材料制成,以提高散热性能。火花塞电极间隙一般为 0.6~0.7mm,电子点火系统火花塞的间隙可增大至 1.0~1.2mm。

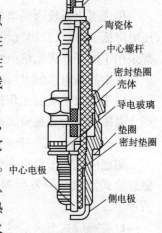

图 19-2　火花塞的结构

(7)附加电阻。附加电阻的作用是改善正常工作时的点火性能和起动时的点火性能。

2. 传统点火系统的工作原理

如图 19-3 所示,发动机工作时,断电器轴连同凸轮一起在发动机凸轮轴的驱动下旋转。凸轮转动时,断电器触点交替地闭合和打开。当触点闭合时,接通点火线圈初级绕组的电路,电流从蓄电池正极→电流表→点火开关→点火线圈"+"接线柱→附加电阻→点火线圈初级绕组→断电器触点→搭铁→蓄电池负极。初级电路在点火线圈的铁芯中产生磁场,并因铁芯的作用而加强。当断电器凸轮将活动触点打开时,初级电路被切断,初级电流迅速消失,它所形成的磁场也随之消失,两个绕组中的磁通量发生变化,这样在两个绕组中就会感应出电动势。由于次级绕组的匝数多,在次级绕组中就感应出 15~20kV 的电动势,足以击穿火花塞的电极间隙,产生电火花点燃可燃混合气,高压电流由点火线圈的次级绕组→附加电阻→点火开关→电流表→蓄电池→搭铁→火花塞的侧电极→火花塞中心电极→配电器的侧接线插孔→分火头→点火线圈次级绕组另一侧构成回路。发动机工作时,上述过程周而复始的重复进行,若要发动机停止工作,只要断开点火开关,切断初级电路即可。

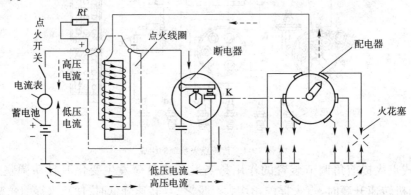

图 19-3 传统点火系的工作原理

二、电子点火系统

传统点火系统因断电器触点会磨损、烧蚀,间隙发生改变,造成点火正时不对、感应高压电降低、不点火及排气污染、寿命短,经常需要维护调整等问题。因此现代汽车基本上都采用了电子点火系统(也称半导体点火系统),它是利用三极管的开关作用,取代传统点火系统中的断电器触点,以控制点火线圈初级电路的通断,使点火系统工作。

电子点火系统的工作过程与传统点火系基本一致。根据信号发生器的原理,电子点火系统可分为磁感应式电子点火系统、霍尔式电子点火系统和光电式电子点火系统。

(一)磁感应式电子点火系统

磁感应式电子点火系统又称磁脉冲式电子点火系统,由电源、磁感应式分电器(内装磁感应式点火信号发生器)、点火控制器、专用点火线圈、火花塞等部件组成,如图 19-4 所示。

1. 磁感应式点火信号发生器

磁感应式点火信号发生器的功用是产生信号电压,输出到点火控制器,通过点火控制器来控制点火系统的工作,其工作原理如图19-5所示。信号发生器在分电器内,主要由转子、感应线圈和永久磁铁等组成。

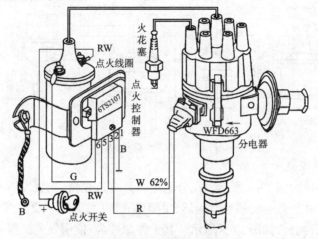

图19-4 磁感应式电子点火系统

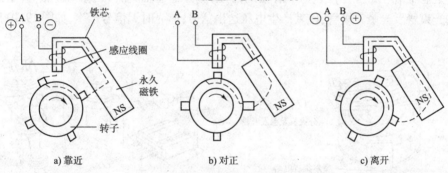

图19-5 磁感应式点火信号发生器

信号发生器的转子是由分电器轴带动的,转子上的凸齿数与发动机的汽缸数相等,转子每转过一个凸齿,感应线圈中的感应电动势正好变化一个周期,即转子每转90°产生一个交变信号,转子每转一周,便产生4个交变信号;该信号输出给点火控制器,通过点火控制器来控制点火系统的工作。

2. 点火控制器

点火控制器又称点火模块,由整形电路、放大电路和开关电路集成而成。点火控制器起到开关的作用,控制点火系统初级电路的通断。

(二)霍尔式电子点火系统

霍尔式点火系统利用霍尔元件的霍效应产生点火信号,通过点火控制器控制点火线圈的通断。霍尔式点火系统由分电器、霍尔点火信号发生器、点火控制器、高能点火线圈、高压线、火花塞等组成,如图19-6所示。

霍尔式点火信号传感器结构,如图19-7所示。发动机每完成一个工作循环,曲轴转两周,分电器轴及触发叶轮转一周,霍尔元件被交替地隔磁4次,因而随之产生4次霍尔电压。由于霍尔元件产生的霍尔电压为毫伏级,因此霍尔点火信号发生器输出的信号电压是把微弱的霍尔电压经放大、脉冲整形、变换后以矩形脉冲输出的电压。放大及转换信号由霍尔集成电路来完成。

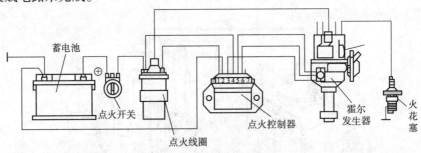

图 19-6 霍尔式点火系统

（三）光电式电子点火系统

光电式点火系统如图 19-8 所示。在分电器内装有遮光盘、光触发器和放大器。光电式点火系统的核心元件是光电式信号发生器，主要由光源（发光二极管）、光接收器（光敏三极管）和遮光盘 3 部分构成，如图 19-9 所示。其工作原理为：使用发光二极管（LED）及光敏三极管产生电压信号。信号转子为一有槽的圆盘，随分电器轴旋转，当槽对正信号发生器时，LED 的光束触及光敏三极管，使其产生电压送出信号；遮光时无信号产生，如图 19-10 所示。

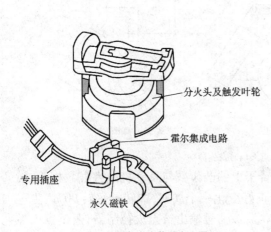

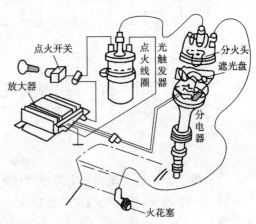

图 19-7 霍尔点火信号发生器

图 19-8 光电式点火系统

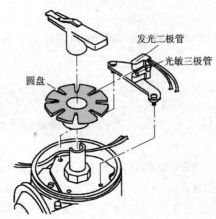

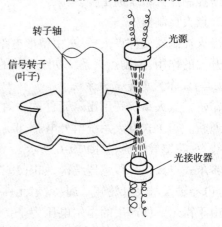

图 19-9 光电式信号发生器

图 19-10 光电式信号发生器工作原理

三、微机控制点火系统

微机控制点火系统在高电压下产生火花,在最佳的正时点燃压缩汽缸内的混合气。根据所收到的由各个传感器发来的信号,发动机 ECU(电子控制单元)实施控制,达到最佳的点火正时,如图 19-11 所示。

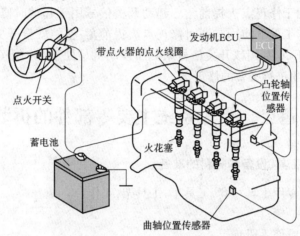

图 19-11 微机控制点火系统

传感器用来检测与点火有关的发动机工作和状况信息,并将检测结果输入 ECU,作为计算和控制点火时刻的依据。虽然各汽车采用的传感器的类型、数量、结构及安装位置不尽相同,但是其作用都大同小异,而且这些传感器大多与燃油喷射系统和其他电子控制系统共用。

凸轮轴位置(上止点位置)传感器是确定曲轴基准位置和点火基准的传感器。该传感器在曲轴旋转至某一特定的位置(如第一缸压缩上止点前某一确定的角度)时,输出一个脉冲信号,ECU 将这一脉冲信号作为计算曲轴位置的基准信号,再利用曲轴转角信号计算出曲轴任一时刻所处的具体位置。

曲轴位置(转角与转速)传感器将发动机曲轴转过的角度变换为电信号输入 ECU,曲轴每转过一定角度就发出一个脉冲信号,ECU 通过不断地检测脉冲个数,即可计算出曲轴转过的角度。与此同时,ECU 根据单位时间内接收到的脉冲个数,即可计算出发动机的转速。在微机控制电子点火系统中,发动机曲轴转角信号用来计算具体的点火时刻,转速信号用来计算和读取基本点火提前角。凸轮轴位置和曲轴位置信号是保证 ECU 控制电子点火系统正常工作最基本的信号。

空气流量传感器是确定进气量大小的传感器。在 L 型(流量型)电控燃油喷射系统中,采用的是流量型传感器直接检测空气流量,在 D 型(压力型)电控燃油喷射系统中,采用的是进气歧管压力传感器通过检测节气门后进气歧管内的负压(真空度)来间接检测空气流量。空气流量信号输入 ECU 后,除了用于计算基本喷油时间之外,还用作负荷信号来计算和确定基本点火提前角。

进气温度传感器信号反映发动机吸入空气的温度。在微机控制电子点火系统中,ECU 利用该信号对基本点火提前角进行修正。

冷却液温传感器信号反映发动机工作温度的高低。在微机控制点火系统中。ECU 除了利用该信号对基本点火提前角进行修正之外,还要利用该信号控制起动和发动机暖机期间的点火提前角。

节气门位置传感器将节气门开启角度转换为电信号输入ECU,ECU利用该信号和车速传感器信号来综合判断发动机所处的工况(急速、中等负荷、大负荷、减速),并对点火提前角进行修正。

各种开关信号用于修正点火提前角。起动开关信号用于起动时修正点火提前角;空调开关信号用于急速工况下使用空调时修正点火提前角;空挡安全开关仅在采用自动变速器的汽车上使用,ECU利用该开关信号来判断发动机是处于空挡停车状态还是行驶状态,然后对点火提前角进行必要的修正。

课题二　点火系统主要零部件的拆装

一、作业需要的工具、设备和材料的准备

(1)卡罗拉轿车专用工具一套,工具车,工具架,工作台。
(2)卡罗拉整车一辆。
(3)卡罗拉轿车维修手册。

二、作业前的准备

(1)清理工位。
(2)将工具车、工具架、工作台摆放到位。
(3)在维修手册中查找相关资料及操作标准。

三、点火系统主要零部件的拆卸

1. 拆卸2号汽缸盖罩

握住汽缸罩的后端并提起,以脱开汽缸罩后端的2个卡扣。继续提起汽缸罩,以脱开汽缸罩前端的2个卡扣并拆下汽缸罩,如图19-12所示。

注意:同时脱开前后卡扣可能会使组盖破裂。

2. 拆卸点火线圈总成

(1)断开4个点火线圈连接器,如图19-13所示。

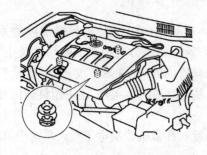

图19-12　2号汽缸盖罩

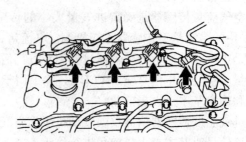

图19-13　断开点火线圈连接器

(2)拆下4个螺栓和4个点火线圈,如图19-14所示。

注意:拆下点火线圈时,不要损坏发动机缸盖罩开口上的火花塞盖或火花塞套管顶部边缘。

3.拆卸火花塞

用14mm火花塞扳手和100mm加长杆拆下4个火花塞,如图19-15所示。

图19-14 拆下点火线圈连接器

图19-15 拆卸火花塞

四、点火系统主要零部件的安装

1.安装火花塞

用14mm火花塞扳手和100mm加长杆安装4个火花塞,力矩:20N·m。

2.安装点火线圈总成

(1)用4个螺栓安装4个点火线圈,力矩:10N·m。

注意:安装点火线圈时,不要损坏发动机缸盖罩开口上的火花塞盖或火花塞套管顶部边缘。

(2)连接4个点火线圈连接器。

3.安装2号汽缸盖罩

接合4个卡扣,以安装2号汽缸盖罩。

注意:一定要牢固地接合卡扣;不要施加过大的力或敲击汽缸盖以接合卡扣。这可能会导致汽缸盖破裂。

项目二十　声光系统

学习目标

完成本项目学习后,你应当能:
1. 说出照明与信号系统的功用及结构组成;
2. 说出喇叭系统的功用及结构组成;
3. 运用正确地工具安全规范的更换各种常见灯泡;
4. 安全规范地拆装前照灯总成;
5. 安全规范地拆装尾灯总成;
6. 安全规范地就车更换灯光组合开关;
7. 安全规范地就车拆装高、低音喇叭。

 建议课时:4课时。

课题一　声光系统结构组成

一、照明与信号系统

为了保证汽车行驶安全,现代汽车上都装备照明与信号系统。照明系统用于提供车辆夜间安全行驶必要的照明,包括车外照明和车内照明等,信号系统用于提供安全行车所必需的灯光信号和声音信号。

1. 前照灯

前照灯(俗称大灯),如图20-1所示,可以发射远光光束和近光光束,确保驾驶人在夜间行驶时的视野,也能通过远、近光的切换功能来提醒其他车辆和行人注意。

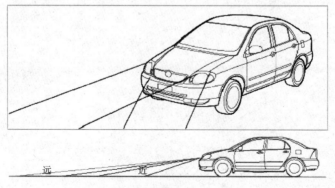

图20-1　远光和近光

前照灯的结构和安装位置如图20-2所示,主要由灯泡、反射镜和配光镜三部分组成。

前照灯灯泡有白炽灯泡、卤素灯、氙气灯泡和新型高压放电氮灯等几种类型,为防止炫目,前照灯的灯泡一般采用双灯丝结构,一根为远光灯丝,另一根为近光灯丝。反射镜的作用是将灯泡的光线聚合并导向前方。配光镜的作用是将反射镜反射出的平行光束折射,使车前路面和路缘均有良好的照明效果。前照灯由灯光总开关控制,变光开关控制远近光变换。

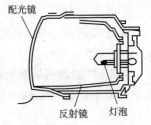

图20-2 前照灯结构

2. 其他外部灯系

(1)示廓灯:示廓灯俗称小灯,可告知附近的其他车辆本车的位置和宽度。

(2)尾灯:尾灯与示廓灯同时工作,在晚上或者在隧道内行驶时,可表明当前位置并通知后方车辆。

(3)牌照灯:牌照灯与示廓灯、尾灯同时工作,使车辆在夜间行驶时,其牌照清晰可见。

(4)制动灯:制动灯(俗称刹车灯),可通知后面的车辆本车正在制动。通常情况下,制动灯和尾灯同在一个灯箱内,其灯光亮度大于尾灯。

◎小提示:有的车辆在后风窗玻璃下方还有高位制动灯。

(5)转向信号灯:转向信号灯的作用是告知其他车辆本车正准备改变行驶方向或变更车道。

(6)危险警告灯:危险警告灯的作用是告知其他车辆本车已准备紧急停车或者已经停车。

(7)倒车灯:倒车灯的作用是当车辆倒车时告知附近的其他车辆和行人,表示该车正在倒车并辅助后方照明。

(8)前后雾灯:前后雾灯是车辆在较低的能见度(比如雾天或者下雨天)行驶时,起着辅助照明信号的作用。

3. 内部灯系

内部照明灯系主要由仪表板照明灯、顶灯、车门灯、行李舱灯等组成。

(1)仪表板照明灯,仪表板照明灯通常与示廓灯、尾灯、牌照灯一起工作,保证组合仪表和各计量表、中控台操作界面的照明。

(2)顶灯,顶灯的作用是保证乘客舱内的照明,通常此灯位于车顶内饰板中央,此灯开关通常有三种设置:"ON"常亮,"OFF"长灭,"DOOR"在车门打开时点亮。

(3)行李舱灯,行李舱灯(又称后备箱灯)的作用是在行李舱盖打开时保证行李舱的照明。

(4)车门灯,车门灯在车门打开时会点亮,告示附近车辆和行人本车门处于开启状态。

二、喇叭系统

汽车喇叭是用来警告路上车辆或行人的警报装置,其种类主要有电磁式、电子式和压缩空气式等三类。

(一)电磁式喇叭

1. 电磁式喇叭的工作原理

将一片薄钢板周围固定,中央放置电磁铁,当开关闭合时,电磁铁产生吸力吸引钢板,开关断开时,钢板由本身的弹性弹回,产生振动,即可发出声波。如果将开关不断地进行开与关,就可使钢板连续振动空气而发出声音,如图20-3所示。

2. 电磁式喇叭的组成

电磁式喇叭,如图20-4所示,一般包括高音喇叭、低音喇叭、喇叭继电器、喇叭按钮、电源、熔断丝等。

知识链接: 因喇叭耗电量大,故使用继电器,避免按钮处产生过大的火花,以延长使用寿命。常见的电磁式喇叭有螺旋形喇叭和盆形喇叭。

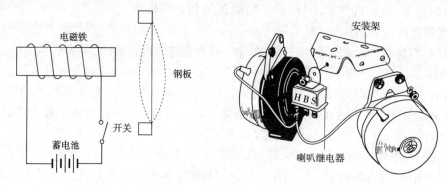

图20-3 电磁式喇叭的工作原理图　　图20-4 电磁式喇叭的结构

3. 盆形喇叭

盆形喇叭和喇叭继电器的结构如图20-5所示,盆形喇叭触点闭合后电磁铁(线圈)将膜片拉近,接近后触点断开,线路被断开,如此反复进行引起振动,发出声音。

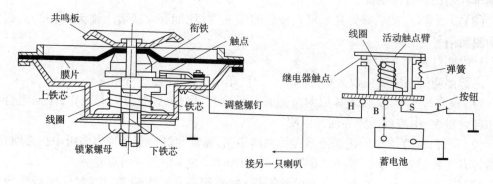

图20-5 盆形喇叭的结构

4. 螺旋形喇叭

螺旋形喇叭是利用螺旋管的共鸣产生较柔软的音色,体积比盆形喇叭大,螺旋形喇叭的基本结构如图20-6所示,它以螺旋管的音响管取代盆形喇叭的共鸣板(共振板),其他的驱动回路、触点机构等均与盆形喇叭相同。

(二)电子式喇叭的结构

电子式喇叭的结构如图20-7所示,其发音体采用压电元件,以产生悦耳的和音,电子式喇叭具有省电、低噪声等优点。

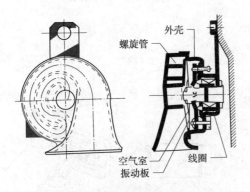
图20-6　螺旋形喇叭的结构

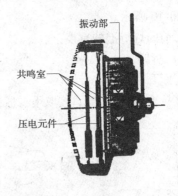
图20-7　电子式喇叭的结构

课题二　声光系统主要零部件的拆装

一、作业需要的工具、设备和材料的准备

(1)卡罗拉轿车专用工具一套,工具车,工具架,工作台。
(2)卡罗拉整车一辆。
(3)卡罗拉轿车维修手册。

二、作业前的准备

(1)清理工位。
(2)将工具车、工具架、工作台摆放到位。
(3)在维修手册中查找相关资料及操作标准。

三、各种灯泡的更换

1.单头灯泡的更换

单头灯泡有单灯丝和双灯丝两种,单灯丝单头灯泡用于转向灯或者倒车灯。双灯丝单头灯泡有两种不同电压的灯丝,常用于尾灯或制动灯。

拆卸时将灯泡压入插座内,然后旋转灯泡将其拔出;安装新灯时反向执行拆卸灯泡的步骤,如图20-8所示。

2.插口式灯泡的更换

单灯丝灯泡用于转向灯或者倒车灯,双灯丝灯泡常用于尾灯或制动灯,可直接插拔更换灯泡,如图20-9所示。

3.双头灯泡的更换

常用于顶灯或门控灯,拆卸时推压一侧拿出灯泡;安装时,将灯的一端放进一侧插座的插孔内,将另一端插入另一侧插座的插孔内,

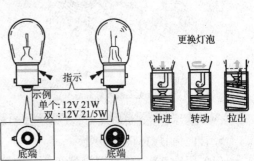
图20-8　单头灯泡的拆装

如图20-10所示。

4．前照灯灯泡的更换

（1）拆卸。

①断开前照灯连接器。

②拉橡胶护罩的凸耳，取下橡胶护罩。

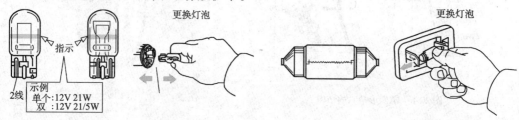

图20-9　插口式灯泡的拆装　　　　图20-10　双头灯泡的拆装

③松开钩住灯泡的弹簧取下灯泡，如图20-11所示。

注意事项：

①长时间拆下灯泡放置，在灯罩内侧可能会积水或漏入杂物，所以要快速更换灯泡或用干净的布封堵。

②请勿触碰到灯泡的玻璃部分，因为皮肤的天然油脂粘在灯泡上，会缩短其使用寿命。

③请勿用力抓住灯泡的玻璃表面，可能会使灯泡破碎引起伤害。

（2）安装。

①将灯泡凸沿对齐安装槽孔，然后将灯泡放入。

②钩住弹簧固定灯泡。

③将护罩的向上记号朝上，安装护罩上。

④接上前照灯连接器，如图20-12所示。

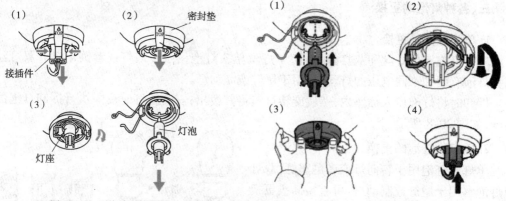

图20-11　更换前照灯灯泡　　　　图20-12　安装前照灯灯泡

◇小提示：更换新灯泡时，确认所使用的新灯泡与原灯泡具有相同的功率。

5．转向信号灯灯泡的更换

（1）拆下灯罩。将灯罩滑到车辆的前侧然后松开钳爪，如图20-13所示。

注意：切勿使用诸如螺丝刀等工具，因为这样会破坏灯罩。

◈小提示：某些车型的侧方转向灯安装在反光镜处。

(2)更换灯泡。逆时针方向旋转连接器然后拉动连接器将其取下；拉动灯泡并将灯泡从连接器上取下；安装新的灯泡和连接器；将连接器的钳爪和灯罩的凹槽装配好，然后顺时针旋转以锁定位置。

(3)安装灯罩。将卡爪钩住车身然后弯曲卡爪压入车身内，如图20-14所示。

(4)检查运行状况。检查打开变光器开关时灯泡的闪烁情况。

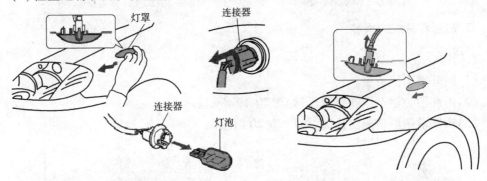

图20-13 拆卸侧方转向信号灯灯泡　　　图20-14 安装侧方转向信号灯灯泡

6. 后组合灯灯泡的更换

(1)拆下维修孔盖。

(2)更换灯泡。逆时针方向旋转连接器，然后拉动连接器将其取下；拉动灯泡并将灯泡从连接器上取下，如图20-15所示。

(3)将新的灯泡按到连接器上。

(4)将连接器的卡爪和尾灯灯罩的凹槽对齐装入，然后顺时针旋转以锁定位置。

(5)安装维修孔盖，如图20-16所示。

(6)检查每个灯泡是否都能点亮。

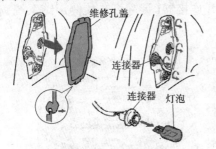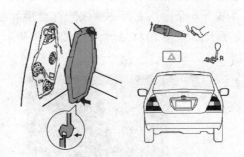

图20-15 拆卸后组合灯灯泡　　　图20-16 安装后组合灯灯泡

7. 顶灯灯泡的更换

(1)在螺丝刀的末端缠上胶带，插入灯罩的槽口把灯罩撬起，拆卸顶灯灯罩。

(2)推压一侧插座孔拿出灯泡，如图20-17所示。

(3)将灯的一端放进一侧插座的插孔内，将另一端插入另一侧插座的插孔内。

(4)安装车厢灯泡灯罩，如图20-18所示。

(5)检查运行状况。

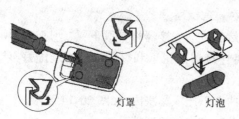
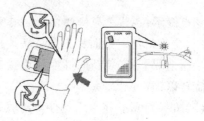

图 20-17　拆卸顶灯灯泡　　　　　　图 20-18　安装顶灯灯泡

四、前照灯总成的拆装

1. 拆卸

(1) 断开蓄电池负极。

(2) 拆卸散热器上空气导流板,如图 20-19 所示。

(3) 拆卸散热器格栅防护罩,如图 20-20 所示。

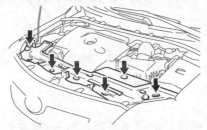

图 20-19　拆卸散热器上空气导流板　　　图 20-20　拆卸散热器格栅防护罩

(4) 拆卸前保险杠总成。

① 使用螺丝刀,将销转动 90°并拆下卡扣,如图 20-21 所示。

② 沿前保险杠总成四周粘贴保护性胶带。

③ 拆下 6 个螺钉、2 个螺栓和 3 个卡扣。

④ 脱开 6 个卡爪并拆下前保险杠总成并断开连接器(带雾灯或侦测声纳系统),如图 20-22 所示,取下保险杠总成,如图 20-23 所示。

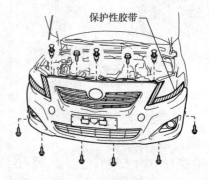

图 20-21　将销转动 90°并拆下卡扣　　　图 20-22　脱开 6 个卡爪

◇小提示:拆卸带雾灯或侦测声呐系统的前保险杠总成时,切勿用力拉拽,应先断开连接器。拆卸带前照灯清洗器系统的前保险杠总成时,应先排空玻璃清洗液。

(5) 拆卸前照灯总成,如图 20-24 所示。拆下 2 个螺栓和螺钉;脱开卡爪;断开连接器并拆下前照灯总成。

2. 安装

前照灯总成装配图如图20-25所示。

(1)安装前照灯总成。

(2)安装前保险杠总成。

(3)安装散热器格栅防护罩。

(4)将电缆连接到蓄电池负极端子上。

(5)安装散热器上空气导流板。

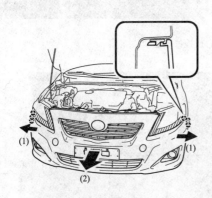

图20-23 取下保险杠总成

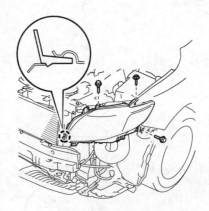

图20-24 拆卸前照灯总成

五、尾灯总成的拆装

1. 拆卸

(1)拆卸后尾灯总成检修孔盖,如图20-26所示。

(2)拆卸后组合灯总成,如图20-27所示。拆下3个螺母,脱开卡销,拆下后组合灯总成。

(3)拆卸行李舱盖上的检修孔盖,如图20-28所示。

(4)拆卸尾灯总成(行李舱盖),如图20-29所示。

①断开连接器并拆下2个螺母。

②脱开卡扣,拆下后灯总成。

2. 安装

(1)安装后组合灯总成及后组合灯检修孔盖,如图20-30所示。

(2)安装后组合灯总成。

(3)安装行李舱盖上的检修孔盖,如图20-31所示。

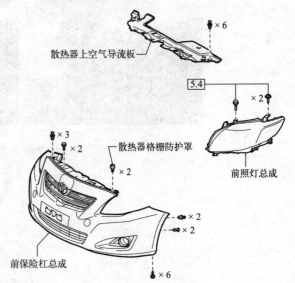

规定的拧紧力矩,N·m

图20-25 前照灯总成装配图

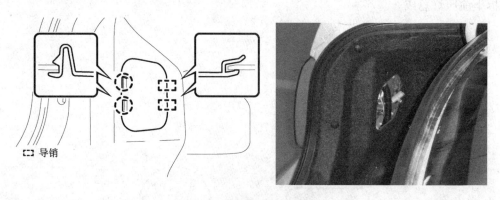

图 20-26　拆卸后尾灯总成检修孔盖

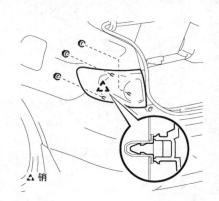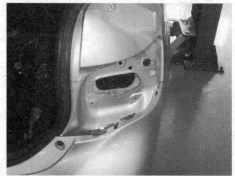

图 20-27　拆卸后组合灯总成

图 20-28　拆卸行李舱盖上的检修孔盖

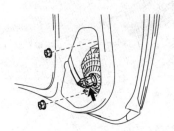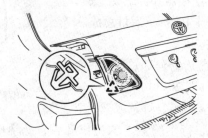

图 20-29　拆卸尾灯总成

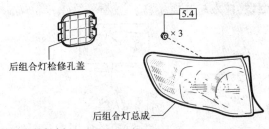
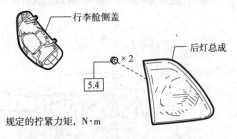

图20-30 安装后组合灯总成(一)　　图20-31 安装后组合灯总成(二)

六、灯光组合开关的拆装

1. 拆卸

(1) 使前轮对准正前位置。

(2) 从蓄电池负极端子断开电缆。

警示:从蓄电池的负极端子上断开电缆后,至少等待90s,以防止气囊和安全带预紧器激活。

(3) 拆卸转向盘左、右下盖。

(4) 旋松扭矩螺钉,拉出喇叭按垫。

注意:按垫背面有气囊电缆,不要用力拉出。

(5) 脱开气囊连接器,取下气囊,如图20-32所示。

◈小提示:先挑起并解开浅黄色副锁使其解锁,再挑起并解开橘黄色主锁。

图20-32 脱开气囊连接器

警示:请注意气囊的存放方法,应正面朝上。

(6) 拆卸转向盘总成。

(7) 拆卸上、下转向柱罩。

(8) 拆卸风窗玻璃刮水器开关总成。

① 断开2个连接器。

② 如图20-33所示,脱开卡爪并拆下风窗玻璃刮水器开关总成。

(9) 拆卸螺旋电缆,如图20-34所示。

① 将连接器从螺旋电缆上断开。

② 脱开3个卡爪并拆下螺旋电缆。

◆小提示：拆卸带转向角传感器的螺旋电缆，须先断开连接器。

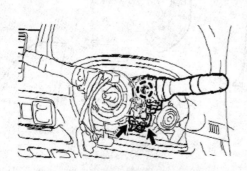
图20-33 拆卸风窗玻璃刮水器开关总成

图20-34 拆卸螺旋电缆

（10）拆卸灯光组合开关总成。

①断开连接器。

②如图20-35所示脱开卡夹，拆下前照灯灯光组合开关总成。

◆小提示：脱开卡夹时需防止卡夹弹出造成伤害。

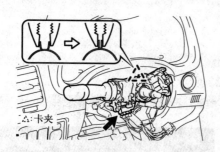
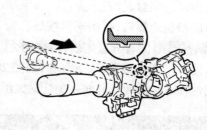

图20-35 拆卸灯光组合开关总成

2. 安装

（1）安装变光开关总成。

①用卡夹安装前照灯变光开关总成。

②连接连接器。

（2）安装风窗玻璃刮水器开关总成。

（3）安装螺旋电缆总成。

（4）安装上、下转向柱罩。

（5）调整螺旋电缆。逆时针转动螺旋电缆直到其锁定，再从螺旋电缆的锁定位置开始顺时针回转2.5圈并且校正插图中的中心标记。

◆小提示：如果螺旋电缆没有处于中心位置，在使用过程中可能会使螺旋电缆断裂。

（6）安装转向盘总成，如图20-36所示。

（7）安装SRS空气囊。

（8）安装转向盘左、右侧盖。

（9）检查转向盘中心点。

（10）将电缆连接到蓄电池负极端子。

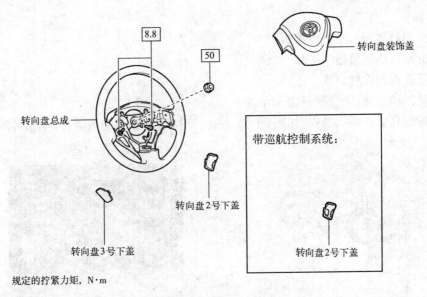

规定的拧紧力矩，N·m

图 20-36　安装转向盘总成

七、喇叭的拆装

总成装配图如图 20-37 所示。

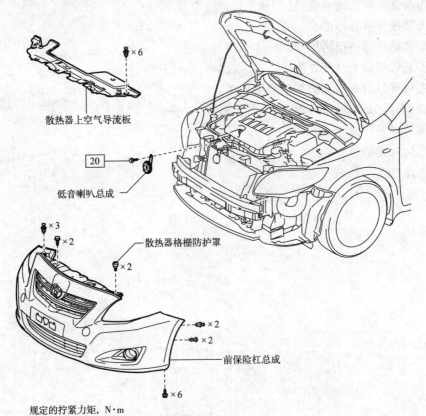

规定的拧紧力矩，N·m

图 20-37　总成装配图

1. 拆卸

(1)拆卸散热器上空气导流板。

(2)拆卸散热器格栅防护罩。

(3)拆卸前保险杠总成。

(4)排尽清洗液(带前照灯清洗系统车型)。

(5)拆卸高低音喇叭总成,如图20-38、图20-39所示,断开连接器,拆下螺栓和低音喇叭总成。

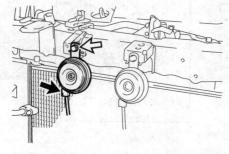

图20-38 低音喇叭总成

图20-39 高低音喇叭安装位置

2. 安装

(1)安装低音喇叭总成。

(2)将清洗液罐加满清洗液(带前照灯清洗系统车型)。

(3)安装前保险杠总成。

(4)安装散热器格栅防护罩。

(5)安装散热器上空气导流板。

(6)进行雾灯对光调整的车辆准备工作。

(7)进行雾灯对光准备工作。

(8)雾灯对光检验。

(9)雾灯对光调整。

项目二十一　组合仪表与报警系统

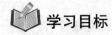学习目标

完成本项目学习后,你应当能:
1. 知道仪表和计量表的类型与作用;
2. 描述警告灯的类型与作用;
3. 描述指示灯的类型与作用;
4. 规范安全地就车拆装组合仪表。

建议课时:4课时。

课题一　组合仪表与报警系统的结构组成

组合仪表与报警系统,主要由仪表和计量表、警告灯和指示灯组成,某些车型的仪表上还带有信息显示屏。

一、仪表和计量表

仪表和计量表的作用是通过指针移动指示不断变化的信息,如图 21-1 所示,主要构成有:转速表、车速表、冷却液温度表、燃油量表、机油压力表、电流表等。

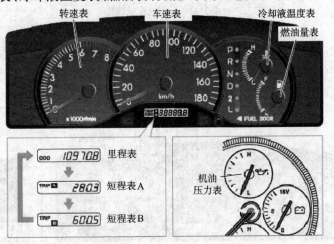

图 21-1　仪表与计量表

转速表用以显示发动机每分钟的转数(常用单位:×1000r/min);车速表显示车辆当

前的行驶速度(常用单位：km/h)，还有一个显示车辆行驶距离的里程表；冷却液温度表显示发动机冷却液的温度；燃油表显示剩余的燃油体积；机油压力表显示发动机润滑系统的压力。

二、警告灯

当车辆某些系统发生故障时警告灯点亮，以提醒驾驶人确保安全驾驶，并根据紧急情况或信息的优先等级(红灯和黄灯)，采取相关措施。

仪表上的警告灯有：防抱死制动系统(ABS)警告灯、制动液位警告灯、故障指示灯、放电警告灯、座椅安全带警告灯、开门警告灯、空气囊(SRS)警告灯、燃油液位警告灯、机油压力警告灯等。如果是柴油机还会装有燃油沉淀器警告灯、预热塞警告灯，如图21-2所示。

燃油	(冷却液)温度	油压	充电指示	转向指示灯	远光
近光	雾灯	驻车制动	制动失效	安全带	油温
示廓(宽)灯	真空度	驱动指示	发动机舱	行李舱	停车灯
危急报警	风窗除霜	风机	刮水/喷水器	刮水器	喷水器
车灯开关	阻风门	扬声器	点烟器	后刮水器	后喷水器

图21-2 常用的标示符号

三、指示灯

指示灯点亮告诉驾驶人他正在操作的设备，常用蓝、绿灯表示。

主要有：转向信号指示灯、A/T换挡指示灯、远光指示灯、雾灯指示灯等，如图21-3所示。

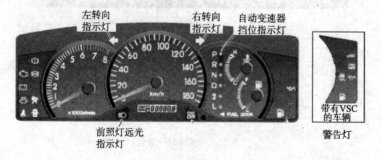

图21-3 指示灯

◎小提示:在起动发动机前,将点火开关旋至 ON 位置,仪表各警告灯电路自检并点亮。当起动发动机后,在各系统正常的情况下,各警告灯应熄灭。

课题二 组合仪表与报警装置的拆装

一、作业需要的工具、设备和材料的准备

(1)卡罗拉轿车专用工具一套,工具车,工具架,工作台。
(2)卡罗拉整车一辆。
(3)卡罗拉轿车维修手册。

二、作业前的准备

(1)清理工位。
(2)将工具车、工具架、工作台摆放到位。
(3)在维修手册中查找相关资料及操作标准。

三、组合仪表与报警装置的拆装

1. 拆卸

(1)从蓄电池负极端子断开电缆。
(2)拆卸仪表板左下装饰板,如图 21-4 所示。脱开 3 个卡爪和卡扣,并拆下仪表板左下装饰板。
(3)拆卸仪表板左端装饰板,如图 21-5 所示。
①在图示位置粘贴保护性胶带。
②脱开卡爪和卡扣,拆下仪表板左端装饰板。

图 21-4 拆卸仪表板左下装饰板

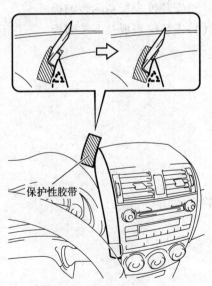

图 21-5 拆卸仪表板左端装饰板

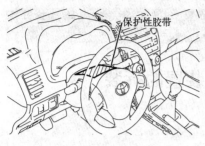

图 21-6 粘贴保护性胶带

(4)拆卸仪表组装饰板总成。

①操作倾斜度调节杆以降下转向盘总成。

②在图示位置粘贴保护性胶带,如图 21-6 所示。

③脱开导销、卡爪和 3 个卡扣,并拆下仪表组装饰板总成,如图 21-7 所示。

(5)拆卸组合仪表总成,如图 21-8 所示。

①拆下 2 个螺钉。

②脱开 2 个导销。

③拉出组合仪表总成,断开连接器,并拆下组合仪表总成。

◎小提示:拉出时需注意后方的连接器。

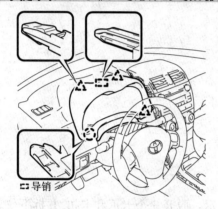

图 21-7 拆卸仪表组装饰板总成　　图 21-8 拆卸组合仪表总成

2. 安装

(1)安装组合仪表总成。

(2)安装仪表组装饰板总成。

(3)安装仪表板左端装饰板。

(4)安装仪表板左下装饰板。

项目二十二　刮水器及洗涤器

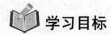学习目标

完成本项目学习后,你应当能
1. 说出刮水器的结构组成及功能;
2. 说出洗涤器的结构组成及功能;
3. 正确运用工具安全规范的更换刮水器胶条;
4. 安全规范地就车拆装刮水器电动机;
5. 安全规范地就车拆装洗涤系统。

建议课时:4课时。

课题一　刮水器和洗涤器的结构与工作原理

一、风窗刮水器

1. 风窗刮水器的作用

刮水器的作用是用来清除风窗玻璃上的雨水、雪或尘土,以确保驾驶人有良好的视野。

现代汽车均使用电动机驱动刮水器,这样可以保持一定速度摆动,不受发动机转速与负荷变动的影响,且可以根据驾驶人的需要及雨势大小调整摆动速度。

2. 风窗刮水器的组成

刮水器的组成如图22-1所示,电动刮水器主要由直流电动机、蜗轮蜗杆机构、曲柄、连杆、摆杆、摆臂和刮水片等组成。一般电动机和蜗轮蜗杆机构结合成一体组成刮水器电动机总成。曲柄、连杆和摆杆等杆件可以把蜗轮的旋转运动转变为摆臂的往复摆动,使摆臂上的刮水片实现刮水动作。

二、风窗玻璃洗涤装置

1. 洗涤装置的作用

汽车行驶时,风窗玻璃上常附着灰尘、砂粒等,若不冲洗就直接使用刮水器时,会使刮水片损伤,并易使风窗玻璃刮伤;同时风窗玻璃太干燥时,也使刮水片受到过大的阻力,易使刮水器电动机烧坏。故使用刮水器前,先使洗涤器向风窗玻璃喷水,洗净玻璃上的灰尘、砂粒等,并减少刮水片的阻力。

2. 洗涤装置的组成

风窗玻璃洗涤装置与刮水器配合使用,可以使汽车风窗玻璃刮水器更好地完成刮水工作,并获得更好的刮水效果。

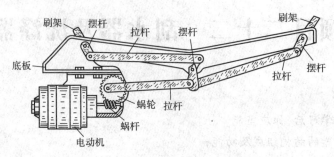

图22-1 刮水器的组成

风窗玻璃洗涤装置的组成如图22-2所示,它主要由储液罐、洗涤泵、软管、喷嘴等组成。洗涤泵一般由永磁直流电动机和离心叶片泵组装成为一体,喷射压力可达70~88kPa。洗涤泵一般直接安装在储液罐上,但也有安装在管路内的。在离心泵的进口处设置有滤清器。洗涤泵喷嘴安装在风窗玻璃的下面,其喷嘴方向可以根据使用情况调整,喷水直径一般为0.8~1.0mm,能够使洗涤液喷射在风窗玻璃的适当位置。

3. 洗涤装置的合理使用

洗涤泵的连续工作时间不应超过1min。对于刮水和洗涤分别控制的汽车,应先开启洗涤泵,再接通刮水器。喷水停止后,刮水器应继续刮动3~5次,以便达到良好的清洁效果。为了能刮掉风窗玻璃上的油、蜡等物,可在水中添加少量的去垢剂和防锈剂。强效洗涤液的去垢效果好,但会使风窗密封条和刮片胶条变质,还会引起车身喷漆变色以及储液罐、喷嘴等塑料件的开裂。冬季使用洗涤器时,为了防止洗涤液的冻结,应添加甲醇、异丙醇、甘醇等防冻剂,再加入少量的去垢剂和防锈剂,即成为低温洗涤液,可使凝固温度下降到-20℃以下。如冬季不用洗涤器时,应将洗涤壶中的洗涤液倒掉。

◇**小提示**:风窗玻璃洗涤装置喷射位置的调整方法:在喷嘴内插入一根与孔直径匹配的钢丝,以调整喷洒的方向,如图22-3所示。

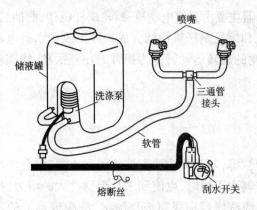

图22-2 风窗玻璃洗涤装置的组成

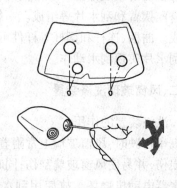

图22-3 风窗玻璃洗涤装置喷射位置的调整

课题二　刮水器和洗涤器主要零部件的拆装

一、作业需要的工具、设备和材料的准备

(1)卡罗拉轿车专用工具一套,工具车,工具架,工作台。
(2)卡罗拉整车一辆。
(3)卡罗拉轿车维修手册。

二、作业前的准备

(1)清理工位。
(2)将工具车、工具架、工作台摆放到位。
(3)在维修手册中查找相关资料及操作标准。

三、刮水器橡胶条的更换

1.拆卸前刮水器刮水片
(1)脱开前刮水器刮水片的固定架。
(2)如图 22-4 所示,从前刮水器臂上拆下前刮水器刮水片。

◇小提示:拆下前刮水器刮水片后,不要弯曲前刮水器臂,因为刮水器臂的端部可能损坏风窗玻璃表面。

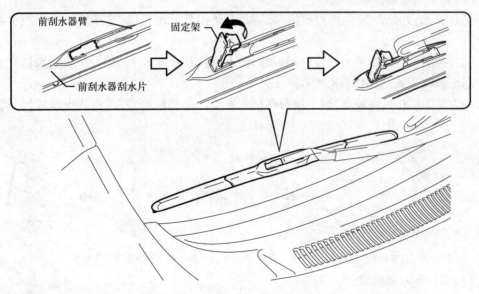

图 22-4　拆卸前刮水器刮水片

2.拆卸刮水器橡胶条
(1)从前刮水器刮水片上拆下刮水器橡胶条和刮水器橡胶条背板,如图 22-5 所示。
(2)从刮水器橡胶条上拆下 2 个刮水器橡胶条背板,如图 22-6 所示。

3.安装刮水器橡胶条

(1)将2个刮水器橡胶条背板安装至刮水器橡胶条。

◎小提示：将刮水器橡胶条的凸出部分与背板上的槽口对齐；将背板的曲线与玻璃的曲线对齐。

(2)将刮水器橡胶条安装至前刮水器刮水片,使橡胶条的端部(弯曲端)朝向刮水器臂轴。

◎小提示：将刮水器橡胶条紧紧压入刮水片,使它们牢固啮合。

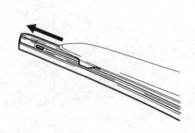

图22-5 拆卸刮水器橡胶条

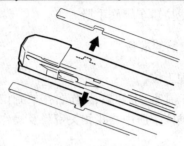

图22-6 拆卸刮水器橡胶条背板

4.安装前刮水器刮水片

(1)安装前刮水器刮水片。

(2)卡紧前刮水器刮水片的固定架。

四、其他常见形式的刮水器橡胶条的更换

(1)拆下刮水器橡胶条。

①如图22-7所示,将刮水器臂抬起,使之不紧挨着风窗玻璃,这样便于拆下刮水器橡胶条。

②当在刮水器橡胶条上的拉杆压下时,向下滑拉刮水器橡胶条下,并从刮水器臂上的拆下刮水器橡胶条,如图22-8所示。

③为了不损伤风窗玻璃,用一块布将刮水器臂的端部包起来,再将其慢慢放到风窗玻璃上。

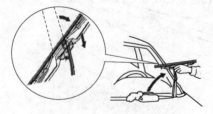

图22-7 拆下刮水器橡胶条(一)

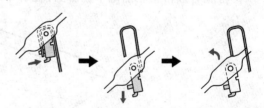

图22-8 拆下刮水器橡胶条(二)

(2)拆卸刮水器橡胶件

①推动橡胶部分固定孔的内侧时,请按凹槽的方向滑动,并从橡胶件中将刮水器橡胶条的卡钳拔出。

②滑动橡胶件时,从刮水器橡胶条中将橡胶件拆下。

③从橡胶件中拆下橡胶条背板,如图22-9所示。

知识链接：有背板形状不同类型的刮水器，在更换时必须检查安装方向，如图22-10所示。

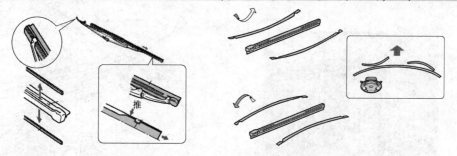

图22-9　拆卸刮水器橡胶件　　　　　图22-10　刮水器橡胶件安装方向

(3) 安装刮水器橡胶件，如图22-10、图22-11所示。

(4) 安装刮水器橡胶条。

五、刮水器电动机的就车拆装

1. 拆卸

(1) 拆卸前刮水器臂端盖，如图22-12所示。

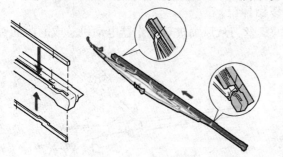
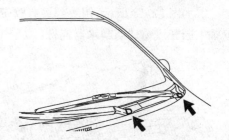

图22-11　安装刮水器橡胶件　　　　　图22-12　拆卸前刮水器臂端盖

(2) 拆卸左前刮水器臂和刮水片总成，如图22-13所示。

(3) 拆卸右前刮水器臂和刮水片总成。

(4) 拆卸发动机罩至前围上板密封(脱开7个卡扣并拆下发动机罩至前围上板密封)，如图22-14、图22-15所示。

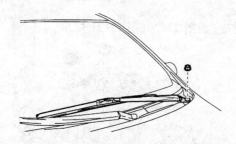
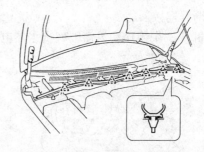

图22-13　拆卸左前刮水器臂和刮水片总成　　　图22-14　拆卸发动机罩至前围上板密封(一)

(5) 拆卸右前围板上通风栅板(脱开卡扣和14个卡爪，并拆下右前围板上通风栅板)，如图22-16所示。

图22-15 拆卸发动机罩至前围上板密封(二)

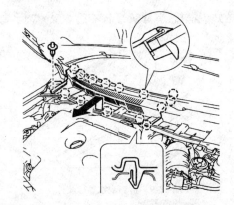

图22-16 拆卸右前围板上通风栅板

(6)拆卸左前围板上通风栅板(脱开卡扣和8个卡爪,并拆下左前围板上通风栅板)。

(7)拆卸风窗玻璃刮水器电动机及连杆总成,如图22-17所示。

①断开连接器。

②拆下2个螺栓和风窗玻璃刮水器电动机和连杆总成。

(8)拆卸风窗玻璃刮水器电动机总成。

①记忆连杆机构的初始装配位置(可以做标记)。

②如图22-18所示,用头部缠有胶带的螺丝刀从风窗玻璃刮水器电动机总成的曲柄臂枢轴上断开风窗玻璃刮水器连杆。

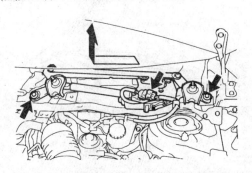

图22-17 拆卸风窗玻璃刮水器电动机及连杆总成

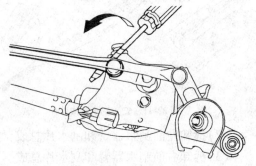

图22-18 拆卸风窗玻璃刮水器电动机总成(一)

③从线束上拆下绝缘胶布,以便断开连接器,如图22-19所示。

④断开连接器。

⑤拆下3个螺栓和风窗玻璃刮水器电动机总成,如图22-20、图22-21所示。

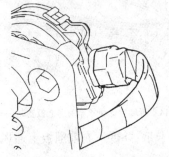

图22-19 拆卸风窗玻璃刮水器电动机总成(二)

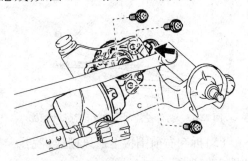

图22-20 拆卸风窗玻璃刮水器电动机总成(三)

◎小提示:如果不能从风窗玻璃刮水器连杆总成上顺利拆下风窗玻璃刮水器电动机总成,则应转动曲柄臂以便能拆下风窗玻璃刮水器电动机总成。

2. 安装

总成装配图如图22-22所示。

(1)安装风窗玻璃刮水器电动机总成。

◎小提示:对于除去绝缘胶布的部位,使用新的绝缘胶布包裹,使线束紧固在板上。

(2)安装风窗玻璃刮水器电动机及连杆总成。

①使用2个螺栓安装风窗玻璃刮水器电动机和连杆总成。

②连接连接器。

(3)安装左前围板上通风栅板(接合卡扣和8个卡爪,并安装左前围板上通风栅板)。

(4)安装右前围板上通风栅板(接合卡扣和14个卡爪,并安装右前围板上通风栅板)。

(5)安装发动机罩至前围上板密封(接合7个卡扣并安装发动机罩至前围上板密封)。

(6)安装右前刮水器臂和刮水片总成。

图22-21 拆卸风窗玻璃刮水器电动机总成(四)

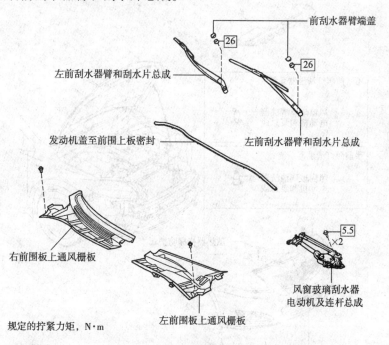

图22-22 总成装配图

①操作刮水器并在自动停止位置停止风窗玻璃刮水器电动机。

②用钢丝刷清洁刮水器臂齿面和刮水器枢轴齿面。

③安装右前刮水器臂和刮水片总成,如图22-23所示。

(7)安装左前刮水器臂和刮水片总成。

①操作刮水器并在自动停止位置停止风窗玻璃刮水器电动机。
②用钢丝刷清洁刮水器臂齿面和刮水器枢轴齿面。
③安装右前刮水器臂和刮水片总成,如图22-24所示。

图22-23 安装刮水器臂和刮水片总成(一)

图22-24 安装刮水器臂和刮水片总成(二)

(8)在风窗玻璃上喷射清洗液的同时,操作前刮水器。确保前刮水器功能正常,且刮水器不与车身接触。

(9)安装前刮水器臂端盖。

六、清洗器电动机的就车拆装

1. 拆卸

总成装配图如图22-25所示。

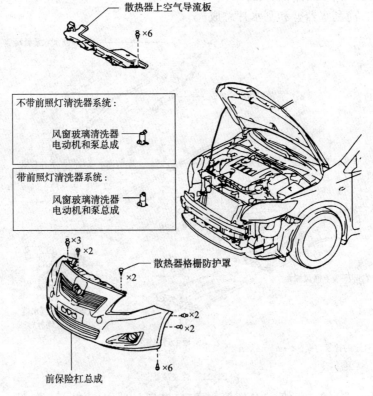
图22-25 总成装配图

(1)拆卸散热器上空气导流板。
(2)拆卸散热器格栅防护罩。
(3)拆卸前保险杠总成。

（4）从风窗玻璃清洗器电动机和泵总成上断开清洗器软管，并排放清洗液，如图22-26所示。

图22-26　排放清洗液

（5）拆卸风窗玻璃清洗器电动机和泵总成，如图22-27所示。
①断开连接器。
②拆下风窗玻璃清洗器电动机和泵总成。

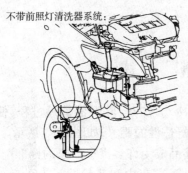

图22-27　拆卸风窗玻璃清洗器电动机和泵总成

2. 安装

（1）安装风窗玻璃清洗器电动机和泵总成，如图22-28所示。
①安装风窗玻璃清洗器电动机和泵总成。
②连接连接器。

（2）将清洗器软管连接至风窗玻璃清洗器电动机和泵总成，并将清洗液罐注满清洗液。

（3）安装前保险杠总成。

（4）安装散热器格栅防护罩。

（5）安装散热器上空气导流板。

图22-28　风窗玻璃清洗器电动机和泵总成

项目二十三　空调系统

学习目标

完成本项目学习后,你应当能:
1. 说出汽车空调系统的作用;
2. 知道空调相关的物理常识;
3. 描述汽车空调系统结构组成及制冷原理;
4. 说出汽车空调系统各总成的功用;
5. 安全规范地更换制冷剂。

建议课时:6课时。

课题一　概　　述

空调是空气调节器的简称,是对空气进行冷却、加热、除湿的处理过程,使空气的温度、湿度在给定的条件下得到控制,满足人们对舒适性的要求,如图23-1所示。

经过几十年的发展,空调已经由最初的奢侈品成为许多汽车厂家的标准配置,改善乘坐舒适性,使人躲避高温和严寒,也可以使乘员远离灰尘和花粉的污染。汽车空调的销售、维护和修理需求直线上升,因此,汽车维修技工应充分认识到学习和掌握空调的工作原理、构造以及修理方法的重要性。

制冷的原理是即利用热从温度较高区域流至温度较低的特性,汽车空调就是利用这一特性发展起来的。早期汽车空调系统的进出风系统、制冷系统和暖风系统互相独立,且都是手动控制的,单凭人的感觉来调节开关,因而温度、湿度和风量很难控制。近几年来,随着电子计算机在汽车上的广泛应用,使得空调系统的控制效果和性能越来越高,这种电子控制的自动空调系统能进行全天候的空气调节,集制冷、采暖、通风于一体,在人为设定的最佳温度、湿度和风量的前提下,可进行多挡位、多模式的微调,同时还可以进行故障自诊断,给维修工作带来方便。

图23-1　汽车空调

一、汽车空调系统和环境

空调使人们享受到了舒适的环境,同时也带来负面影响。地球大气层由一层稀薄的气体组成,主要有氧和氮构成,还有一些稀有气体,例如臭氧(O_3),体积百分比约为0.000004%,但它是吸收太阳紫外线辐射必不可少的气体,通常认为臭氧浓度降低1%,紫外线辐射就增加1.5%~2%。

人类生产和使用的CFCS(氟利昂),例如R12,因其化学稳定性好,在对流层不易被分解而进入平流层,到达平流层的CFCS受到短波紫外线的照射,分解出CL自由基,CL自由基可以从臭氧分子中夺取一个氧原子,使O_3变成普通的氧分子;而形成的一氧化氯很不稳定,与另一个氧原子结合,使CL原子再次游离出来,又可以重复上述反应。反应过程中释放的CL,可以在平流层中存在好几年,因此,一个CL自由基能够消耗10万个臭氧分子就不足为怪了。所有排入大气层的CFCS有30%来自汽车空调系统。根据科学统计表明:现在大气层的臭氧已减少了2.5%,已经引起国际社会的注意,建立了相应的法规,其中包括使用回收装置以及采取各种措施防止和避免将R12排入大气。可喜的是有另一种替代剂取代R12,即R134a(四氟乙烯)的许多特性和R12相同但不会对臭氧构成威胁,因为它不含有使臭氧减少的氯元素,如图23-2所示。

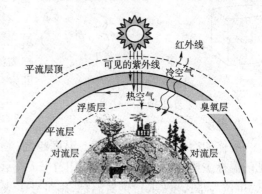

图23-2 大气层的组成

二、基本概念

为了深入了解空调的工作原理以及利用理论指导检修,必须了解和掌握一些基本概念:如热、物态变化、温度、压强、空气湿度等。

(一)热

热是物体内部不规则运动放出的一种能。加热可使物体内的分子活动增加。热从温度较高区域流至温度较低区域。可以通过传导、对流、辐射或这三种方式的任意组合传递。

1. 热传导

热在物体内的直接传递称为热传导。热传导是固体热传递的主要方式。一般金属都是良好的热导体,例如:加热铜棒的一端,另一端会逐渐变热。

2. 对流

流体(气体或液体)中的较热部分和较冷部分之间通过循环流动使温度趋于均匀的过程,是对流过程,例如:用水壶烧水时,壶底部的水分子受热彼此分开并上升,周围冷的重的液体或气体流到底部,不断循环,水就会烧开。

在液体和气体中,热传导过程和对流往往同时发生。

3. 热辐射

物体以自身的温度不断以电磁波的形式发射能量传递热的过程,称为热辐射。热辐射是远距离传热的主要方式。人们有效利用太阳的热能和热辐射,研发生产了许多产品,例如:太阳能热水器。

(二) 物态和物态变化

物态指物质存在的状态,一般有:固态、液态和气态。增加或减少物质的热量,物质的物理形态可能发生变化。

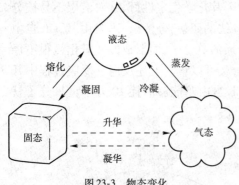

图 23-3　物态变化

我们以水为例子说明物质的物态变化:对冰进行加热,冰的温度会首先达到 0℃,如果继续加热,0℃ 的水和冰就会共存,最后就完全变成 0℃ 的水。继续对水加热,水的温度上升到 100℃,而在 100℃ 时,水就开始蒸发而不进一步升高温度。

物质由液态变为气态称为汽化,需要吸收热量,蒸发是汽化的一种形式;物质由气态变为液态称为液化,需要放出热量,水蒸气遇冷凝结成水,即发生液化,如图 23-3 所示。

(三) 温度与压强

1. 温度

物体的冷热程度称为温度。温度越高,物体就越热。温标是温度的数字表示法。常见的温标主要有三种:摄氏温标,用符号 t 表示,单位为摄氏度(℃);华氏温标,用符号 θ 表示,单位为华氏度(℉);绝对温标,用符号 T 表示,单位为开尔文(K)。这三种温标之间的关系为:

$$t(℃) = (\theta - 32) \times 5/9 (℉)$$
$$T(K) = t(℃) + 273.15℃$$

2. 压强

物体单位面积上受到的压力称为压强,用 P 表示。在任何物体的表面上都会受到由于大气的重力所产生的压力,在单位面积上所受到的大气压力,称为大气压。压强的单位通常用每平方米的作用力表示。帕斯卡是一个很小的单位,因此我们还常用 1000 Pa 作为一个单位,用 kPa(千帕)表示。

(四) 空气湿度

空气湿度表示空气中所含水蒸气量多少的物理量。空气温度升高时,分子间的距离就会加大,所能容纳的水蒸气量就会增加;空气温度降低时,分子间的距离就会缩小,所能容纳的水蒸气量就会降低,多余的水蒸气就会从空气中析出。湿度高时人会感到不适应,湿度低时人会感到舒服。

课题二　空调系统的组成与工作原理

空调除了有调节车内温度的功能外,还有除湿功能。空调还有助于消除车窗内外雾、冰和凝露等。

一、组成

空调结构包括制冷装置、供暖系统以及通风装置,如图 23-4 所示。

按操纵方式可将空调系统分为手动空调和自动空调。手动空调在驾驶人需要时可手动调节气温,自动空调则根据驾驶人调定的温度自行运行,使车内保持恒温。

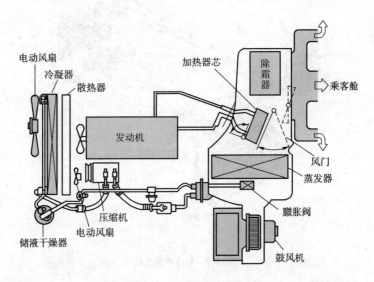

图 23-4 空调系统的组成

二、汽车空调装置的各项功能

调节车内温度是汽车空调的基本功能,在冬季,利用汽车空调的采暖装置升高车内的温度,在夏季,利用制冷装置实现车内降温。

汽车空调的第二个功能是调节车内的湿度,普通汽车空调一般不具备这种功能,只有高级豪华轿车采用的冷暖一体化空调器才能对湿度进行适量的调节。通过制冷装置冷却降温去除空气中的水分,再由采暖装置升温以降低空气的相对湿度。但目前大多汽车上还没有加湿装置,只能通过开车窗或通风设施,靠车外的新风来调节。

汽车空调的第三个功能是调节车室内的空气循环。舒适的气流速度一般为 0.25m/s 左右,冬季风速大了,会影响人体保温,因而冬季采暖希望气流速度尽量小一些,一般为 0.15~0.20m/s。根据人体的生理特点,头部对冷比较敏感,脚部对热比较敏感,因此在布置空调出风口时,让冷风吹到乘员的头部,暖风吹到乘员的脚部。

汽车空调的第四个功能是过滤净化车内空气。由于车内空间小,乘员密度大,车内容易出现缺氧和二氧化碳浓度过高的情况;汽车废气中的一氧化碳和道路上的粉尘、野外有毒的花粉都容易进入车内,因此要求汽车空调具有补充车外新鲜空气、过滤和净化车内空气的功能,一般汽车空调装置上都设有新风门、排风门、空气过滤装置和空气净化装置。

三、制冷系统的工作原理

制冷剂在封闭的系统中循环流动,并根据空调的要求变化状态,对驾驶室和车厢内的空气进行冷却。实现制冷的主要部件有压缩机、冷凝器、储液干燥器、膨胀阀、蒸发器、导管与软管、压力开关等,如图 23-5 所示。

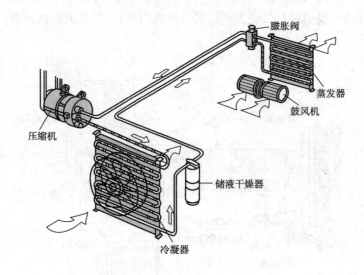

图 23-5　制冷系统组成

(一) 工作原理

液体汽化需要吸收热量,而气体液化时会放出热量,根据这一原理汽车制冷装置的工作分为以下两个过程。

过程一:降低压力,制冷剂从液态变为气态,吸收车厢内的热量,即膨胀与蒸发的过程。

过程二:将气态的制冷剂冷凝变为液态,使之在车厢外放出热量,即气态的制冷剂还原为液态的过程。

1. 膨胀与蒸发过程

空调是由以下方法实现制冷剂从液态变为气态的:

高温高压的液态制冷剂存储在储液罐中,通过膨胀阀的小孔流至蒸发器,温度和压力均下降,部分的液态制冷剂转化为蒸气,低温、低压的制冷剂流入蒸发器后,进行蒸发,并带走周围的热量,如图 23-6 所示。

2. 气态制冷剂还原为液态的过程

如果液态制冷剂用尽,制冷装置就不能起到制冷的作用。空调可以从蒸发器蒸发的气态制冷剂重新变为液态,实现制冷剂的循环。

温度与压力的关系:在正常大气压上增大 88kPa,水的沸点从 100℃ 变为 118℃ 才会沸腾;在低于正常大气压 39.2 kPa 时,水在 84℃ 就会沸腾。这就解释空调系统中气态制冷剂冷凝至液态的原理:当气体受到压缩时,温度和压力均会升高,例如:当气态制冷剂受到的压力从 0.21MPa 升高到 1.47MPa 时,温度升高到 80℃,制冷剂在 1.47MPa 的压力下的沸点为 57℃,因此,气态制冷剂的温度高于其沸点 57℃ 及周围空气温度,通过释放热量到沸点以下,便可以使气态的制冷剂转化为液态制冷剂。即将温度降低 23℃,便可将 1.47MPa、80℃ 的气态制冷剂液化,如图 23-7 所示。

(二)冷循环

上述制冷装置的两个工作过程是不断重复制冷的循环。压缩机压缩气态制冷剂,将高温、高压的制冷剂排出;流入冷凝器后,将热量散发到空气中去,制冷剂变为液态;液态制冷剂流入储液罐,经过过滤后流至膨胀阀;膨胀阀使液态制冷剂变为低温、低压的气液混合物;气液态的混合物经蒸发器带走热量;所有的制冷剂都变为气态制冷剂,只有气态的制冷剂才能流入压缩机,既而重复上述循环。

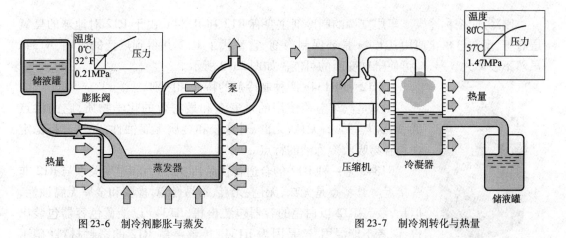

图23-6 制冷剂膨胀与蒸发　　　　　图23-7 制冷剂转化与热量

(三)蒸发曲线

制冷剂温度与压力之间关系的特性曲线称为蒸发曲线,如图23-8所示。曲线以上的部分是气态R134a,曲线以下的部分是液态R134a。

制冷剂在空调系统中的状态有两种:即液态和气态,通过提高压力而不改变温度,或降低温度而不改变压力的方法,都可使气态的制冷剂转化为液态的制冷剂,如图23-8中①、②所示。相反的,通过降低压力而不改变温度,或升高温度而不改变压力的方法,便可将液态制冷剂转化为气态的制冷剂,如图23-8中③、④所示。

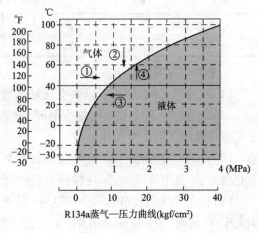

图23-8 R134a蒸发曲线

汽车空调的低压端压力设置在200kPa,对应的沸点为0℃,如果低于0℃,在蒸发器处凝结的水就会冻结,使风不能通过,无法进行热交换,低于0℃对于空调也没有必要,高于0℃又无法有效制冷。

汽车空调的高压端压力设置在1.5MPa,对应的沸点为60℃,夏季的室温一般在30~40℃,远远低于沸点温度,保证了制冷剂在室温下变为液态。

R12与R134a两种制冷系统的工作温度都选择为0℃和60℃,停机温度(蒸发器处温度)定在3℃,但是它们高压端的压力不同,见表23-1。

两种制冷剂高、低压端的设置　　　　　　表23-1

制冷剂类型	低 压 端		高 压 端	
	温度(℃)	压力(kPa)	温度(℃)	压力(kPa)
R134a	0±3	180～210	60±5	1300～1500
R12(禁用)	0±3	180～210	60±5	1200～1400

四、制冷剂

制冷剂，俗称冷媒。车用空调的制冷剂主要有 R12 和 R134a，由于 R12 对地球的臭氧层有害，现在已禁止使用；R134a 是环保制冷剂，它替代了 R12 并得到广泛的应用，R134a 虽然不破坏大气层，却可使全球变暖的可能。如图 23-9 所示。

图 23-9　制冷剂储液罐

1. R12 和 R134a 两种制冷剂的特性和区别

R12 是汽车空调使用的最安全和最有效的化学物质，它的沸点低、不易燃、无味、无色、无毒、对橡胶和金属无腐蚀性，并具有高稳定性和容易吸收冷冻油的特点。

R134a 是一种 R12 的合适替代品，它的压力和温度关系与 R12 非常接近。其特点是无味、无色、无毒、不易燃、对橡胶和金属无腐蚀性，但是，液态 R12 以白色的容器包装出售，R134a 以淡蓝色容器包装出售，两者不能混用，这是因为 R134a 能够溶解 R12 的密封材料(硝丁二烯)导致系统泄漏。R134a 接近水的特性，使得其同水一起被硅胶吸收。两种制冷剂使用的干燥剂材料不同，见表 23-2。

两种制冷剂所用的干燥剂　　　　　　表23-2

制 冷 剂	干 燥 剂	制 冷 剂	干 燥 剂
R134a	沸石	R12(禁用)	硅胶

2. 使用制冷剂的安全措施

(1) 制冷剂比氧气重，所以要有良好的通风装置。

(2) 维修空调系统和加注制冷剂时，要戴防护镜，因为制冷剂流入大气时，蒸发极快，任何东西接触之后都会结冰。

(3) 处理制冷剂罐时，一定不要将制冷剂罐置于高温处或避免将制冷剂罐放在有腐蚀物的地方，如蓄电池液附近，这样会引起燃烧。

(4) 在正常大气压和温度下，R134a 是不可燃烧的，但压力超过大气压和空气浓度体积大于 60% 时，R134a 变为可燃，所以绝对禁止向 R134a 罐内加压缩空气，也严禁向空调系统或维修装置加注压缩空气，否则会引起火灾和爆炸。

五、压缩机机油

压缩机机油又称冷冻机油，有以下几点作用：润滑压缩机；润滑运动部件及整个系统的密封件，保证膨胀阀的适当开启；能及时带走运动表面的因摩擦产生的热量，防止压缩机温度过高或烧坏。

课题三 加注制冷剂

在充加制冷剂之前必须清除制冷系统中的空气,即抽真空。若系统中有空气,会降低热交换率,使水蒸气在膨胀中凝结,腐蚀制冷系统的金属部件。

一、抽真空及充注制冷剂的工具

(1) 真空泵:其容量必须超过18L/min(2.67kPa)。

(2) 歧管压力计:是汽车空调检修操作中的主要工具。在抽真空、加注制冷剂和检查制冷循环压力情况时都要使用到。歧管压力计结构如图23-10所示,主要由高压表(计)、低压表(计)、阀体、止回阀、高低压侧手动阀和连接软管等组成。

(3) 电子检漏仪:用于检查空调制冷系统有无泄漏部位的主要工具。

(4) 制冷剂:若加注的制冷剂为小罐,则还需备有制冷剂注入阀。若为大罐制冷剂,则必须备有制冷剂计量工具。

二、抽真空

(1) 分别将高压表接入储液干燥器的维修阀,低压表接入自蒸发器至压缩机低压管路上的维修阀。中间注入软管安装于真空泵接口,如图23-11所示。

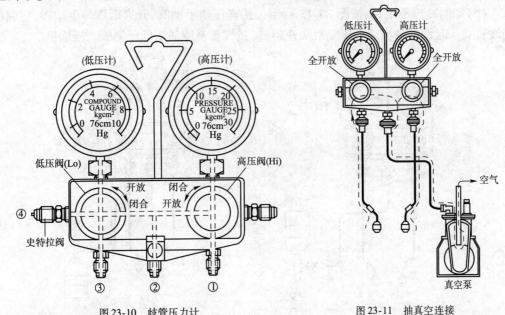

图23-10 歧管压力计

图23-11 抽真空连接

(2) 启动真空泵,打开歧管表高低压手动阀。

(3) 制冷系统抽真空,使低压表所示的真空度达0.1MPa。抽真空时间为5~10min。

(4) 关闭真空泵手动阀,真空泵继续运转,打开制冷剂罐,让少量R134a制冷剂进入系统(压力为0~49kPa),关闭罐阀。

(5) 放置5min,观察压力表,若指针继续上升,说明真空下降,系统有泄漏之处,应使用检漏仪进行泄漏检查,并修理堵漏。

(6)继续抽真空20~25min,并重复步骤(5)。如压力指针保持不动,说明无泄漏,可进行下一步工作。

(7)关闭高、低压压力表的手动阀,停止抽真空,从真空泵的接口拆下中间注入软管,准备注入制冷剂。

三、加注制冷剂

(1)抽完真空后,将注入阀连接在制冷剂罐上。

(2)将高、低压压力表的中间注入软管安装在注入阀接口上,顺时针拧紧注入阀手柄,使阀上的顶针将制冷罐顶开一个小孔。逆时针旋松注入阀手柄,退出顶针,使制冷剂进入中间注入软管。如一罐用完,再用第2、3罐时,仍应先关闭压力表的手动阀,重新顶开罐孔,中间注入软管在表头处拧松,以排出管内空气。

(3)拧松连接高、低压压力表中心接头的注入软管螺母,如看到白色制冷剂气体外溢,或听到嘶嘶声,说明注入软管中的空气已排出,可以拧紧该螺母。

(4)旋开高压表侧手动阀,将制冷剂罐倒立,使制冷剂以液态注入制冷系统。在加注时不得起动发动机和打开空调,以防制冷剂倒灌,如图23-12所示。

(5)旋开低压侧手动阀,使制冷剂以气态形式通过低压侧注入。此时要防止液态注入,以免造成液击现象,损坏压缩机。

(6)如制冷剂不足,则按图23-13所示关闭高压侧手动阀,开启低压侧手动阀,将制冷剂罐直立。起动发动机接合压缩机快速运转,让气态制冷剂从低压侧吸入压缩机。

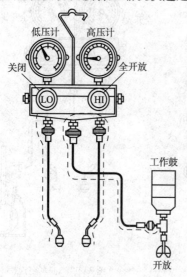

图23-12　液态制冷剂加注　　　　图23-13　气态制冷剂加注

(7)向制冷系统加注规定质量的制冷剂后,停止发动机运转,关闭高、低压力表的两个手动阀和制冷剂罐上的注入阀;拆除低压侧维修阀软管,待高压侧压力下降后,方可从高压侧维修阀拆下高压表软管。

项目二十四 车 身

学习目标

完成本项目学习后,你应当能:

1. 说出车身的类型及结构组成;
2. 知道车身表面涂层的组成;
3. 知道车架式车身、整体式车身的特点及结构组成;
4. 就车拆装上仪表台、下仪表及中控台;
5. 安全规范的拆装前、后保险杠及发动机罩。

 建议课时:6课时。

课题一 车身的结构组成

一、车身的分类

1. 按车身形式分类

车身形式如图 24-1 所示。

图 24-1 车身形式图

(1) 轿车车身:一种突出乘客、驾驶人舒适性的车身。

(2) 双门轿车车身:一种强调式样和性能的运动型车身。

(3) 掀背式(舱背式)车身:这种车型和双人小汽车的车身较为相似。汽车的乘客和行李区域是一个整体的。

(4)硬顶式车身:一种没有窗框和中央立柱的私家轿车车身。
(5)敞篷式车身:一种驾驶时车顶篷可开闭移动的轿车或者双门轿车车身。
(6)皮卡车车身:一种小型货车车身,其发动机舱延伸到驾驶人座椅前方。
(7)厢式货车和小型客车车身:这种形式有着整体的乘客和行李空间。

2. 按车身布局分类

(1)三厢式汽车车身:独立的发动机舱、乘员舱和行李舱设计。
(2)两厢式汽车车身:整体式乘员客房、行李舱设计,这种类型使乘客和行李有一个整体的空间,但和发动机是分开的,常用于结构紧凑型车辆。
(3)单厢式汽车车身,如图24-2所示:带底置式发动机的整体式乘员客房、行李舱设计。这种类型将发动机、乘客和行李所使用的空间整合在一起。它非常适合运输较多的乘客和大量的行李,允许有效使用空间。

3. 按车身设计结构分类

车身结构的类型如图24-3所示。

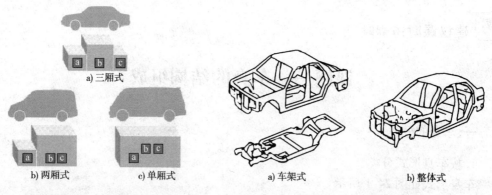

图24-2 车身的布局　　　　图24-3 车身的结构类型

(1)车架式车身:这种类型的车身结构由分开的车身和车架(装有发动机、变速器和悬架)组成。
(2)整体式(承载式)车身:这种类型的车身结构由集成为一个整体的车体和车架组成。整个车身成为一个箱体,并保证其强度。

二、车身的组成

1. 外部件

车外部件如图24-4所示。

2. 车内部件

车内部件如图24-5所示。

三、车身表面涂层

1. 组成

涂料是涂在车身表面的一种膜。主要目的是加强车身外表;另一个目的是防止车身生锈、阳光直射、灰尘和淋雨,如图24-6所示。

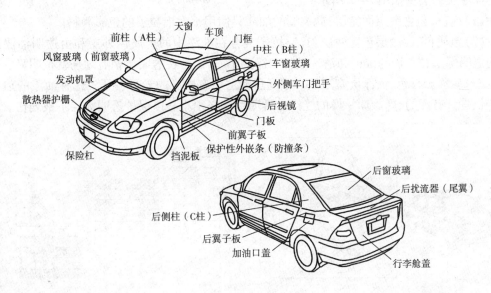

图24-4 车外部件

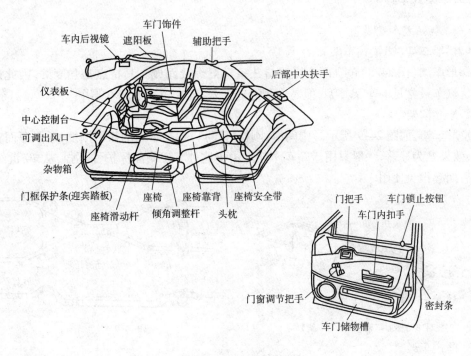

图24-5 车内部件

图24-6所示A为金属板;图24-6所示B为底漆,防止车身生锈;图24-6所示C为中间涂层,使基材和底漆光滑;图24-6所示D为面涂层,这是最后一道涂层,使涂料具有光泽、吸引力。

2. 面涂层的类型

面涂层的类型如图24-7所示。

(1)纯色,包含一层面涂层,此类型的油漆只使用不含铝粒子的色彩颜料。

(2)金属色,面涂层包含两层:有铝粒子混合在油漆中的金属色外层和由透明油漆形成的透明层。在车辆的维护和清洗过程中需要小心,因为在透明层稍有划伤就很明显。

(3)珍珠云母色,面涂层有三层。中间过渡层中有微小的云母粒子。这种油漆的独有的特征是具有深的、像珍珠一样的光泽和透明度。必须小心以保护透明涂层不被划伤。

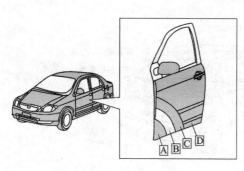

图24-6 车身表面涂层

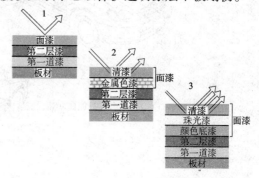

图24-7 面涂层的类型

四、车架式车身

(一)车架式车身类型

1.梯形车架(边梁式车架)

梯形车架(图24-8)包含两个纵梁与几条横梁焊接而成。其特点是强度好,因此这也是载货汽车最常见的车架类型,但是由于舒适性差,现在轿车上基本不用。

2. X 形车架

X形车架,如图24-9所示。中间窄,刚性好,可以提高车架的扭转刚度,对于短而宽的车架,效果尤为显著,一般只用于轿车车架。由于这种车架侧面保护性不强,从20世纪60年代后期起很少使用。

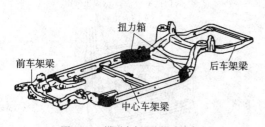

图24-8 梯形车架(边梁式车架)

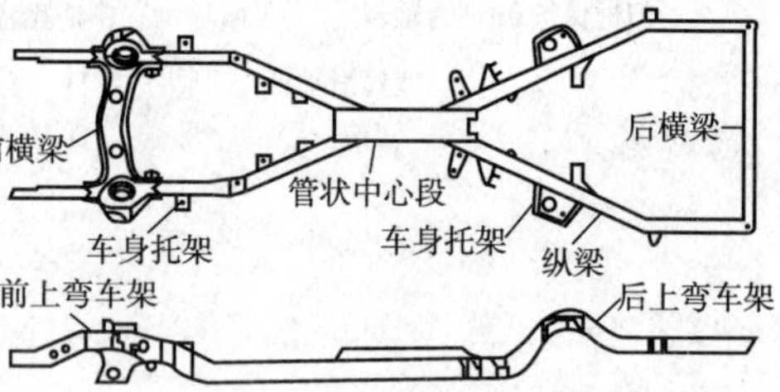

图24-9 X形车架

3.框式车架

框式车架,如图24-10所示。纵梁在其最大宽度处支撑着车身,在车身受到侧向冲击时可为乘客提供保护,受到侧向冲击安全性好。在前车轮后面和后车轮前面的区域分段形成扭力箱结构,在正面碰撞中可吸收大部分的能量,前后上弯车架在碰撞中吸收冲击振动。为了减少振动和噪声,在连接点处将特制的橡胶坐垫置于车身与车架之间将它们隔开。目前所使用的大多数车架都是框式车架。

图 24-10　框式车架

(二)车架式车身的结构

1. 前车身部分

如图 24-11 所示,散热器支架、前翼板和前挡泥板构成。散热器支架由上、下、左、右四根支架焊接而成一个单独的结构。散热器支架、前翼板和前挡泥板用螺栓连接成一体。

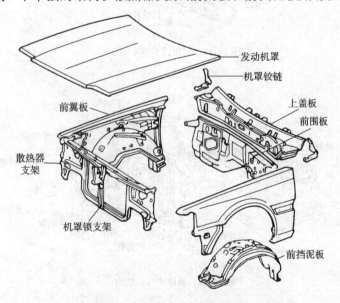

图 24-11　车架式车身前车身结构

2. 主车身

如图 24-12 所示,主车身由围板、下车身、前车身立柱、车身中柱、顶板、前盖板、后盖板等组成。

五、整体式车身

20 世纪 70 年代中期前以有梁式车身为主,短暂使用过半车架式车身(只有部分骨架,如单独的立柱、拱形梁、加固件等),20 世纪 80 年代以后以整体式车身为主。而近几年生产的小型、中型甚至大型的新型轿车,大部分都采用整体式车身结构。

1. 整体式车身结构

整体式车身由于整个车身与车架合成一体,没有单独的车架,所以整体式车身又称无架式车身,如图24-13所示。整体式车身不同于传统车架式结构,它没有单独的车架,而是一个由薄钢板通过压延加工成不同的形状并点焊连接成一个整体,从而形成类似于蛋壳的"应力薄壳结构"。这种结构的车体能够以相对较轻的质量承受较高的应力,并且它充分利用了原先车架所占用的空间,使车身的有效容积大幅度提高,使汽车更加小型化,是当前小型乘用车的主流形式。

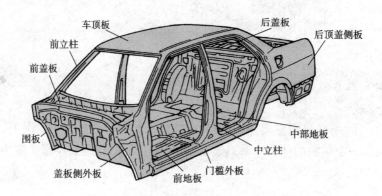

图24-12 车架式车身主车身

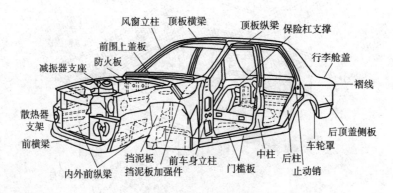

图24-13 整体式车身结构

2. 整体式车身的特点

(1)主要部件是焊接在一起的,车身易于形成紧密的结构,有助于在碰撞时保护车内乘员。

(2)没有独立车架。

(3)车身内部的空间更大,汽车可以小型化。

(4)结构紧凑,质量轻。

(5)整体式车身刚性较大,有助于向整个车身传递和分散冲击能量。

(6)整体式车身的损坏要比车架式车身的损坏更为复杂,修复前要做彻底的损坏分析。

(7)车身一旦损坏变形,则需要采用特殊(不会导致进一步损坏)程序来恢复原来的形状。

课题二　车身主要零部件的拆装

一、工具、设备和材料的准备

(1)常用工具一套,工具车,工具架,工作台。
(2)胶布,专用装饰板卡扣翘板。
(3)卡罗拉轿车一辆。
(4)卡罗拉轿车维修手册。

二、作业前的准备

(1)将工位清理干净。
(2)将工具车、工具架、工作台摆放到位。
(3)车辆安全停放并实施内外防护。
(4)车辆完成预检工作。
(5)在维修手册中查找相关资料及操作标准。

三、上仪表台的拆装

1.拆卸
(1)从蓄电池负极端子断开电缆。
注意:断开电缆后等待 90s,以防止气囊展开。
小心:断开蓄电池电缆后重新连接时,某些系统需要初始化。
(2)拆卸仪表板左下装饰板:脱开 3 个卡爪和卡扣,并拆下仪表板左下装饰板,如图 24-14 所示。
(3)拆卸仪表板右下装饰板:脱开 3 个卡爪和卡扣,并拆下仪表板右下装饰板,如图 24-15 所示。

 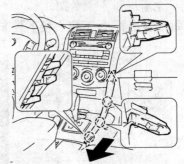

图 24-14　拆卸仪表板左下装饰板　　　　图 24-15　拆卸仪表板右下装饰板

(4)拆卸仪表板左端装饰板。
①在图示位置粘贴保护性胶带。
②插入车顶防护条拆卸工具并向卡扣滑动拆卸工具,如图 24-16 所示。

③用双手拉动拆卸工具将卡扣脱开,拆下仪表板左端装饰板,如图24-17所示。

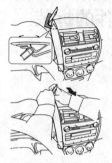
图24-16 拆卸仪表板左端装饰板(一)

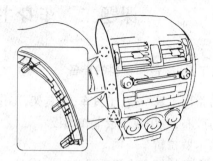
图24-17 拆卸仪表板左端装饰板(二)

(5)拆卸仪表板右端装饰板。
(6)拆卸中央仪表板调风器总成。
①脱开2个卡爪、4个卡扣和2个导销。
②断开连接器,拆下中央仪表板调风器总成,如图24-18所示。

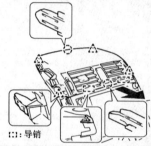

图24-18 拆卸中央仪表板调风器总成

(7)拆卸组合仪表总成(参见项目二十一)。
(8)拆卸左侧前柱装饰板。
(9)拆卸右侧前柱装饰板。
(10)拆卸仪表板下装饰板总成。
①脱开6个卡爪和3个卡扣。
②断开每个连接器,拆下仪表板下装饰板总成,如图24-19所示。

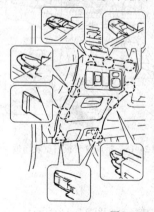
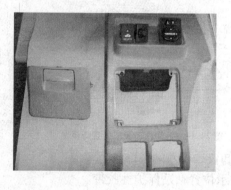

图24-19 拆卸仪表板下装饰板总成

(11)拆卸杂物箱盖总成,如图24-20所示。
①脱开卡爪并松开杂物箱盖挡块。
②按照图中箭头指示的方向弯曲部位 A 和 B,以松开2个挡块,并降下杂物箱盖总成直到盖前部处在水平位置。
③向车辆后部水平拉动杂物箱盖总成以松开2个铰链,并拆下杂物箱盖总成。

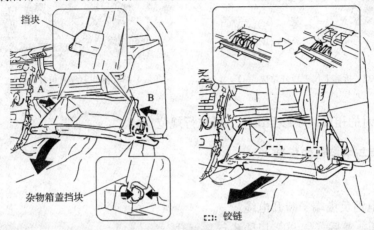

图24-20 拆卸杂物箱盖总成

(12)拆卸仪表板1号箱盖分总成,如图24-21所示。
①拆下螺钉。
②脱开3个卡爪和4个卡扣,然后拆下仪表板1号箱盖分总成。

图24-21 拆卸仪表板1号箱盖分总成

(13)断开右前车门开口装饰密封条。
(14)断开仪表板线束总成。
(15)拆卸上仪表板分总成,如图24-22所示。
①操作倾斜度调节杆以降下转向盘总成。
②断开各连接器。
③拆下2个螺钉B。
④拆下乘客气囊螺栓A。
⑤脱开5个卡扣和4个导销,如图24-23所示。
⑥脱开5个卡爪,拆下上仪表板分总成,如图24-24所示。

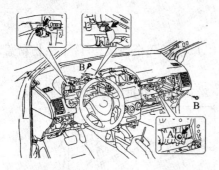

图 24-22 拆卸上仪表板分总成（一）

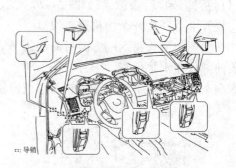

图 24-23 拆卸上仪表板分总成（二）

2. 安装

按照拆卸时的相反顺序参照维修手册进行规范安装。

四、下仪表与中控台的拆装

1. 拆卸

（1）从蓄电池负极端子断开电缆。

注意：断开电缆后等待 90s，以防止气囊展开。

小心：断开蓄电池电缆后重新连接时，某些系统需要初始化。

（2）拆卸上仪表台分总成。

（3）拆卸带支架的收音机。

（4）拆卸变速杆把手总成。逆时针转动变速杆把手并拆下变速杆把手分总成，如图 24-25 所示。

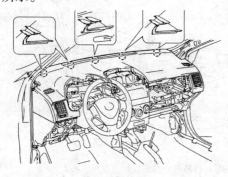

图 24-24 拆卸上仪表板分总成（三）

图 24-25 拆卸变速杆把手分总成

（5）拆卸中央仪表组装饰板总成。脱开 2 个卡爪和 2 个卡扣，并拆下中央仪表组装饰板总成，如图 24-26 所示。

（6）拆卸仪表盒总成。

①拆下 2 个螺钉。

②脱开 2 个卡爪。

③断开连接器，拆下仪表盒总成，如图 24-27 所示。

（7）拆卸仪表板孔盖，如图 24-28 所示。

①脱开 4 个卡爪。

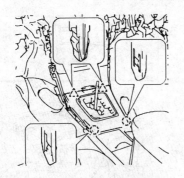
图 24-26 拆卸中央仪表组装饰板总成

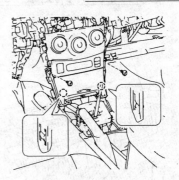
图 24-27 拆卸仪表盒总成

②断开每个连接器,拆下仪表板孔盖。

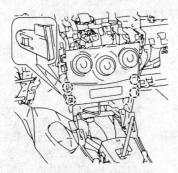
图 24-28 拆卸仪表板孔盖

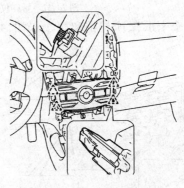
图 24-29 拆卸空调面板总成

(8)拆卸空调面板总成,如图 24-29 所示。

(9)拆卸左前车门防磨板,如图 24-30 所示。

(10)拆卸左前围侧饰板,如图 24-31 所示。

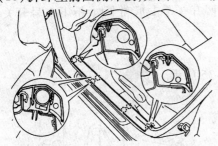
图 24-30 拆卸左前车门防磨板

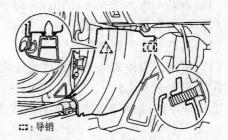
图 24-31 拆卸左前围侧饰板

(11)拆卸仪表板 1 号底罩分总成,如图 24-32 所示。

①拆下 2 个螺钉。

②脱开卡爪。

③脱开导销,并拆下仪表板 1 号底罩分总成。

(12)拆卸前 1 号地板控制台嵌入件,如图 24-33 所示。

①脱开 3 个卡爪。

②脱开导销,并拆下前 1 号地板控制台嵌入件。

(13)拆卸仪表板下装饰板分总成,如图 24-34 所示。

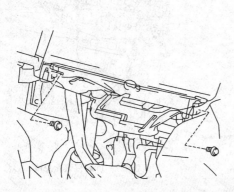
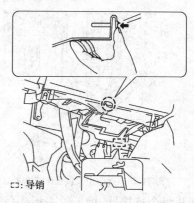

图 24-32 拆卸仪表板 1 号底罩分总成

脱开 5 个卡爪、2 个导销和 2 个卡扣,并拆下仪表板下装饰板分总成。

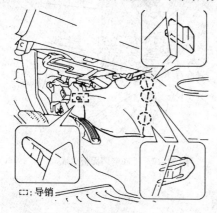

图 24-33 拆卸前 1 号地板控制台嵌入件　　图 24-34 拆卸仪表板下装饰板分总成

(14)拆卸 1 号开关孔座,如图 24-35 所示,脱开 3 个卡爪和卡扣,拆下 1 号开关孔座。

(15)拆卸右前车门防磨板。

(16)拆卸右前围侧饰板。

(17)拆卸仪表板 2 号底罩分总成,如图 24-36 所示。

①脱开 3 个卡爪。

②脱开导销,并拆下仪表板 2 号底罩分总成。

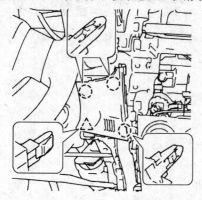
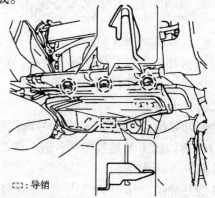

图 24-35 拆卸 1 号开关孔座　　图 24-36 拆卸仪表板 2 号底罩分总成

(18)拆卸前2号地板控制台嵌入件。

(19)拆卸地板控制台上面板分总成。

(20)拆卸地板控制台毡垫。

(21)拆卸后地板控制台总成。

(22)拆卸2号天线导线分总成。

(23)拆卸下仪表板分总成,如图24-37所示。

①脱开2个卡爪和DLC3。

②脱开3个卡爪并拆下发动机罩锁控制拉索总成,如图24-38所示。

③脱开各卡夹。

④断开各连接器。

⑤拆下2个螺钉＜G＞,拆下螺钉＜B＞或＜G＞,如图24-39所示。

⑥拆下2个螺栓＜C＞或＜D＞,拆下8个螺钉＜E＞或＜F＞,如图24-40所示。

⑦脱开2个卡爪,拆下下仪表板分总成。

2. 安装

按照拆卸时的相反顺序参照维修手册进行规范安装。

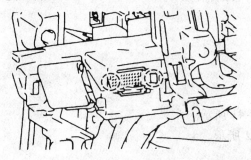

图24-37 拆卸下仪表板分总成

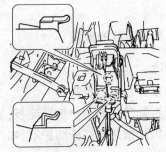

图24-38 拆下发动机罩锁控制拉索总成

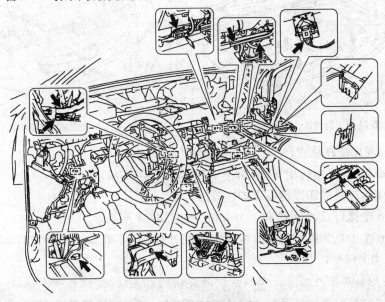

图24-39 拆卸下仪表板分总成(一)

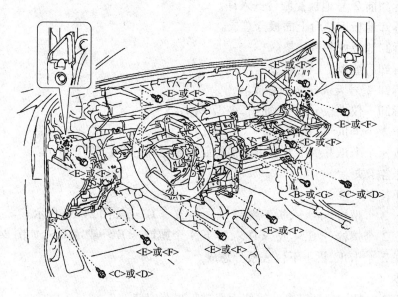

图 24-40　拆卸下仪表板分总成(二)

五、前保险杠的拆装

1. 拆卸

(1)断开蓄电池负极。

(2)拆卸散热器上空气导流板,如图 24-41 所示。

(3)拆卸散热器格栅防护罩,如图 24-42 所示。

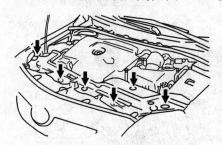 

图 24-41　拆卸散热器上空气导流板　　图 24-42　拆卸散热器格栅防护罩

(4)拆卸前保险杠总成。

①使用螺丝刀,将销转动 90°并拆下卡扣,如图 24-43 所示。

②沿前保险杠总成四周粘贴保护性胶带。

③拆下 6 个螺钉、2 个螺栓和 3 个卡扣,如图 24-44 所示。

④脱开 6 个卡爪并拆下前保险杠总成并断开连接器(带雾灯或侦测声呐系统),取下保险杠总成,如图 24-45 所示。

◇**提示:**拆卸带雾灯或侦测声呐系统的前保险杠总成时,切勿用力拉拽,应先断开连接器。拆卸带前照灯清洗器系统的前保险杠总成时,应先排空玻璃清洗液。

图24-43 拆卸前保险杠总成(一)

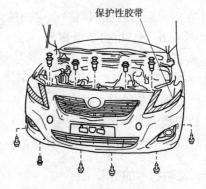

图24-44 拆卸前保险杠总成(二)

2. 安装

(1)安装前保险杠总成。

(2)安装散热器格栅防护罩。

(3)将电缆连接到蓄电池负极端子上。

(4)安装散热器上空气导流板。

六、后保险杠的拆装

1. 拆卸

(1)拆下3个螺钉和左后侧围板挡泥板。

(2)拆卸右后侧围板挡泥板,如图24-46所示。

图24-45 拆卸前保险杠总成(三)

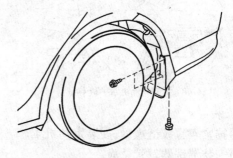

图24-46 拆卸右后侧围板挡泥板

(3)拆卸后保险杠总成,如图24-47所示。

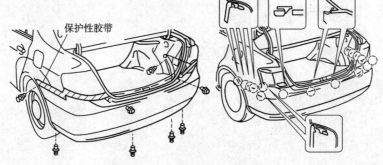

图24-47 拆卸后保险杠总成

①在后保险杠总成四周粘贴保护性胶带。
②拆下6个卡扣和2个螺栓。
③脱开16个卡爪并拆下后保险杠总成。

2. 安装

（1）安装后保险杠总成。

（2）安装左后侧围板挡泥板。

（3）安装右后侧围板挡泥板（带后翼子板挡泥板）。

七、发动机罩的拆装

1. 拆卸

（1）拆卸发动机罩护板卡扣，如图24-48所示，脱开2个卡爪，拆下发动机罩护板卡扣。

（2）拆卸发动机罩隔垫（带发动机罩隔垫），用卡扣拆卸工具拆下7个卡扣和发动机罩隔垫，如图24-49所示。

（3）拆卸清洗器喷嘴分总成。

（4）断开清洗器软管总成。

（5）拧松4只铰链螺母，拆下发动机罩。

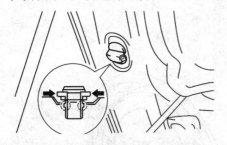
图24-48 拆卸发动机罩护板卡扣

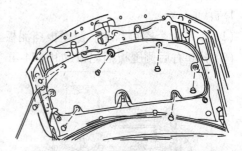
图24-49 拆卸发动机罩隔垫

2. 安装

（1）拧紧4只铰链螺母，安装发动机罩。

（2）安装清洗器软管总成。

（3）安装清洗器喷嘴分总成。

（4）安装发动机罩隔垫（带发动机罩隔垫）。

（5）安装发动机罩护板卡扣。

项目二十五　电动车窗、门锁

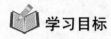学习目标

完成本项目学习后,你应当能:
1. 说出电动车窗的结构组成及功用;
2. 说出门锁的结构组成及功用;
3. 规范安全地拆装驾驶人侧车门;
4. 正确初始化车窗玻璃电动机;
5. 安全规范地拆装发动机罩锁;
6. 安全规范地拆装行李舱锁。

建议课时:4课时。

课题一　电动车窗、门锁的结构组成

一、电动车窗的结构组成

1. 功用

电动车窗系统是通过开关操作来控制开闭车窗的系统。当开关操作时,车窗电动机旋转并通过执行机构将旋转运动转换成上下运动打开或关闭车窗。

电动车窗系统主要包括以下功能:

(1)手动开、关的功能,当电动车窗开关被推或拉到一半时,窗户打开或关闭直至开关被松开。

(2)单触式自动开、关功能,当电动车窗开关被推或拉到底时,窗户全开或全关。

(3)车窗锁止功能,当车窗锁止开关打开时,除驾驶人车窗,所有车窗打开和关闭功能失效。

(4)防夹保护功能,在单触式自动关窗期间,如果异物卡在窗内,此功能自动停止电动车窗并将车窗玻璃向下移动大约50mm。

(5)无钥匙电动车窗功能,如果驾驶人车门不打开,在点火开关开到ACC或LOCK位置后大约45s的时间里,此功能允许电动车窗系统的操作。

2. 组成

(1)车窗升降执行机构,其作用是将车窗电动机的旋转运动转换为上下运动,打开和关闭车窗。

(2)车窗电动机,其作用是通过正向、反向转动,驱动车窗升降执行机构,如图25-1所示。

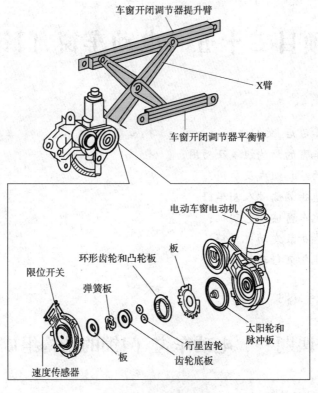

图25-1 电动车窗的组成

(3)电动车窗总开关(由电动车窗开关和车窗锁止开关组成),其作用是控制整个电动车窗系统;驱动所有车窗电动机;车窗锁止开关使车窗的开、关无效;根据驾驶人侧的电动车窗电动机来的速度传感器和限位开关信号进行是否卡住的判断。

(4)电动车窗开关,其作用是分别驱动前部乘员和后面乘员车窗的车窗电动机。

(5)点火开关,其作用是将ON、ACC或LOCK信号传输到电动车窗总开关,以便控制无钥匙电动车窗功能。

(6)门控开关(驾驶人侧),其作用是将驾驶人车门的打开或关闭信号传送到电动车窗总开关以便控制无钥匙电动车窗功能。

二、门锁的结构组成

1.功能

门锁控制系统并不是简单地通过机械操作锁定、解锁车门,而是按照门锁控制开关和钥匙的操作控制门锁电动机。此系统也有钥匙遗忘保护功能、两步开锁功能和安全功能。系统具备的功能随车型、配置有所不同,如图25-2所示。

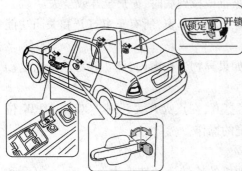

图25-2 门锁控制系统

项目二十五 电动车窗、门锁

(1)手动锁定、解锁功能,当门锁控制开关被置于锁定、解锁侧时,所有车门均被锁定、解锁。

(2)车门钥匙锁定、开锁功能,用钥匙实现锁定、解锁,如图25-3所示。

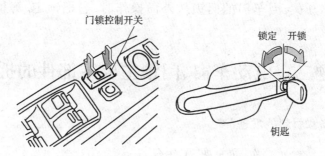

图25-3 手动锁定、解锁与车门钥匙锁定、开锁功能

(3)两步开锁功能,开锁的第一步操作只能打开本车门,其他的车门要用第二步操作才能开启。

(4)安全功能为了防止有人用棒或类似物从车门玻璃和车窗框之间的空隙操作门锁控制开关来开启车门。

2.系统组成

门锁控制系统的组成如图25-4所示。

(1)门锁ECU,其作用是接收来自各开关的信号并向各门锁总成传输锁定、解锁信号,以便驱动各车门的门锁电动机。

(2)门锁总成,其作用是对各车门执行锁定、解锁。

(3)门锁控制开关。

3.门锁总成的组成

门锁总成的组成如图25-5所示。门锁总成的作用:通过电流方向的改变,实现车门的锁定、解锁;通过内装的门锁位置开关检测车门的锁定、解锁状态;检测操作开关的状态并将其传输到门锁ECU。

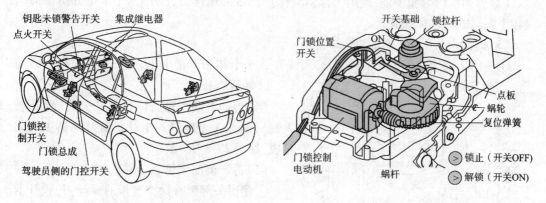

图25-4 门锁控制系统组成　　　图25-5 门锁总成的组成

(1)门锁电动机,其作用是充当门锁执行器,当门锁电动机旋转时,通过蜗杆蜗轮传输

到锁定杆,使车门锁定、解锁,一旦车门的锁定、解锁操作完成,蜗轮由复位弹簧回到中性位置。

(2)门锁位置开关,其作用是检测车门是否锁定、解锁。

(3)钥匙操作开关,当车门的门锁从外面操作时,它把锁定、解锁信号传输给门锁ECU。

课题二 电动车窗、门锁主要零部件的拆装

一、工具、设备和材料的准备

(1)常用工具一套,工具车,工具架,工作台。

(2)胶布。

(3)卡罗拉轿车一台。

(4)卡罗拉轿车维修手册。

二、作业前的准备

(1)将工位清理干净。

(2)将工具车、工具架、工作台摆放到位。

(3)车辆安全停放并实施内外防护。

(4)车辆完成预检工作。

(5)在维修手册中查找相关资料及操作标准。

三、驾驶人侧车门的拆装

1.拆卸

(1)从蓄电池负极端子断开电缆。

注意:断开蓄电池电缆后重新连接时,某些系统需要初始化。

(2)拆卸前门内扣手框,使用头部缠有保护胶带的螺丝刀,脱开3个卡爪并拆下前门内扣手框,如图25-6所示。

(3)拆卸前扶手座上板,如图25-7所示。

①使用头部缠有保护胶带的螺丝刀,脱开2个卡扣和6个卡爪,拆下前扶手座上板。

②断开连接器。

(4)拆卸电动车窗升降器主开关总成(驾驶人侧),拆下3个螺钉和电动车窗升降器主开关总成,如图25-8所示。

(5)拆卸前门装饰板分总成。

①使用头部缠有保护胶带的螺丝刀,脱开卡爪并断开车门扶手盖。

②拆下2个螺钉,如图25-9所示。

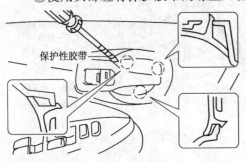

图25-6 拆卸前门内扣手框

项目二十五 电动车窗、门锁

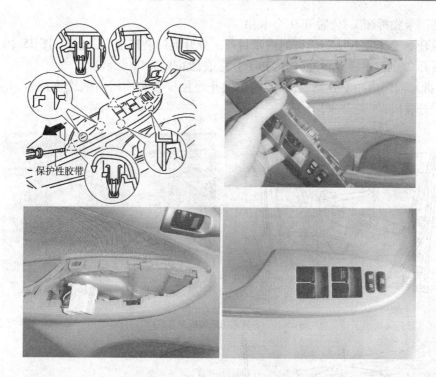

图 25-7 拆卸前扶手座上板

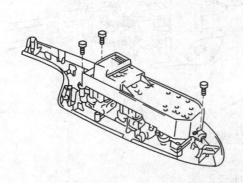
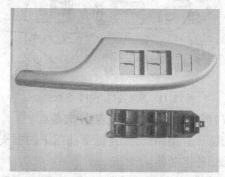

图 25-8 拆卸电动车窗升降器主开关总成

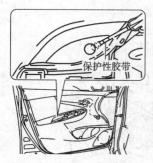
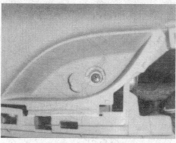
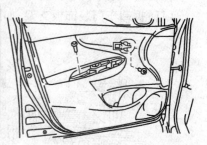

图 25-9 拆卸前门装饰板分总成(一)

③使用卡扣拆卸工具,脱开9个卡扣。
④脱开5个卡爪并从前门玻璃内密封条上分开前门装饰板分总成,如图25-10所示。
⑤脱开2个卡爪,并断开前门内扣手分总成,如图25-11所示。

(6)拆卸前门内扣手分总成,断开前门锁止遥控拉索和前门内侧锁止拉索,并拆下前门内扣手分总成,如图25-12所示。

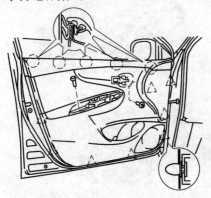

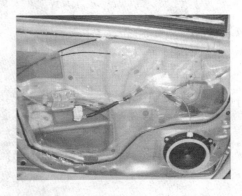

图25-10　拆卸前门装饰板分总成(二)

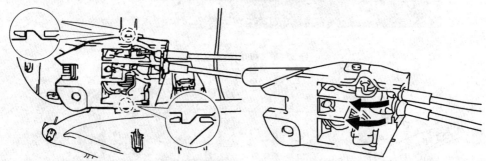

图25-11　断开前门内扣手分总成　　　图25-12　拆卸前门内扣手分总成

(7)拆卸前门下门框支架装饰条。
①脱开卡扣和卡夹,并拆下前门下门框支架装饰条。
②断开连接器。
(8)拆卸前2号扬声器总成,如图25-13所示。
(9)拆卸前门玻璃内密封条。
(10)拆卸前1号扬声器总成。
(11)拆卸车门装饰板支架,如图25-14所示。

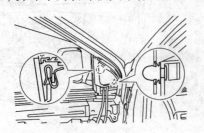

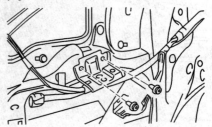

图25-13　拆卸前2号扬声器总成　　　图25-14　拆卸车门装饰板支架

(12)拆卸前门检修孔盖。

①断开连接器。

②拆下前门检修孔盖,如图 25-15 所示。

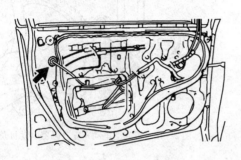

图 25-15　拆卸前门检修孔盖

(13)拆卸前门玻璃分总成。

①连接蓄电池负极端子。

②连接电动车窗升降器主开关总成,并移动前门玻璃分总成以便能看到车门玻璃螺栓。

③断开蓄电池负极端子和电动车窗升降器主开关总成。

④拆下 2 个螺栓。

⑤如图 25-16 所示,拆下前门玻璃分总成。

注意:拆下螺栓后,车门玻璃可能掉落,造成损坏。

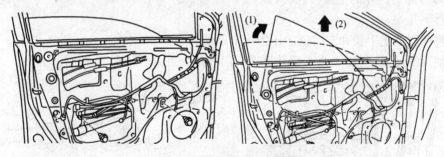

图 25-16　拆卸前门玻璃分总成

(14)拆卸前门窗升降器分总成。

①断开连接器。

②松开临时螺栓。

③拆下 5 个螺栓。

④将前门窗升降器分总成和前电动车窗升降器电动机总成作为一个单元拆下。

⑤从前门窗升降器分总成上拆下临时螺栓,如图 25-17 所示。

(15)拆卸前电动车窗升降器电动机总成,如图 25-18 所示。

(16)拆卸前门 2 号加强垫。

①拆下螺栓。

②拆下导管和前门 2 号加强垫,如图 25-19 所示。

(17)拆卸前门玻璃升降槽。
(18)拆卸门框装饰条,如图 25-20 所示。

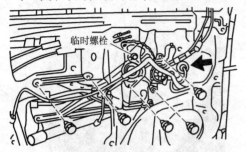

图 25-17　拆卸前门窗升降器分总成

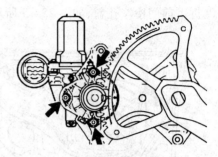

图 25-18　拆卸前电动车窗升降器电动机总成

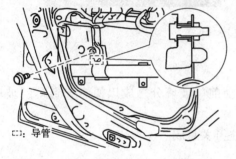

图 25-19　拆下导管和前门 2 号加强垫

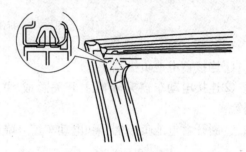

图 25-20　拆卸门框装饰条

(19)拆卸前门后下门框分总成,如图 25-21 所示。
(20)拆卸前门外把手盖(驾驶人侧)。
①拆下孔塞。
②将前门外把手盖和车门锁芯作为一个单元拆下。
③使用螺丝刀,脱开 2 个卡爪并拆下前门外把手盖,如图 25-22 所示。

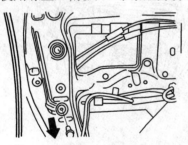

图 25-21　拆卸前门后下门框分总成

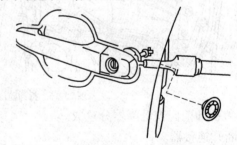

图 25-22　拆卸前门外把手盖

(21)拆卸前门外把手总成(不带智能上车和起动系统),如图 25-23 所示。
(22)拆卸前门外把手前装饰盖,脱开 2 个卡爪,拆下前门外把手前装饰盖,如图 25-24 所示。
(23)拆卸前门外把手后装饰盖,如图 25-25 所示。
(24)拆卸前门门锁总成,如图 25-26 所示。
①拆下 3 个螺钉。
②向下滑动前门门锁总成,将前门门锁总成和拉索作为一个单元拆下。

③将门锁线束密封从前门门锁总成上拆下。

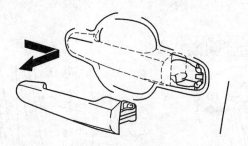

图25-23 拆卸前门外把手总成

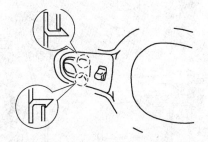

图25-24 拆卸前门外把手前装饰盖

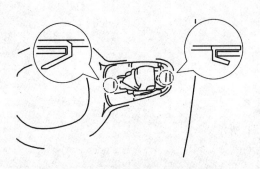

图25-25 拆卸前门外把手后装饰盖

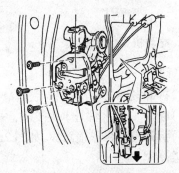

图25-26 拆卸前门门锁总成

(25)拆卸前门锁止遥控拉索总成。
(26)拆卸前门内侧锁止拉索总成,如图25-27所示。
①用螺丝刀脱开3个卡爪。
②拆下前门内侧锁止拉索总成。

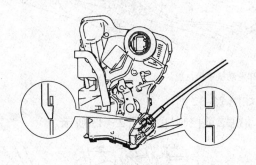

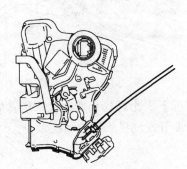

图25-27 拆卸前门内侧锁止拉索总成

(27)拆卸前门外把手框分总成(不带智能上车和起动系统),如图25-28所示。
(28)拆卸前门锁开启杆,如图25-29所示。
(29)拆卸前门开度限位器总成,如图25-30所示。拆下螺栓、2个螺母和前门开度限位器总成。

2.装配

按照拆卸时的相反顺序参照维修手册进行规范安装。

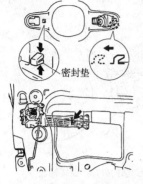
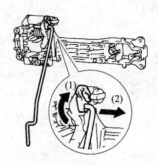

图25-28　拆卸前门外把手框分总成　　图25-29　拆卸前门锁开启杆　　图25-30　拆卸前门开度限位器总成

四、发动机罩锁的拆装

1. 拆卸

(1) 拆卸散热器上空气导流板。

(2) 断开1号水软管卡夹支架。

(3) 拆卸发动机罩锁总成,如图25-31所示。

①断开连接器。

②断开发动机罩锁控制拉索。

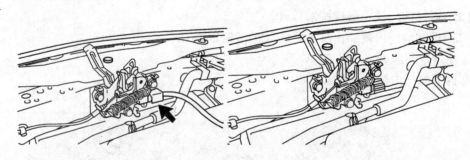

图25-31　拆卸发动机罩锁总成(一)

③拆下3个螺栓和发动机罩锁总成,如图25-32所示。

④断开发动机罩锁控制拉索,拆下发动机罩锁控制杆,如图25-33所示。

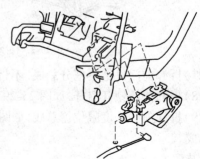

图25-32　拆卸发动机罩锁总成(二)　　图25-33　拆下发动机罩锁控制杆

(4)拆卸发动机罩锁控制拉索总成,用螺丝刀断开卡夹,如图25-34所示。

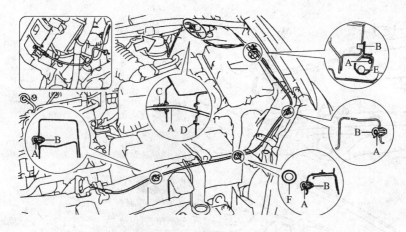

图25-34 拆卸发动机罩锁控制拉索总成

2.安装

按照拆卸时的相反顺序参照维修手册进行规范的安装。

五、行李舱锁的拆装

1.拆卸

(1)拆卸行李舱门装饰罩,如图25-35所示。

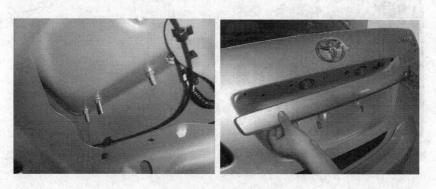

图25-35 拆卸行李舱门装饰罩

(2)拆卸行李舱门锁总成(不带智能上车和起动系统),如图25-36所示。

①断开连杆。

②升起行李舱门锁盖。

③断开行李舱门锁控制拉索分总成,如图25-37所示。

④将行李舱门锁盖返回原始位置,如图25-38所示。

⑤断开连接器。

⑥拆下2个螺栓和行李舱门锁总成,如图25-39所示。

(3)拆卸行李舱门锁芯总成(不带智能上车和起动系统),拆下2个螺母和行李舱门锁芯总成,如图25-40所示。

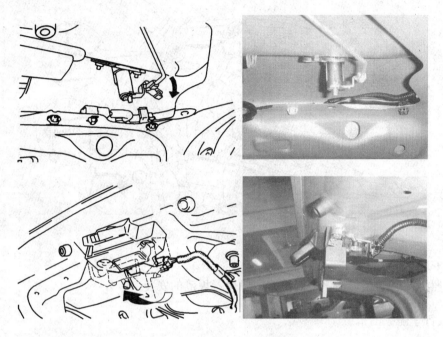

图25-36 拆卸行李舱门锁总成

图25-37 断开行李舱门锁控制拉索分总成

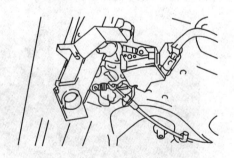

图25-38 将行李舱门锁盖返回原始位置

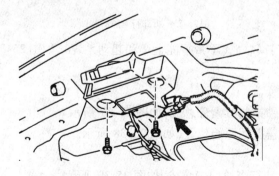

图25-39 拆下行李舱门锁总成

项目二十五　电动车窗、门锁

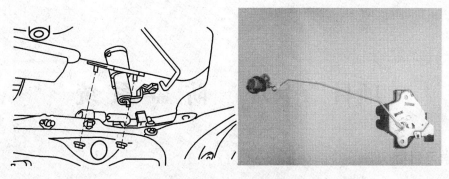

图 25-40　拆卸行李舱门锁芯总成

2. 安装

按照拆卸时的相反顺序参照维修手册进行规范安装。

项目二十六　防盗系统

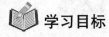学习目标

学习本项目学习后,你应当能:
1. 描述防盗系统的功用及工作模式;
2. 说出防盗系统的结构组成;
3. 安全规范的就车更换防盗 ECU;
4. 安全规范的就车拆装报警喇叭;
5. 正确拆解与装配遥控钥匙。

建议课时:4 课时。

课题一　防盗系统的结构组成

汽车防盗系统可分为机械式和电子式两种。机械式防盗器是利用机械的方法对油路、变速杆、转向盘、制动器等进行控制从而达到防盗目的。但这些方法,虽费用低,但是使用不方便,安全性差,已逐渐淘汰。

汽车电子防盗系统利用门锁控制系统的有关部件和其他零部件,当有人不用钥匙强行进入汽车或强行打开发动机罩与行李舱门时,该系统便接通报警电路,警报装置立即使喇叭发声以及前照灯、尾灯和其他外部灯光闪烁。安全指示灯闪烁,告知车辆周围的人此车装有防盗系统。

一、防盗系统的工作状态

(1)无备状态:防盗系统不工作。因此,不起盗贼探测作用。
(2)有备准备状态:有一延时,直到系统进入有备状态为止。不起盗贼探测作用。
(3)有备状态:此状态防盗系统可以工作。
(4)报警状态:在此状态,系统能探测盗贼并通过声、光向车辆周围的人报警,持续时间约为 60s。

二、防盗系统的组成

防盗系统由以下部件构成,如图 26-1 所示。
1. ECU
ECU 包括防盗 ECU 和车身 ECU,当此 ECU 接收到各开关的信号和检测到车辆的被

盗情况时,时间报警装置发出信号,如图26-2所示。

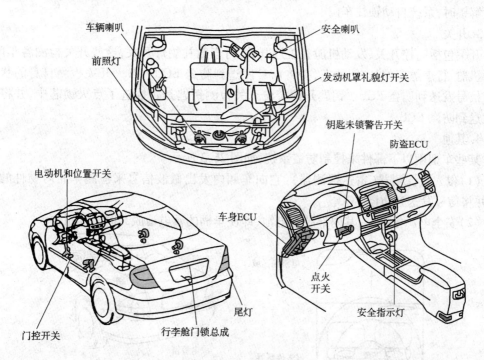

图26-1 防盗系统的构成

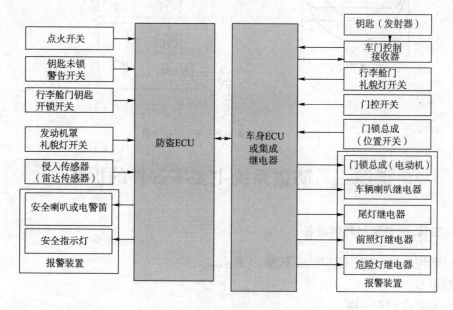

图26-2 防盗系统控制原理

2. 报警装置

报警装置包括安全喇叭、车辆喇叭、前照灯和尾灯,这些是对车辆周围的人警告有盗贼侵入的方法。安全指示灯它指示系统是否处于有备状态。当系统处于有备状态时,指示灯闪烁,通知车辆周围的人,此车装有防盗系统。门锁总成当系统进入报警状态并且车门被解锁时,系统自动锁住车门。

3. 开关

开关包括门控开关、发动机舱礼貌灯开关、行李舱礼貌灯开关,这些开关检测各车门、发动机舱、行李舱门的开/闭状态,并将信号发送到防盗 ECU。点火开关检测自身的状态并将信号发送到防盗 ECU。钥匙开锁警告开关检测钥匙是否插进了点火锁芯中,并将信号发送到防盗 ECU。

4. 其他

某些车型用以下部件来控制防盗系统,如图 26-3 所示。

(1) 侵入式探测器(雷达探测器):它向车厢内发出微波信号来检测车厢内物件的运动,并将信号发送到防盗 ECU。

(2) 安全电源报警器:其内部装有电池,即使车辆的蓄电池脱开时也能报警。

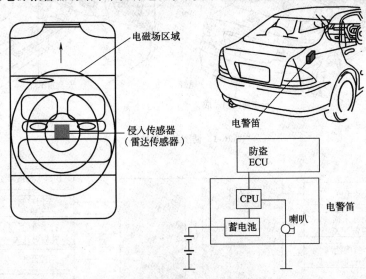

图 26-3　雷达探测器及安全电源报警器

课题二　防盗系统主要零部件的拆装

一、工具、设备和材料的准备

(1) 常用工具一套,工具车,工具架,工作台。

(2) 胶布。

(3) 卡罗拉轿车一辆。

(4) 卡罗拉轿车维修手册。

二、作业前的准备

(1) 将工位清理干净。

(2)将工具车、工具架、工作台摆放到位。
(3)车辆安全停放并实施内外防护。
(4)车辆完成预检工作。
(5)在维修手册中查找相关资料及操作标准。

三、防盗ECU的拆装

总体装配图如图26-4所示。

1. 拆卸

(1)拆卸杂物箱盖总成。
(2)拆卸防盗警报ECU总成。
①断开连接器。
②拆下螺栓和防盗警报ECU总成。

2. 安装

(1)安装防盗警报ECU总成。
①使用螺栓安装防盗警报ECU总成。
②连接连接器。

注意:如果防盗警报ECU总成已经损坏或受到任何影响,则不要安装。

(2)安装杂物箱盖总成。

四、报警喇叭总成的拆装

总体装配图如图26-5所示。

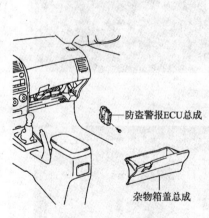

图26-4 总体装配图　　图26-5 总体装配图

(1)拆卸警报喇叭总成。
①拆下螺栓。
②断开连接器并拆下警报喇叭总成。
(2)安装警报喇叭总成,如图26-6所示。
①连接连接器。
②用螺栓安装警报喇叭总成。

五、遥控钥匙的拆卸

(1) 拆卸钥匙壳体,如图 26-7 所示。

◇小提示:螺丝刀应缠上胶带。壳体上有专供拆解的翘口。

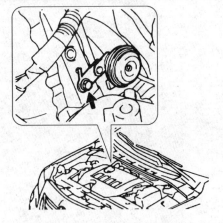

图 26-6 安装警报喇叭总成

图 26-7 拆解钥匙壳体

(2) 取出内置的芯片总成,如图 26-8 所示。

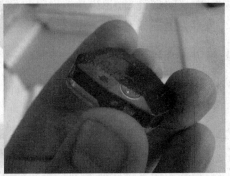

图 26-8 取出内置的芯片总成

(3) 进一步拆解芯片总成并取出电池,如图 26-9 所示。

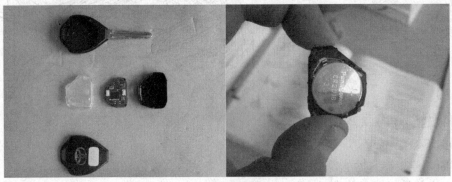

图 26-9 进一步拆解芯片总成并取出电池

项目二十七　安 全 气 囊

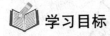学习目标

完成本项目学习后,你应当能:
1. 说出安全气囊的功用与组成;
2. 说出安全气囊的分类;
3. 描述安全气囊的基本工作过程;
4. 描述安全气囊的使用常识。

建议课时:4 课时。

一、安全气囊的功用

近年来,由于世界汽车市场竞争激烈,安全气囊制造成本的降低,以及人们安全意识的提高,以往只在高档轿车上作为选装件的安全气囊,已逐步发展到作为标准件安装到一些小型、紧凑型车上。

严格上讲安全气囊系统是 SRS 的一个组成部分。SRS 是指辅助约束系统(Supplemental Restraint System),它由两大部分组成:一是安全气囊,它通过气囊的膨胀限制车辆发生碰撞时人员的头部、胸部、腹部受到伤害;二是座椅安全带,有的轿车安全带还配有预紧装置,当车辆发生强烈碰撞时及时地将人员收紧在座椅上,起定位保护作用。对于 SRS,现在,人们习惯上大多把它等同于安全气囊系统。

安全气囊,是轿车上的一种被动安全装置。当汽车遭受冲撞导致车速急剧变化时,安全气囊会迅速膨胀,并承受并缓冲驾驶人或乘客头部与身体上部产生的惯性力,从而减轻人体遭受伤害的程度。

二、安全气囊结构组成

1. 安全气囊分类

(1) 按照系统中气囊的数量可分为单气囊系统、双气囊系统和多气囊系统。

(2) 按照保护对象不同,可分为驾驶人席安全气囊、前乘客席安全气囊、后乘客安全气囊和侧面安全气囊等。

(3) 按照触发形式可分为机械式安全气囊和电子式安全气囊。

2. 安全气囊组成

安全气囊系统主要由安全气囊传感器、安全气囊指示灯、气囊组件及电控单元(ECU)等部分组成。

具体组成(图27-1):安全气囊警示灯、碰撞传感器、乘客席安全气囊、安全气囊ECU、驾驶人席安全气囊、螺旋电缆、左前碰撞传感器等。

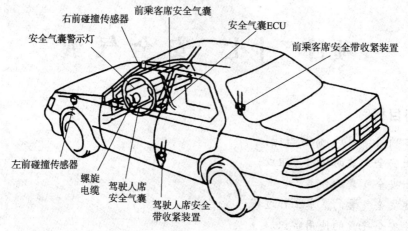

图27-1 安全气囊各部件常见安装位置

(1)安全气囊传感器。根据其所承担任务不同可分为碰撞传感器、中央传感器和安全传感器,它们的连接关系如图27-2所示。碰撞传感器一般安装在汽车前部两侧和中间,也有与安全气囊ECU一同安装的,主要用来感测汽车低速正面所受到的冲击信号。如果汽车以40km/h的车速撞到一辆停放的同样大小的汽车上,或以不低于22km/h的车速撞到一个不可变形的固定障碍物上,碰撞传感器就会动作,接通电路。安全传感器安装在安全气囊的ECU中,起保险作用,防止因碰撞传感器短路而引起的误膨胀。中央传感器,主要用来感知汽车高速碰撞的信号,通常安装在安全气囊ECU中。

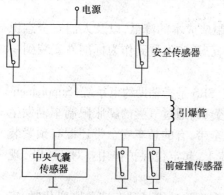

图27-2 安全气囊的传感器连接关系

(2)安全气囊ECU。安全气囊的ECU是安全气囊系统的核心部件,通常安装在驾驶室变速杆前、后的装饰板下面。主要功用是根据各个传感器的信号来检测汽车的减速度或惯性力是否达到设定值,控制气囊组件中的点火器;此外还对系统故障进行自我诊断。安全气囊ECU一般由中央传感器、点火控制和驱动电路、安全传感器、备用电源、诊断电路、记忆电路及安全电路等组成,如图27-3所示。

(3)气囊组件。安全气囊组件由气囊、点火器和气体发生器等组成。驾驶席气囊组件安装在转向盘的中央,前排乘客席气囊组件安装在座椅正前方的仪表台上。

①气囊。气囊按布置位置可分为驾驶人席前气囊、前乘客席前气囊、后座前气囊、侧面气囊等;按大小可分为保护整个上身的大型气囊和主要保护头部的小型气囊。

气囊一般由尼龙制成,在尼龙布上还有一些排气用的小孔。气囊充气膨胀展开后,能吸收冲击能量,保护乘客的头部与胸部。

②气体发生器。由外壳、增压充剂、过滤器、气体发生剂等组成,如图27-4所示。

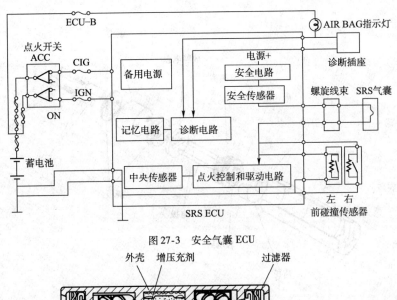

图27-3 安全气囊ECU

图27-4 气体发生器

外壳一般采用铝合金或钢板冲压成形。目前铝合金外壳已逐步取代钢板外壳。铝合金外壳底部采用惰性气体焊接,出气口处用铝箔粘接封严。

③点火器。点火器又称引爆器或触发器,其结构如图27-5所示,点火器固定在气体发生器的中间。当汽车发生碰撞达到引爆条件时,安全气囊ECU接通点火器控制电路,电流经过点火器,使点火器的电热丝产生热量,引燃火药,生成的压力和热量将冲破药筒将增压充剂点燃。

(4) 安全气囊警示灯。如图27-6所示,安全气囊警示灯安装在仪表板上。其作用是指示SRS气囊系统功能是否处于正常状态。当接通点火开关时,若SRS警示灯发亮或闪亮4~5s自动熄灭,表示系统正常。

(5) 饰盖和底板。饰盖是充气组件的盖板,其上制有撕缝,以便气囊能冲破饰盖而展开。气囊和气体发生器都装在底板上,底板装在转向盘或车身上,气囊展开时,底板承受气囊的反力。

3. 安全气囊基本工作过程

当汽车受到一定角度范围内的高速碰撞时,传感器将检测到的减速信号传送给安全气囊ECU,ECU经分析、判断,立刻向气囊组件中的点火器发出点火指令,点火器工作使气体发生器产生大量气体,气囊膨胀打开,在人体与车内构件之间铺垫一个气垫,达到保护人的目的,其基本工作过程如图27-7所示。

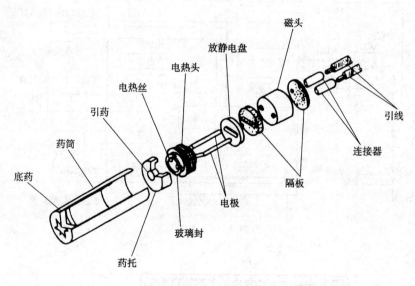

图27-5 点火器

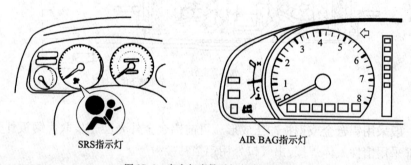

图27-6 安全气囊警示灯的常见位置

安全气囊碰撞的发生过程可详细分为下列四个阶段：

第一阶段：汽车撞车，达到气囊系统引爆极限，碰撞传感器从测出碰撞到接通电流需10ms。气囊ECU中的引爆控制电路点燃气囊的充气元件，而此时驾驶人仍然处于直坐状态。

第二阶段：充气元件在30ms内将气囊完全胀起，撞车40ms后，驾驶人身体开始向前移动，斜系在驾驶人身上的安全带随驾驶人的前移被拉长，撞车时产生的冲击能量一部分被安全带吸收。

第三阶段：汽车撞车60ms之后，驾驶人的头部及身体上部都压向气囊，气囊后面的泄气口允许气体在压力作用下匀速地逸出。

第四阶段：汽车撞车100ms之后，驾驶人向后移回到座椅上，大部分气体已从气囊中逸出。

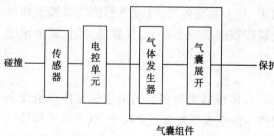

图27-7 安全气囊系统的基本工作过程

4.使用常识

(1)安全气囊的日常维修。在车辆的仪表板上有安全气囊的指示灯。在正常情况下,点火后警告灯会亮4~5s,进行自检,然后熄灭。若警告灯一直亮起,则表明安全气囊系统有故障,应立即进行维修。

(2)安全气囊是一次性产品。碰撞引爆后,就不再具有保护能力。

(3)不要在气囊的前方、上方或近处放置物品。

(4)儿童使用气囊时更要注意。目前很多气囊都是针对成年人而设计的,包括气囊在车内的位置、高度等。气囊在充气时,可能给前排儿童造成伤害,建议儿童坐在后排中间位置,并固定好。

参 考 文 献

[1] 杨承明.汽车发动机构造与维修[M].杭州:浙江科学技术出版社,2006.
[2] 王新祥.汽车底盘构造与维修[M].杭州:浙江科学技术出版社,2006.
[3] 林德华.汽车构造与拆装(上、下册)[M].北京:人民交通出版社,2010.
[4] 周林福.汽车底盘构造与维修[M].北京:人民交通出版社,2005.
[5] 丛树林,张彬.汽车底盘实训教程[M].北京:人民交通出版社,2011.
[6] 王家青,孟华霞,陆志琴.汽车底盘构造与维修[M].北京:人民交通出版社,2011.
[7] 丰田汽车公司.汽车维修教程[M].2版.高等教育出版社,2008.
[8] 高元伟.汽车电气设备构造与维修(新编版)[M].人民交通出版社,2011.
[9] 丰田卡罗拉汽车维修手册.
[10] 潘承炜.汽车安全气囊检测[M].北京:人民交通出版社,2007.
[11] 田小农.汽车空调检修[M].北京:人民交通出版社,2007.